Konrad Häble.

Die wirtschaftliche Blüte Spaniens im 16. Jahrhundert

Konrad Häbler

Die wirtschaftliche Blüte Spaniens im 16. Jahrhundert

ISBN/EAN: 9783743302266

Hergestellt in Europa, USA, Kanada, Australien, Japan

Cover: Foto ©ninafisch / pixelio.de

Manufactured and distributed by brebook publishing software (www.brebook.com)

Konrad Häbler

Die wirtschaftliche Blüte Spaniens im 16. Jahrhundert

Die wirtschaftliche Blüte Spaniens

im 16. Jahrhundert

und ihr Verfall.

Von

Konrad Häbler.

Berlin 1888.

R. Gaertners Verlagsbuchhandlung

Hermann Heyfelder.

Al Excelentisimo Señor

Don Feliciano Ramirez de Arellano

Marques de la Fuensanta del Valle

su generoso patrocinador

en testimonio

de consideracion y respeto

Konrad Haebler.

Inhalt.

I. Einleitung . . . . S. 1.
Das 16. Jahrhundert. Die Blütezeit Spaniens. S. 1. — Die revolutionäre Geschichtschreibung des 19. Jahrhunderts widerstreitet dem aus politischen Gründen. S. 2. — Durch sie wird die Geschichtschreibung auf die falsche Bahn geleitet. S. 3. — Wie der Aufstand der Comuneros zum Wendepunkt in der spanischen Geschichte gemacht worden ist. S. 4.

II. Uebersicht . . . . S. 6.
Die Wirtschaftspolitik Isabellas der Katholischen. S. 7. — Regalismus, Concentration u. Merkantilismus. S. 8. — Letzterer dringt ins Volk; S. 9; wuchert unter Ferdinands Regentschaft. ib. — Karl V. tritt ihm entgegen. S. 10. — Zwiespalt mit dem Lande ib. — Weiterbildung des Regalismus. S. 12. — Philipp II. strebt nach Absolutismus. S. 13. — Mit dem Lande versöhnt im Merkantilismus. ib. — Zurücktreten der wirtschaftlichen Politik unter den letzten Habsburgern. S. 14. — Anfänge der Nationalökonomik. S. 17. — Denkschrift von Medina. S. 18. — Moncada. S. 19. — Martinez de Mata. ib. — Der Anonymus v. 1686. ib.

III. Bodenwirtschaft . . . . S. 21.
Blüte unter den Römern und Mauren. S. 21. — Verfall während der Rückeroberung. S. 22. — Bevorzugung der Weidewirtschaft. ib. — Die mesta. S. 24. — Ackerbau nur durch die Hintersassen der Grossen und der Kirche gepflegt. S. 25. — Falsche Richtung der Gesetzgebung Isabellas. S. 27. — Abneigung des Volks gegen den Ackerbau. ib. — Einfluss Amerikas. S. 30. — Ausbreitung des Ackerbaus. S. 31. — Widerstand der Cortes S. 33 — und der mesta. S. 34. — Blüte der Bodenkultur um 1550. ib. — Falsche Politik der Cortes und Philipps II. S. 36. — Die Taxe. ib. — Getreidesteuer-Pläne. S. 37. — Verfall des Ackerbaues. S. 39. — Gegenmafsregeln. S. 40. — Schwanken der Gesetzgebung bis 1700. S. 42.

IV. Handel und Industrie . . . . S. 44.
Spanien vermittelt den Handel der Mittelmeerstaaten mit dem Norden. S. 44. — Sein Handel ist passiv S. 45, — ohne Industrie. S. 46. — Begünstigung derselben durch Ferdinand und Isabella. ib. — Seide. ib. — Wolle. S. 47. — Handel. S. 49. — Abneigung der Spanier gegen diesen. S. 51. — Sozialistischer Charakter des Aufstandes der Comuneros. S. 52. — Einfluss Amerikas. S. 53. — Karl V. beseitigt die Schranken des Indienhandels. ib. — Zollgesetze. S. 55. — Aufschwung der Industrie. S. 57. — Seidenweberei. ib. — Tuchfabrikation. S. 59. — Die 4 Gesetze darüber. ib. — Beseitigung der fremden Konkurrenz. S. 60. — Falsche Handelspolitik der Cortes seit 1543. S. 63. — Zollgesetze Philipps II. S. 65. — Blüte von Industrie und Handel um 1560. S. 66. — Interesse der Cortes für dieselbe. S. 69. — Keime des Verfalls. S. 70. — Die Morisken. ib. — Die Alkabala. S. 71. — Das decreto. ib. — Verfall der Industrie von Kastilien. S. 74. — Nachblüte von Sevilla. S. 75. — Letzte Mafsnahmen Philipps II. S. 77. — Verderbliche Zollpolitik Philipps III. S. 79. — Ausdehnung des Schmuggels. S. 81. — Rückgang des Handels. ib. — Reste der Industrie. S. 82. — Vertreibung der Morisken. S. 83. — An ihre Stelle treten fremde Arbeiter. ib. — Erkenntnis des Übels im Volke S. 84. — u. bei der Regierung. S. 85. — Reformversuche ib., — ohne Konsequenz. S. 87. — ohne Erfolg. ib. — Völliger Verfall unter Karl II. S. 89. — Vorbereitung ernster Reformen, die nicht zur That werden. S. 90.

V. Ständische Vertretung . . . . S. 92.
Die spanische Theorie. S. 92. — Ihr folgt Ranke. ib. — Seine Irrtümer. ib. — Verhalten der Cortes von 1518 gegen Karl V. S. 96. — desgl. von 1523. S. 97. — Karl V. erhöht den Anteil des Landes an der Regierung. S. 98. — Sein Projekt von 1538. S. 99. — Einsichtslosigkeit der Cortes. ib. — Rückgang der Munizipien und der Cortes. S. 100. — Kampf Philipps II. gegen dieselben. S. 102. — Instruktion. ib. — Cortes von Aragon. S. 103. — Ihr Schutz das Geldbewilligungsrecht. S. 104. — Ihre Politik ohne Verständnis. S. 105. — Formelles Hoheitsrecht unter Philipp III. ib. — Gänzlicher Verfall. S. 106.

VI. Finanzen . . . . S. 108.
Zustand unter Ferdinand und Isabella. S. 108. — Budget Karls V. S. 109. — Alkabala. ib. servicios. S. 111. — Zölle und kleine Steuern. S. 113. — Regalien ib. — Beiträge der aragonischen Länder. S. 114. — Aufserordentliche Einnahmen. S. 115. — Gesamteinnahme

S. 117. — Staatsschuld. S. 118. — Finanzpolitik Philipps II. ib. — Zölle S. 119. — Erhöhung der Alkabala. S. 120. — subsidio. S. 121. — Salzmonopol. ib. — escusado. S. 122. — Schuldentilgungsversuche. ib. — Verdreifachung der Alkabala. S. 124. — Staatsbankrott. S. 125. — Herabsetzung der Alkabala. ib. — millones. S. 127. — Zweites decreto. S. 129. — Ausgaben. S. 130. — Staatsschuld. S. 133. — Bilanz unter Philipp II. ib. — Verschwendung Philipps III. S. 134. — Haupteinnahme: millones. S. 137. — Reformpläne Philipps IV. S. 138. — Neue Steuern. S. 141. — Verschwendung. ib. — Finanznot. ib. — Staatsbankrott. ib. — Unordentliche Wirtschaft unter Karl II. S. 142.

Exkurs I. Bevölkerung . . . . S. 144.

Unter Isabella. S. 145. — Census von 1530. S. 147. — Census von 1541. S. 148. — Census von 1594. S. 151. — Schätzungen und Berechnungen für das 17. Jahrhundert. S. 152. — Census von 1723. S. 157.

Exkurs II. Preise . . . . S. 160.

Clemencius' Theorie. S. 161. — Weitere Beweise für dieselbe. ib. — Die Cortes und die Geldentwertung. S. 162. — Konsequenzen für die Geschichte des Steuerwesens. ib.

Exkurs III. Ausländer . . . . S. 164.

Gegenstand vieler Klagen. S. 164. — Ihre Bedeutung vor Karl V. ib. — In Katalonien. S. 165. — In Sevilla. ib. — Am Hofe. S. 166. — Beherrschen den Geldmarkt. ib. — Mifsbrauch dieser Herrschaft. S. 168. — Kampf der Cortes gegen dieselben. S. 169. — Das decreto und seine Folgen. ib. — Die Ausländer im 17. Jahrhundert begünstigt. S. 170.

Bibliographie (Verzeichnis der abgekürzt citierten Werke und Ausgaben) . . . . S. 172.

Register . . . . S. 177.

I.

Einleitung.

Bis zum Ende des vorigen Jahrhunderts sah nicht nur die europäische sondern auch die spanische Geschichtsforschung im 16. Jahrhundert die Blütezeit der spanischen Monarchie. Die Eroberung von Mexiko und von Peru, von Tunis und von Portugal, die Schlachten von Pavia, von Saint Quintin, von Lepanto waren ebenso viele Lorbeerblätter im Ruhmeskranze des Reiches, in welchem die Sonne nicht unterging. Solange man nur die Geschichte der Fürsten, nicht die der Völker schrieb, fand auch niemand Veranlassung an diesem Urteile zu rütteln, denn selten haben auf einem Throne nacheinander zwei so große Monarchen gesessen, als Karl V. und Philipp II. Wohl gab der tiefe Verfall Spaniens im 17. Jahrhundert Veranlassung zu einer umfangreichen Litteratur über die Ursachen desselben und die Mittel, wie dem Lande geholfen werden könne, aber keiner der zahlreichen Schriftsteller wagte es, den beiden großen Monarchen eine Schuld an dem Unglück Spaniens beizumessen. Höchstens daß einer oder der andere einen Keim des kommenden Unheils in dem Kriege der granadinischen Moriskos sah. Auch die nationalökonomische Schule des 18. Jahrhunderts wich in ihren Urteilen über das 16. Jahrhundert nicht wesentlich von dem ihrer Vorgänger ab. Sie entdeckte allerdings in der Regierung Philipps II. noch weitere Keime des Verfalls, besonders als die bedenkliche finanzielle Lage seiner Regierung mehr und mehr bekannt wurde. Campomanes wird, ohne es zu wissen und weit mehr noch gegen seinen Willen bis dicht an die Pforte der Erkenntnis geführt, daß Philipp II. für den Verfall Spaniens in erster Linie verantwortlich gemacht werden muß; aber die traditionelle Bewunderung dieses Monarchen, in welchem Spanien die Verkörperung seiner politischen Größe zu sehen gewohnt war, wie Frankreich in Ludwig XIV., hinderte ihn, diese Pforte zu durchschreiten. Es darf nicht verschwiegen werden, daſs die Schriftsteller der bourbonisch-spanischen Reformation auch die ersten sind, die dem Kriege der Comuneros einen Anteil am Unglücke ihrer Nation beimaſsen. Campomanes meint, bei dem Brande von 1520 sei die Blüte Medinas del Campo vernichtet worden. Larruga erklärt die Abnahme der Seiden-Industrie von Toledo in dem Zeitraum von 1480 bis 1519 mit dem hervorragenden Anteil, den gerade diese Stadt an dem Aufstande genommen hat, ohne zu bedenken, daſs dieser erst im folgenden Jahre begonnen hat, Beweis genug, daſs nur ein leichtfertiges Urteil dieser Beschuldigung zu Grunde liegt. Die ernste Forschung sah nach wie vor im 16. Jahrhundert die Zeit der Blüte Spaniens nach allen Richtungen hin. Noch ein so sorgfältiger und vorurteilsloser Gelehrter wie Buckle entdeckt in jener Zeit nur schwache Keime des späteren Verfalls in der zunehmenden Übermacht der Geistlichkeit, die dann unter den schwachen Nachkommen der beiden groſsen Könige des habsburgischen Hauses zu einer gefährlichen Blüte gelangten. Da brachte der spanische Unabhängigkeitskrieg und die unmittelbar folgenden Ereignisse einen vollkommenen Umschwung in der Meinung aller Gebildeten Spaniens hervor. Die Männer, die ohne Mitwirkung, zum Teil in Widerspruch mit dem Monarchen die Verfassung von 1812 gemacht und verteidigt hatten, glaubten das darin aufgestellte Prinzip der Souveränität des Volkes rechtfertigen zu müssen. Die französische Revolution hatte die Menschenrechte philosophisch abgeleitet, die spanischen Staatsmänner glaubten die Prinzipien des contrat social historisch in der Geschichte ihres Landes nachweisen zu können. So entstand als eine Rechtfertigung der Verfassungsgrundsätze von 1812 die Arbeit von Martinez Marina über die Geschichte der Cortes. Bei der frühzeitigen Ausbildung der municipalen Gerechtsame war es nicht schwer, im früheren Mittelalter Spuren der Volkssouveränität aufzuweisen, auch wenn man nicht zu dem Märchen von dem fuero von Sobrarbe und ähnlichen Erfindungen der Feudalzeit seine Zuflucht nahm. Die elende Schwäche Heinrichs IV. von Kastilien lieſs es endlich in der That so weit kommen, daſs alle Stände des Landes gröſsere Hoheitsrechte an sich reiſsen konnten, als der unwürdige Monarch sich zu wahren wuſste. Wie aber sollte man mit dem Zeitraum fertig werden, wo die Vereinigung der kleinen Staaten zu einem groſsen Reiche gemeinsam mit dem Zuge der Zeit zur Bildung einer starken absolutistischen Staatsgewalt hindrängte? Hier konnte selbst der verblendetste Theoretiker das Prinzip der Volkssouveränität nicht mehr nachweisen. Aber Martinez Marina war schnell bei der Hand mit einem Auskunftsmittel aus diesem Dilemma, er machte aus den beiden gröfsten Monarchen Spaniens zwei Tyrannen, deren eifrigstes Bestreben dahin ging, die Freiheiten des Volkes zu vernichten und es zu einem blinden Gehorsam herabzudrücken.

Fast gleichzeitig damit geschah von einer anderen Seite ein Angriff auf die Gröfse Spaniens unter den ersten Habsburgern. Die Inquisition, die den Spaniern jener Zeit als eine Mustereinrichtung erschienen war, für deren Ausbreitung sie mehr als einmal zum Schwerte gegriffen hatten, unter Llorentes Feder wurde sie zu einer Handhabe der Tyrannis, zu dem geheimen Schreckenstribunal der Herrscher, die jeden geistigen Fortschritt unterdrückten. Und so wurde an dem Ruhmeskranze des 16. Jahrhunderts munter weiter gerupft. Clemencin unternahm den Nachweis, dafs das goldene Zeitalter Spaniens in die Regierungszeit der Königin Isabella falle. So reich sie war an Talenten und Tugenden, für Clemencins Begeisterung reichten ihre wirklichen Tugenden nicht aus, selbst Achtung vor den Rechten des Volkes wurde ihr angedichtet, um sie den habsburgischen Tyrannen gegenüber zu stellen, ihr, die eine Gelegenheit herbeisehnte, um mit den Privilegien der Aragonier aufzuräumen. Da blieb natürlich für das 16. Jahrhundert nur ein Rückgang übrig. Industrie und Handel siechten dahin, und selbst Amerika war nicht eine Perle des Ruhmes sondern ein Nagel zum Sarge Spaniens. Dazu stimmte es prächtig, wenn Gonzalez bewies, dafs die Bevölkerung Spaniens am zahlreichsten gewesen unter Ferdinand und Isabella. Gegen so viel Tyrannei, gegen so gewaltsame Unterdrückung hatte das Volk nur einmal zu protestieren gewagt, als die Commneros sich gegen Karl V. erhoben. Und als nun gar die Spanier des neunzehnten Jahrhunderts sich gleichfalls mit den Waffen in der Hand erhoben für ihre Rechte gegen einen tyrannischen Monarchen, da erschienen jene ihnen als leuchtende Vorbilder, als die Verfechter der Freiheit, die Verteidiger der traditionellen Gerechtsame, mit deren Unterliegen der Untergang des Landes besiegelt ward.

Nachdem aber Ferrer del Rio diese Auffassung historisch begründet hatte, fand sie um so schnellere Aufnahme in allen Schichten des spanischen Volkes, je mehr sie dem nationalen Stolze schmeichelte, indem sie den fremden Herrscher für das Unheil des Landes verantwortlich machte. Man mag zur Hand nehmen welches Werk man will; wo die Geschichte des 16. Jahrhunderts behandelt wird, da klingt ein Loblied für die muthigen Vorkämpfer der Freiheit und ein pereat für den Tyrannen Karl V. Lafuente, Arias y Miranda, Pedregal y Cañedo und in ihrem Gefolge eine ganze Schar von weniger wissenschaftlichen Schriftstellern haben die Ansicht von Ferrer del Rio wiederholt. Selbst Colmeiro, den eingehende Studien über die spanische National-Ökonomie zu der Einsicht geführt hatten, dafs Karl V. mit gleichem Ernste wie die ruhmreiche Isabella auf das Wohl des Landes bedacht war, kann sich doch von der Tradition nicht losreifsen, die in den Comuneros die Verteidiger der alten Gerechtsame, in Karl V. den neuernden Gewaltherrscher sah. Aus den Werken der spanischen Historiker drang diese Auffassung ein in die Geschichtschreibung aller Völker. Verführt von der ausnahmslosen Einstimmigkeit der spanischen Historiker hat selbst ein Ranke sich wenigstens zu einer teilweisen Anerkennung derselben verleiten lassen, und noch der neueste Geschichtschreiber Karls V. behauptet, dafs er die Nation auf die Bahn geleitet habe, die zu ihrem Untergange führen mufste.

Die Spanier haben sich eine eigene Logik der Geschichte zurechtgemacht, um zu beweisen, dafs die Niederwerfung der Comuneros am Untergange des Landes schuld sei, und man mufs gestehen, dafs sie verständlich und begreiflich, nur leider nicht richtig ist. Die Schlacht von Villalar, so rechnen sie, war der Beginn für die Unterdrückung der ständischen Gerechtsame. Die ständische Vertretung aber war es, welche die Interessen des Ackerbaus, der Gewerbe und des Handels wahrgenommen hatte gegenüber einer Regierung, der das wahre Wohl des Landes wenig galt, und die nur auf möglichste Anspannung der Steuerkraft des Landes bedacht war. Als ihre Vorschläge kein Gehör mehr fanden, hörte jede Sorge für das Wohl des Volkes auf, und so geriet dieses mehr und mehr in Verfall.

Die Schlüsse sind so folgerichtig, dafs ich an die Geschichte der spanischen Habsburger heranging ohne einen Zweifel in die Richtigkeit derselben zu setzen. Da aber machten mich zuerst die Akten des Reichstags von 1523, des ersten nach der Schlacht von Villalar, an den Voraussetzungen der spanischen Historiker irre. Sorgfältig prüfte ich darauf eine nach der anderen, die Behauptungen von Ferrer del Rio, von Clemencin, von Gonzalez, von Colmeiro, und immer und immer wieder gelangte ich zu der Überzeugung, dafs sie teils auf willkürlichen, teils auf unrichtigen Grundlagen aufgebaut waren, teils doch nicht zwingend das bewiesen, was aus ihnen gefolgert worden war. Da nun entschlofs ich mich, das ganze System der wirtschaftlichen Gesetzgebung der spanischen Habsburger zu untersuchen und mit dem statistischen Materiale, soweit es einem Nichtspanier zugänglich ist, zu vergleichen. Das Resultat dieser Untersuchungen sind die folgenden Kapitel.

II.

Übersicht.

Wir kennen aus der Zeit des spanischen Mittelalters wohl eine kommunale Handelspolitik, für die Barcelona ebenso lehrreich ist, wie die italienischen Handelsrepubliken, wir kennen auch einzelne wirtschaftliche und handelspolitische Maſsregeln spanischer Könige, aber von einer Wirtschaftspolitik der Regierung kann vor Ferdinand und Isabella nicht die Rede sein. Eigentlich kommt auch Ferdinand der Katholische hier noch nicht in Betracht, denn als König von Aragon hat er nicht das geringste gethan, wodurch er das Land aus den mehr als anderswo verrotteten Verhältnissen des mittelalterlichen Feudalstaates in die Bahnen eines gesunden Fortschrittes gelenkt hätte. Wenn er auch als Regent von Kastilien in den Jahren 1507 bis 1516 einige wenige fortschrittliche Gesetze sanktioniert oder erlassen hat, so stellen sich diese doch so sehr als Konsequenzen früherer Maſsnahmen heraus, daſs man sie nicht als vollgültige Beweise dafür ansehen kann, daſs Ferdinand wirklich, wie seine Gattin, ein Verständniss für die Aufgaben gehabt habe, die die fortschreitende Entwickelung der Staaten und der Staatslehre den Regenten auferlegt. Im Gegenteil, in einer der wichtigsten Angelegenheiten seiner Regentschaft — ich meine die Eroberung von Navarra — hat er sich entschieden ohne Verständniss für die neuen Gesichtspunkte gezeigt, indem er das eroberte Land nicht zu einem integrierenden Bestandteile der Krone Kastilien machte, wie es mit Granada geschehen war, sondern es nur äuſserlich und mit Belassung einer Freiheit an das Hauptland angliederte, die thatsächlich unhaltbar war, dennoch aber rechtlich es unmöglich machte, Navarra mit Kastilien auf der Bahn eines staatlichen Fortschritts vorwärts zu leiten. Dagegen gehörte Isabella als Regentin zu den bedeutendsten Förderern jenes Staatsbegriffs, der im Übergange aus dem Mittelalter zur Neuzeit sich herausbildete, und dessen systematisches Wesen treffend mit dem Namen Regalismus bezeichnet wird. Die charakteristischen Momente der straffen Zusammenfassung im Innern, und der Abrundung und Abschliefsung nach aufsen hin, sind in ihrer Politik nicht weniger deutlich zu verfolgen, als in der eines Ludwig XI. Es war eine kühne That, dafs sich Isabella in dem Thronstreit gegen die angebliche Tochter Heinrichs IV. und ihren Beschützer, den König von Portugal, auf das Volk Kastiliens stützte, sie bedeutet aber insofern einen enormen Fortschritt, als sie schroff, und wie sich später zeigte, endgültig mit dem Feudalsystem brach, welches unter den schwachen Königen Johann II. und Heinrich IV. das Land in unsägliche Verwirrung gebracht hatte. Es ist bekannt, dafs Ferdinand der Errichtung der Hermandad, die 1476 einem wirklichen Volksheere des ganzen Kastilien entsprach, die ernstesten Bedenken entgegenstellte, Bedenken, die er aus den Gefahren herleitete, welche die feudalistischen Hermandades der früheren Zeit der Krone bereitet hatten. Isabella aber wufste der Hermandad ihren demokratischen Charakter zu wahren, und schuf so gleichzeitig ein mächtiges Bollwerk gegen den alten Feudaladel in der der Krone ergebenen Bürgerschaft und eine Institution, die in ihrer Ausdehnung über das ganze Land diesem die Zusammengehörigkeit und Einheit seiner Bestandteile deutlich vor Augen führte. Und diesen Anfängen entsprach ihre ganze Regierung, deren Hauptgesichtspunkt die Förderung des Einheitsgedankens ist. Die berühmten Gesetze von Toro stellten die Prinzipien eines allgemeinen, für alle gleichen Rechtes auf, das Münzwesen des ganzen Landes wurde gesetzlich neu geregelt und in dem maravedi eine officielle allen kursierenden Münzen zu Grunde liegende Einheit geschaffen, selbst zu einem über alle Bestandteile Kastiliens gleichmäfsig sich erstreckenden Mafs- und Gewichtssysteme wurden Anläufe genommen. Als dann 1491 mit dem Falle Granadas das letzte maurische Königreich verschwand, wurde die neue Provinz, nicht, wie einst Valencia von der aragonischen Krone, selbständig gelassen und nur durch Personalunion mit Kastilien verbunden, sondern es wurde sofort in den Verband der kastilischen Provinzen eingereiht, was seinen äufseren Ausdruck darin fand, dafs eine neue Stimme in den spanischen Cortes begründet wurde, als deren Trägerin die Stadt Granada für das ganze Königreich das Wort führte. Neben diesen Bemühungen, die Macht der Krone durch die Einheit des Landes zu stärken, gehen andere, darauf angelegt, den Machtzuwachs durch erhöhten Reichtum des Landes zu erlangen, und diese tragen als charakteristischen Zug die unverkennbaren Merkmale eines werden wollenden Merkantilismus an sich. Im 15. Jahrhundert war Spanien nur reich an Rohprodukten, unter denen Wolle, Wein und Eisen die ersten Stellen einnahmen. Dagegen bezog es alle Industrieprodukte vom Auslande. Daſs dies dem Lande einen groſsen Reichtum entziehe, wurde zuerst unter Isabellas Regierung erkannt, die dann mit allem Eifer daran ging, eine Industrie zu erziehen. Die übertriebene Reglementiersucht, die hierbei zu Tage tritt, wurde ebenso sehr durch mittelalterlich zünftische, wie durch merkantilistische Anschauungen befördert. Merkantilistisch in hohem Grade ist das gesamte von Isabella eingeführte Zollsystem. Da Spanien Rohprodukte in Menge erzeugte, wurde der Exporthandel frühzeitig begünstigt, so durch das Gesetz, wonach die einheimischen Exporteure stets vor allen anderen den Vorrang hatten. Ebenso war das dem Merkantilsystem eigene Geldausfuhrverbot schon alt. Noch aber hatte es an einer bewuſsten Verbindung dieser Prinzipien gefehlt, die ihnen den Charakter eines Systems gegeben hätten. Diese brachte Isabella hinein, indem sie die Ausländer zwang, den Wert der eingeführten Artikel in Landesprodukten auszuführen. Es war demnach nur folgerichtig, wenn im allgemeinen für die Ausfuhr nur die Hälfte des Zolles erhoben wurde, wie für die Einfuhr. Diese merkantilistische Richtung fand nun im Lande und bei der Landesvertretung die unbedingteste Anerkennung. Je weniger Spanien vor der Entdeckung Amerikas an Edelmetallen reich war, desto leichter konnte eine Überschätzung von deren wahrem Wert entstehen, eine Überschätzung, die bei dem ersten, ausschlieſslich nach Spanien gehenden Zufluſs der amerikanischen Reichtümer eine scheinbare Bestätigung fand. Das tiefe Eindringen derselben in die Volksanschauungen macht es auch erklärlich, wie die Landesvertretung so eifrig für die unbilligen, den Ackerbau schwer schädigenden Vorrechte der Herdenbesitzer eintrat; denn ihre Produkte waren das vorzüglichste Mittel, dem Lande das Gold des Auslandes zuzuführen.

Das sind die Keime, des wirtschaftlichen Fortschritts, die Spanien der Regierung Isabellas verdankt. Sie nahmen aber in den nächsten Jahren nach ihrem Tode unter auſserordentlichen

Umständen eine Entwicklung, wie sie am wenigsten die grofse Königin selbst für denkbar gehalten hatte. Als sie zur Unterdrückung der feudalen Adelsherrschaft dem dritten Stande einen weit gröfseren Antheil an der Staatsverwaltung einräumte, konnte sie freilich nicht ahnen, dafs die Krone einst zu einem solchen Grade von Schwäche herabsinken werde, dafs dieser Stand seine Macht mifsbrauchen könne. Aber gerade dies ereignet sich unmittelbar nach ihrem Ende. Als Ferdinand einsah, dafs er sich auf den Adel Kastiliens in dem Streite gegen seinen Schwiegersohn nicht verlassen konnte, war es mit seiner Macht im Staate vorbei. Zum dritten Stande hatte er nie ein persönliches Verhältniss gehabt, hatte seine politische Heranbildung stets mit Mifstrauen beobachtet und in Folge davon auch keine Anhänglichkeit von ihm zu erwarten. So kam es, dafs er bei seiner Rückkehr nach Philipps Tode ohne Vertrauen zu den Grofsen, ohne Rückhalt an dem dritten Stande eigentlich nur eine Scheinregierung führte. In Folge davon aber wuchs der Einflufs der Städte und besonders ihrer Vertretung, der Cortes ganz aufserordentlich. Aus jenen Jahren stammen eine ganze Reihe von Anträgen der Cortes, wie sie unter Isabella undenkbar gewesen wären, die aber jetzt, indem sie genehmigt wurden, den Abgeordneten jenes übertriebene Selbstgefühl beibrachten, welches unter Karl V. zur blutigen Krisis führte. Auffallend ist es nun, wie überall da, wo diese selbständigen Reichstage sich auf das Gebiet der wirtschaftlichen Gesetzgebung begeben, bei ihnen dieselben merkantilistischen Ansichten zu Tage treten, wie wir sie als Kenzeichen der Politik Isabellas gefunden haben. Die Heranbildung einer heimischen Industrie, um dem Auslande den Verdienst der Verarbeitung spanischer Produkte zu entziehen, die Erschwerung der Ausfuhr industriellen Rohmaterials einerseits, der Einfuhr von Industrieprodukten anderseits, und endlich die peinliche Sorge um den Zuflufs von Edelmetallen, das sind die wirtschaftlichen Gesichtspunkte, welche während der Regentschaft Ferdinands und noch lange nachher die Politik der Landesvertreter charakterisieren. Wie grofs der Einflufs dieser Ideen auf den Aufstand der comuneros gewesen ist, kann man daraus ersehen, dafs unter den fünf Forderungen, über die sich die Rebellen zu gemeinsamer Verfechtung einigten, zwei die wirtschafts-politische Sphäre in erster Linie berührten: die Ausweisung der Fremden und das Verbot der Edelmetallausfuhr.

Auf diesem Gebiete war und blieb Karl V. bis an sein Ende im

Gegensatze zu den in Spanien herrschenden Anschauungen. Thatsächlich war für ihn eine Beobachtung der merkantilistischen Politik wie sie die Cortes verlangten, ein Ding der Unmöglichkeit. Wer, wie Karl V so viele, an Naturprodukten, wirtschaftlichen Standpunkten und Gesetzen so überaus verschiedene Länder gleichzeitig beherrschte, der konnte unmöglich in jedem einzelnen derselben, noch viel weniger aber in einem unter diesen ein wirtschaftliches System beschützen und grofsziehen, welches offenkundig auf seine Fahne die denkbar gröfste Ausbeutung der anderen zu seinem eigenen, territorial eng begrenzten Vorteile schrieb. Für ihn wäre eine Unterstützung der in Spanien eingeführten handelspolitischen Gesetzgebung gleichbedeutend gewesen mit einer Verletzung der wichtigsten Handelsinteressen seiner anderen Unterthanen, ganz besonders der Niederländer, die dem Bedürfnisse Spaniens nach ihren Industrieprodukten einen grofsen Teil ihres Reichtumes verdankten und ja später thatsächlich durch den Verlust des spanischen Marktes gezwungen worden sind, ihre Handelspolitik in andere Bahnen, die der Kolonialpolitik zu lenken. Aber auch ohne diese politisch-zwingenden Gründe konnte man von Karl V. erwarten, dafs er dem Merkantilsystem nicht geneigt sein werde. Karl V. war seiner Geburt und seiner Erziehung nach Niederländer, und unzweifelhaft genossen bis in sein Mannesalter hinein die Niederländer seine Vorliebe und sein vorzügliches Vertrauen. Wenn auch bei seiner spanischen Thronbesteigung ihn die französische Partei der Niederländer beherrschte, so konnte ihn doch diese dem spanischen wirtschaftlichen System nicht nahe bringen, denn die Zeiten wo Frankreich das Muster eines merkantilistischen Staates war, begannen erst nach Karls V. Tode. Die Niederländer aber waren schon damals dasselbe freihändlerische Volk wie später. Sie produzierten in ihrem Lande so gut wie nichts, nicht nur ihr Reichtum, sondern beinahe die Möglichkeit ihrer Existenz hing vom Auslande ab. Sie mufsten sich also sagen, dafs sie in einer Umgebung merkantilistischer Staaten notwendigerweise zu Grunde gehen müfsten, wie andererseits gerade die Bedürftigkeit anderer Staaten nach ihren Industrieprodukten die Bürgschaft ihres Reichtums war. Diese Anschauungen nun, die Karl V. von Kindheit an in sich aufgenommen hatte, mufsten ihn ebenso sehr dem System feindlich gesinnt machen, wie die vorher erwähnten Gründe politischer Weisheit. Die Spanier, besonders die Comuneros haben sich nicht entblödet, Karl V. vorzuwerfen, er opfere die Interessen Spaniens denen der Niederlande. Nichts aber ist unbilliger, als dieser Vorwurf. Allerdings konnte Karl V unmöglich das Gegenteil thun, wie die Spanier es verlangten, und die Interessen aller seiner Staaten den spanischen unterordnen, aber nie und nirgends hat er berechtigte Interessen der Spanier unberücksichtigt gelassen, geschweige denn fremden geopfert. Dieser Kampf der Principien zwischen Karl V und der kastilischen Landesvertretung, die hierin die traditionellen, durch den Namen Isabella's der Katholischen gewissermafsen geheiligten Anschauungen vertrat, geht durch seine ganze Regierung; er beginnt mit dem Streit um die aragonesische Zollgrenze im Jahre 1525 und endigt, oder vielmehr endigt noch nicht einmal mit den von den Spaniern mit Unrecht so schroff verurteilten Gesetzen von 1552. Es war möglicher Weise die Abneigung gegen die merkantilistische Überschätzung der Edelmetalle, die Karl V die grofse Sorgfalt einflöfste, mit der er bemüht war, die natürlichen Kräfte des Landes zu entfalten. Auch hier können ja niederländische Eindrücke mit auf ihn eingewirkt haben und ihm den Wert von Dingen, die der Heimat oft schmerzlich fehlten, höher erscheinen lassen, jedenfalls aber verdient sein Bestreben, den Ackerbau, Wein-, Oelbau und die Viehzucht Kastiliens zu befördern, um so höhere Anerkennung, je weniger auf diesem Gebiete die Initiative des Landes ihm die Wege zu einer gesunden Entwickelung anzeigte und bahnte. Die Versuche, in Spanien eine mehr freihändlerische Politik heimisch zu machen und der freien Konkurrenz die Ausnutzung günstiger Konjunkturen zu überlassen, die die Zeit seiner Regierung ja in ungewöhnlicher Menge bot, scheiterten freilich vollkommen. Seine Bemühungen, das Indien-Monopol Sevillas zu brechen, Amerika allen seinen Unterthanen, nicht nur den Spaniern zugänglich zu machen, sind ebenso gescheitert, wie die viel bescheideneren Anläufe, die egoistischen Zwecken dienenden Zollschranken zwischen Kastilien und Aragon zu beseitigen. Es gelang ihm nirgends, in das merkantilistische System eine wirkliche bedeutende Bresche zu legen, wohl vorwiegend aus dem Grunde, weil er es verschmähte, dem Lande die eigene Wirtschaftspolitik trotz seines Widerstrebens aufzudrängen. Deshalb aber war seine Politik nicht fruchtlos, denn es gelang ihr wenigstens, die schädlichen letzten Konsequenzen des Systems nicht zur Durchführung kommen zu lassen, ganz abgesehen davon, dafs er durch die Art der Ausführung manchem schädlichen Antrage der Cortes die Spitze abbrach. Es ist kaum glaublich und nach den Erfahrungen der folgenden Regierungen sogar in hohem Grade unwahrscheinlich, dafs Spanien ohne diesen inneren Kampf in seiner Wirtschaftspolitik zu der Blüte gelangt wäre, die es um die Mitte des 16. Jahrhunderts besafs. Damals war Spanien nicht nur mit den wichtigsten Bedürfnissen des Daseins vom Auslande unabhängig, sondern es hatte sogar in freier Konkurrenz auf einer ganzen Menge von Gebieten die Produkte des Auslandes vom spanischen Markte verdrängt.

War Karl V. in seiner Gegnerschaft zum Merkantilismus in einen gewissen Gegensatz getreten zu Isabella der Katholischen, so hatte er die andere, für eine gedeihliche Entwickelung des Landes nicht weniger wichtige Aufgabe, die Einigungsarbeit, ganz in ihrem Sinne weiter geführt. Die Niederwerfung der Comuneros hätte unbedingt Isabellas Billigung gefunden, denn der Aufstand stellte ihr Werk, die Vereinigung aller Kräfte durch ihr Gleichgewicht wieder völlig in Frage. Aber er ging weiter. Isabellas Steuergesetzgebung, obwohl gleichmäfsig über das ganze Land ausgedehnt, hatte einen sehr mittelalterlichen Charakter getragen. Die Alkabala, ihre einzige allgemeine Einnahmequelle, war einer Marktsteuer ähnlich und als solche bei Erhebung in natura für gröfsere Bezirke beinahe undurchführbar. Schon unter Isabella hatte das zeitweilig, unter Karl V. und seinen Nachkommen führte es zu einer beständigen Ablösung, in welcher Karl V. leider vergeblich die ganze Summe mittelalterlicher Steuerüberreste einzubegreifen suchte. Er war meines Wissens der erste, der das Projekt einer einzigen allgemeinen direkten Steuer aufstellte, ein Projekt, das nachmals in verschiedenen Formen unendlich oft wieder aufgetaucht ist, ohne dafs es je seiner Verwirklichung auch nur nahe gebracht werden konnte. In enger Verbindung damit stand die demselben Geiste entsprungene Idee einer Umbildung der Cortes, in denen Karl V. nicht nur eine beratende Versammlung haben wollte, sondern die er zu einer thätigen Mitwirkung an der Regierung und Staatsverwaltung herzuziehen wollte. In diesem Sinne war den ständigen Deputierten der Cortes ein sehr weiter Wirkungskreis zugedacht. Allein da das Land sich einmal im Gegensatze zu seinem Regenten fühlte, so brachte es allen seinen Reformplänen eine ablehnende Gesinnung entgegen, auch denen sogar, die eine Erweiterung der Vollmachten des Landes betrafen. Dies Übelwollen verfolgte Karl V. überall und hat nicht wenige seiner verständigsten Maßregeln vereitelt. Hier war nun Philipp II. in einer viel günstigeren Lage.

In ihm zuerst steigern sich die regalistischen Anschauungen zu dem Typus, dem Ludwig XIV. mit seinem l'état c'est moi charakteristischen Ausdruck gegeben hat. Seine finanzielle Gesetzgebung, die in vielen Fällen selbst verschmähte, sich den Schein einer Anerkennung durch die Cortes zu verschaffen, belegt mit unzähligen Beispielen die regalistische Theorie, daß der König Herr ist nicht nur über alles herrenlose Gut, sondern über Hab und Gut aller seiner Unterthanen. Am schärfsten tritt dies hervor in den Verkäufen der Gemeindeländereien, die schließlich dahin führen, daß die Gemeinden geradezu eine Abgabe dafür entrichten, daß sie ihre Ländereien behalten dürfen. Ebenso willkürlich schaltete er aber auf allen Gebieten der Staatswirtschaft, und den Vorstellungen, welche die Cortes dagegen erhoben, wurde immer nur das Eine entgegen gehalten, daß zwingende Gründe den König veranlaßt hätten, so zu handeln. Während Philipp II. im einzelnen einer der gerechtesten Monarchen war, die je auf einem Throne gesessen, vor dem kein Ansehen der Person und des Standes die geringste Abweichung von dem strengen Rechte begründen konnte, waren seine Handlungen gegen das Volk im ganzen, gegen das nationale Wohl die unzweifelhaftesten Ungerechtigkeiten, die nur darin ihre Entschuldigung fanden, daß er sich selbst als die Verkörperung des Staates ansah, und seine Interessen ausnahmslos mit denen des nationalen Wohles identifizierte. Trotz alledem aber hatte Philipp II. während seiner ganzen Regierungszeit nicht einmal auch nur annähernd einen solchen Widerstand gegen seine Pläne beim Lande und bei dessen Vertretern gefunden, wie er seinen Vater auf Schritt und Tritt verfolgt hatte. Das findet seine Erklärung nur darin, daß Philipp II. vollkommen in denselben Ansichten und Meinungen befangen war, die in dem spanischen Volke seiner Zeit herrschten. Die Anfänge seiner Wirtschaftspolitik entsprachen ziemlich vollständig dem, was das Land so lange sich vergeblich bemüht hatte, Karl V. abzuringen, einer Anerkennung der merkantilistischen Prinzipien. Ihm, der in Spanien aufgewachsen, von Kindheit auf nur von Spaniern beraten worden war, waren diese Anschauungen ebenso ohne sein Zuthun in Fleisch und Blut übergegangen, wie Karl V. die niederländischen, und da er weder dieselbe Ländermenge beherrschte, wie sein Vater, noch auch wie dieser, Verständniss dafür besaß, die nationalen Eigentümlichkeiten seiner verschiedenen Unterthanen zu beobachten und zu schonen, so stimmte er sogar darin mit den Anschauungen des spanischen Volkes überein, dafs er dieses für das vorzüglichste hielt und seine Interessen in der gesamten Ausdehnung seiner Monarchie zu den bestimmenden machte. Indem dies durch einige Mafsregeln seiner ersten Regierungsjahre dem Volke deutlich vor Augen trat, hatte er die Fäden der Vereinigung zwischen dem Throne und dem Volke wieder angeknüpft, die nach Isabellas Tode trotz der aufrichtigen und wohlwollenden Bemühungen Karls V. zerrissen geblieben waren. So erklärt es sich, dafs Philipp II. und Isabella die Katholische die beiden populärsten Herrscher in Spanien geworden sind. Wäre das Volk nicht verblendet gewesen dadurch, dafs es endlich eine Regierung diejenigen Bahnen wandeln sah, die es selbst für die einzigen zu einem glücklichen Ziele führenden hielt, so hätte es bald genug erkennen müssen, dafs mit den Jahren in der Politik Philipps II. eine merkliche Veränderung eintrat, in einem Sinne, der keineswegs den Wünschen des Volkes entsprechen konnte. Während nämlich in den ersten zehn bis fünfzehn Jahren Philipp II. in entschieden merkantilistischen Bahnen wandelte und seine wirtschaftlichen Gesetze theoretischen Anschauungen dieses Systems zu entspringen schienen, wurden von den siebziger Jahren an ganz andere Gesichtspunkte für seine Politik mafsgebend, Gesichtspunkte, die nicht nur mit den wirtschaftlichen Zuständen des Landes nichts zu thun hatten, sondern deren Interessen geradezu verletzten. Es ist unendlich schwer, bei dem Niedergange der spanischen industriellen Blüte, der unstreitig in der zweiten Hälfte des 16. Jahrhunderts beginnt, die Ursachen streng zu unterscheiden von den ersten Symptomen der Wirkung, die selbst wieder zur Beschleunigung des Niederganges Veranlassung wurden. Dafs die ausschliefslich finanzielle Politik, die Philipp II. etwa seit 1570 befolgte, der eigentliche Krebsschaden war, der die Blüte Spaniens auf wirtschaftlichem Gebiete vernichtete, erscheint mir zweifellos. Einen starken Faktor aber, der in Verbindung damit wirkte, sehe ich in den schädlichen Folgen, die das Merkantilsystem unter den damaligen Umständen für Spanien haben mufste. Es war um die Mitte des Jahrhunderts gelungen, die Ausländer, soweit sie nicht in Spanien selbst industrielle Unternehmungen leiteten, fast ganz vom spanischen Markte zu verdrängen. Die schutzzöllnerische Politik des Merkantilsystems, zu welcher sich seit 1552 auch die Regierung bekannte, hatte wirklich eine Industrie im Lande grofsgezogen, allein die Bedingungen, unter denen diese existierte, waren so abnorm, dafs die Konsequenzen des Systems selbst schliefslich zum Sturze desselben beitragen oder die Industrie des Landes ruinieren mufsten. Dafs das letztere geschah, war die Folge davon, dafs die Regierung mit derselben Blindheit an dem Systeme festhielt wie das Volk. Da nämlich der Edelmetallzuflufs in Spanien ein völlig abnormer war, trotzdem aber Volk und Regierung in ihm den wahren Reichtum erblickten und einen ausgleichenden Abflufs zu verhindern suchten, so wuchs die Landesindustrie empor wie eine Treibhauspflanze, die bei überreicher Nahrung in unglaublich kurzer Zeit die Blüte erreicht, dann aber keine Säfte mehr übrig hat, Früchte zu reifen und neue Blüten anzusetzen. Die rapide Preissteigerung, wie sie das Gold von Amerika in Spanien hervorrief, war sehr geeignet, der kaum begründeten spanischen Industrie eine grofse Ausdehnung zu geben und dem Handwerker reichen Lohn zu gewähren. Es war aber ein Ding der Unmöglichkeit, dafs diese günstigen Erwerbsverhältnisse lange andauerten, weil die allgemeine Steigerung der Preise einen Ausgleich bringen mufste. Nach diesem aber befand sich Spanien in der eigentümlichen Lage, dafs seine Industrie, die ihm im internationalen Verkehre Geld ersparen sollte, im inländischen Verkehre ihm so enorme Summen kostete, dafs das Ausland, selbst nach Zahlung aller schutzzöllnerischen Eingangszölle bei weitem billiger bei gleicher Güte liefern konnte. Dafs dies nicht lange verborgen bleiben konnte, leuchtet ein, und damit war der noch nicht genügend eingewurzelten spanischen Industrie das Urteil gesprochen. Die Übelstände, die Karl V. vergeblich durch einen freieren Verkehr der Länder seiner Botmäfsigkeit untereinander zu beschwören versucht hatte, mufsten natürlich um so schneller über das Land hereinbrechen, je unbedingter die Regierung den Wünschen des Landes nach Schutz- und Ausnahme-Mafsregeln nachgab. Das war der grofse Fehler, den Philipp II. beging, als er seine Politik diesem Systeme unterordnete. Das Volk freilich erkannte diesen Fehler zunächst so wenig wie Philipp selbst, es lohnte ihm im Gegenteil seinen Anschlufs an die Volkswünsche, indem es seiner Politik auch dann noch keinen Widerstand entgegensetzte, als sie längst aufgehört hatte, ein anderes System als das der gröfstmöglichen Gelderpressung zu verfolgen. Weder die Verdreifachung der Alkabala noch die Millionensteuer vermochte es, dem Könige seine Popularität zu entziehen, und nach Generationen noch galt Philipp II. für den gröfsten spanischen Monarchen, einzig deshalb, weil er auf dem Throne die Verkörperung der spanischen Volksanschauungen war.

In dem nächsten Jahrhundert nach seinem Tode kann man eigentlich kaum mehr von einer wirtschaftlichen Politik der einzelnen Regenten oder ihrer Minister sprechen. Die beinahe ununterbrochenen kriegerischen Verwickelungen nahmen fast ausschliefslich das Interesse der Regierung in Anspruch, und selbst in den kurzen Friedenspausen kam man selten darüber hinaus, auf Abhülfe für die beständig wachsende Finanzkalamität Bedacht zu nehmen. Mehr noch als in den letzten Jahren Philipps II. war die innere Politik eine reine Finanzpolitik geworden, und da die Regierung mehr und mehr den Charakter einer absolutistischen annahm, fanden selbst die Cortes, soweit sie überhaupt noch zusammentraten, keine Gelegenheit mehr, auf die Staatsverwaltung in irgend einem Sinne einzuwirken. Wo die Regierung in ihren Verordnungen einen wirtschaftspolitischen Standpunkt überhaupt erkennen läfst, da ist es allerdings nach wie vor ein merkantilistischer. So könnte man einen solchen in den 1603 von dem Herzog von Lerma erlassenen Zollgesetzen sehen wollen. Eigentlich aber sind selbst diese Verordnungen nur eine Fortsetzung des Krieges gegen die Niederlande auch auf einem anderen Felde als dem der Waffen. Einen Anlauf zu einer erneuten Wirtschaftspolitik schien der grofse Staatsrat von 1617 nehmen zu wollen; thatsächlich hatten seine Erlasse die Folge, dafs die Regierung während einer Anzahl von Jahren noch einmal Fragen aus diesem Gebiete ernstlicher in Erwägung nahm. Allein die praktischen Erfolge dieser Erörterungen waren doch kaum mehr als ein Zurükgreifen auf dieselben Hülfsmittel, die oft vorgeschlagen und mehr oder minder eingehend erprobt, sich immer nur als ungenügende Notbehelfe ausgewiesen hatten, mehr geeignet, das Drängen nach Reformen zum Schweigen zu bringen, als dem wirklichen Notstande abzuhelfen. Dafs sie vollständig zu den merkantilistischen Anschauungen pafsten, wie Volk und Regierung sie hegten, versteht sich von selbst. Trotz mancher Verschiedenheiten in den einzelnen Mafsregeln, war Olivarez doch dem Systeme nach nur ein Fortsetzer dieses Staatsrats, und seine wirtschaftlichen Anordnungen waren ebenso unbedeutend und blieben ebenso wirkungslos, wie die seiner Vorgänger. In der Regierung Karls II. aber erstarb vollends alles Interesse, welches über die augenblickliche Befriedigung des drückendsten Notstandes hinausging.

Während so die drei letzten habsburgischen Regierungen in wirtschaftlichen Angelegenheiten einen Stillstand bedeuteten auf dem Standpunkte der Entwickelung, den Philipp II. durch seine Gesetzgebung eingenommen hatte, machten die wirtschaftspolitischen Anschauungen in derselben Periode im Volke ganz außerordentliche Fortschritte. In die Regierungszeit Philipps III. fallen die Anfänge der spanischen nationalökonomischen Litteratur, die während zweier Jahrhunderte eine große Reihe der hervorragendsten Geister beschäftigt hat. Es soll damit keineswegs gesagt sein, daß man nicht schon früher sich damit beschäftigt hätte, über Fragen der Nationalökonomie gelegentlich nachzudenken. Es würde sogar unschwer gelingen, aus den Äußerungen einzelner Schriftsteller so viel herauszulesen, daß man ihre mehr oder minder befangene Stellung zu dem herrschenden merkantilistischen Systeme bestimmen könnte. So ist Mercados Abhandlung über die kaufmännischen Geschäfte aus dem Jahre 1565 ein klarer Beweis für die unumschränkte Herrschaft der Edelmetallüberschätzung, wie sie aus allen Akten der Regierung dieser Jahre in voller Übereinstimmung herausklingt. Aber die Schriftsteller des 16. Jahrhunderts streifen nur gelegentlich das nationalökonomische Gebiet; eine eingehende Beschäftigung damit machte zu jener Zeit der blühende oder doch gesunde Zustand des Landes noch überflüssig. Als es aber mit dem Reichtum, mit der Industrie, der Volkszahl u. s. w. bergab, und zwar merklich schnell bergab ging, da tauchten mit einem Male die Schriftsteller auf, die die Ursachen dieses Verfalles zu ermitteln und Wege der Abhülfe aufzufinden suchten. Bei dem ultrakatholischen, bei Philipp II. und III. entschieden bigotten Standpunkt, den die Regierung zur Herrschaft gebracht hatte, kann es uns nicht wunder nehmen, eine Richtung unter diesen Schriftstellern zu finden, die in naiver Befangenheit den Niedergang Spaniens als eine Strafe des Himmels betrachtet und in dessen Versöhnung das einzige Mittel sieht, den früheren Zustand wiederherzustellen. Bezeichnend für diese ist eine Denkschrift an Philipp IV. vom Jahre 1622, vielleicht eine der spätesten Manifestationen ihrer Art. Hier wird das Bündnis Karls V. mit Heinrich VIII. von England als der Ausgangspunkt alles Unglücks hingestellt, und das Ende vom Liede ist natürlich die Warnung an Philipp IV., in die Vermählung des Prinzen von Wales mit der Infantin Maria zu willigen. Ein gleiches Erstaunen erfaßt einen, wenn man die Ausführungen Navarretes zu den Beschlüssen des Staatsrats von 1617 liest. Auch hier wird der nüchterne Gegenstand vollkommen in die Sphäre religiöser Transscendenz erhoben, mit einem grofsen Schatze biblischer und klassischer Citate umwoben, so dafs man schliefslich das Buch mit der Überzeugung aus der Hand legt, dafs die merkantilistischen Satzungen ihre unbedingte Gottgefälligkeit aus der Bibel nachweisen könnten. Dagegen fehlt es auch nicht an einsichtigeren und besseren Abhandlungen schon aus ziemlich früher Zeit. Philipp II. hatte nicht umsonst den hohen Wert der Statistik für die Staatsverwaltung erkannt. Seine nur allzu weitschichtig angelegte Ortsstatistik und die gegen das Ende seiner Regierung in ganz Kastilien durchgeführte Zählung der steuerpflichtigen Einwohner hatten in weiten Kreisen das Interesse für derartige Gegenstände rege gemacht. Diesem Umstande verdanken wir es wohl in erster Linie, dafs wir in den universal- und lokalgeschichtlichen Werken dieser und der folgenden Regierung eine so reiche Fülle von statistischen Angaben finden, wie sie in den Geschichtswerken anderer Völker in jener Zeit weder gleich zahlreich noch gleich zuverlässig zu finden sind. Auf diesem Materiale haben aber gleichzeitig auch die nationalökonomischen Autoren ihre Schlüsse aufgebaut. Dafs mancher unter ihnen aus seinem immerhin beschränkten Materiale zu kühne Schlüsse auf die Allgemeinheit gezogen hat, deren Unhaltbarkeit der Gang der Ereignisse gezeigt hat, braucht uns deshalb noch nicht mifstrauisch gegen seine Grundlagen zu machen, denn die Thatsache umfassender statistischer Aufnahmen unter Philipp II. bestätigt sich mehr und mehr bei Durchforschung der spanischen Archive.

Durch klare Erkenntnis der wahren Fehler und durch folgerichtige Anordnung ihrer Schlüsse nimmt unter den ältesten Schriften dieser Art die Denkschrift von Medina del Campo über den Niedergang der dortigen Märkte aus dem Jahre 1606 eine hervorragende Stellung ein. Klarer als in dieser ist das merkantilistische Prinzip nicht oft zur Darstellung gebracht worden, wenn sie z. B. nachrechnet, dafs der Niedergang Spaniens von der Zeit her datiere, wo zuerst seine Handelsbilanz gegen das Ausland zu Ungunsten Spaniens abschlofs. Aber wie die Irrtümer, so sind auch die richtigen Gedanken des Systems mit anerkennenswerter Klarheit und Folgerichtigkeit durchgeführt. Die meisten Nationalökonomen des 17. Jahrhunderts sehen die einzig mögliche Rettung des spanischen Wohlstandes in der Wiederherstellung seiner Industrie, wie dies nach merkantilistischen Lehrsätzen nicht anders sein kann. Noch ziemlich beschränkt in dieser Beziehung ist der Horizont des Sancho de Moncada, der für den Standpunkt der Wissenschaft in den zwanziger Jahren des 17. Jahrhunderts als Typus gelten kann. Seine Schrift springt noch ziemlich unvermittelt von einem Gegenstande zum andern, er mengt, wenn auch nicht mehr theologische Weisheit, so doch eine ganze Anzahl unwissenschaftlicher aber volkstümlicher Anschauungen unter seine Folgerungen, die darin gipfeln, daſs man die Industrie zu beleben suchen müsse, um dem Lande die Millionen Dukaten zu erhalten, die es alljährlich an das Ausland für Industrieartikel bezahle.

Je anhaltender und eingehender man sich mit Fragen dieser Art beschäftigte, desto mehr näherten sich auch die Nationalökonomen richtigeren, von dem herrschenden Systeme nicht mehr sklavisch abhängigen Ansichten. So hatte z. B. Martinez de Mata, der um die Mitte des 17. Jahrhunderts schrieb, recht wohl ein Verständnis dafür, welcher Segen dem Lande daraus erwachse, daſs eine bedeutende Industrie eine zahlreiche Bevölkerung zu ernähren im stande sei, — eine Erkenntnis, die übrigens mit vollkommener Klarheit schon in einem officiellen Schriftstück der Cortes von 1579 zum Ausdruck gebracht wird, — dennoch sieht auch er in der Industrie nicht mehr als den Stein der Weisen, der die einfachsten Rohprodukte in Silber und Gold verwandeln könne.

Als unter Karl II. die Not am empfindlichsten wurde, erstanden nicht nur die zahlreichsten, wenn auch meist unfruchtbaren juntas, sondern auch die Litteratur über die wirtschaftliche Lage des Landes erlangte ihre gröſste Ausdehnung. Allein nur nach der Zahl der Werke, denn an innerem Werte reichen nur wenige unter ihnen an das heran, was Martinez de Mata bereits gefunden und ausgesprochen hatte. Nur einmal erhob sich ein Schriftsteller, dessen Name nicht einmal auf uns gelangt ist, zu einer Höhe der Erkenntnis, die fast an die moderne Auffassung erinnert. In einer Denkschrift, die Karl II. im Jahre 1686 überreicht wurde, findet sich die folgende Ausführung: Das kostbarste Metall, das unentbehrlichste, vortrefflichste und sicherste, das es je gegeben und jemals geben wird, das ist der Schweiſs, der auf der Stirne perlt; er muſs für das einzige Mittel gelten, welches ein kräftiges Staatswesen erhalten kann. Denn da, wo er fehlt, hat auch Gold und Silber nicht lange Bestand, denn er allein ist die Münze, die in aller Welt den gleichen, den höchsten Wert besitzt." Allein das Spanien Karls II. war in allzu tiefer Lethargie versunken, als dafs die Stimme eines einzelnen Propheten es hätte erwecken können. Erst die Jahre tiefen Elendes und schwerer Kämpfe und der Einflufs neuer, auf anderem Boden emporgewachsener Anschauungen vermochten es, in dem tief zerrütteten Lande die Keime neuer, geordneter und gedeihlicher Entwickelung zu legen.

III.

Bodenkultur.

Die spanischen Schriftsteller des 16. und 17. Jahrhunderts verweilen mit Vorliebe bei den Berichten der Alten über den Reichtum und die Fruchtbarkeit des spanischen Bodens. Und doch, wie wenig glich ihr Vaterland dem Lande, das alljährlich seine kornbeladenen Schiffe nach der Tibermündung sandte, um den Hunger in der weltbeherrschenden Siebenhügel-Stadt zu stillen. Es war auch nicht zu verwundern, daſs der Boden verödete, auf dem während 700 Jahren der furchtbarste Kampf, der Krieg um den Glauben fast ununterbrochen getobt hatte. Mit jener bedürfnislosen Emsigkeit, welche die meisten orientalischen Völker auszeichnet, hatten sich die Mauren nach der Eroberung der Bodenkultur angenommen. Unter ihren fleiſsigen Händen hatten die römischen Wasserleitungen nicht nur die Städte versorgt, sondern auch in den trockenen Hochebenen von Kastilien und Aragon die Felder bewässert, und mit reichlichen Ernten lohnte der Boden die Arbeit des Landmanns. Ihnen verdankte Sevilla jenen unvergleichlichen Olivenwald, das Ajarafe, dessen Öl allein ausreichte, ganz Spanien zu versorgen, und dessen Früchte an Gröſse und Güte von keinen anderen in der ganzen Welt übertroffen wurden. Sie hatten in Granada, Murcia und Valencia die Kultur des Maulbeerbaumes vervollkommnet, um jene Seidengewebe zu fabrizieren, die während des ganzen Mittelalters unübertroffen waren.

Da ihre Arbeit reichen Lohn fand, wuchs mit dem Reichtum des Landes die Verfeinerung der Sitten, so daſs die arabische Kultur auf spanischem Boden zu einer Blüte gedieh, wie sie kaum in Arabien selbst erreicht worden war. Wie dürftig nahmen sich neben den glänzenden und üppigen Höfen von Saragossa, von

Sevilla, von Granada die christlichen Königreiche der Halbinsel aus. Die rauhen Bergländer des Nordens, auf welche die Christen anfänglich beschränkt waren, boten ihnen kaum die Mittel, auch nur die notwendigsten Bedürfnisse zu befriedigen. Nur in schmalen Thalstreifen duldete der Boden den Ackerbau; die Rebe reifte keine weinspendenden Trauben; nur einzelne Früchte des Nordens gediehen an den Abhängen des Gebirges. Dagegen lieferten die Berge eine Fülle von Eisen, als wenn sie selbst den Christen den Weg zum endlichen Siege zeigen wollten. Hier lernten die Spanier ein dürftiges Leben, voll von Anstrengungen und Kämpfen, lieb zu gewinnen, eine Eigentümlichkeit, die dem spanischen Soldaten zu allen Zeiten und überall getreu geblieben ist.

Die Lebensbedürfnisse, welche der heimatliche Boden ihnen versagte, suchten sie von dem Überflusse ihrer Feinde zu erbeuten. Auch wenn keine größeren Kriegszüge unternommen wurden, fielen sie um die Zeit der Ernte in das maurische Gebiet ein, schleppten fort, was sie tragen konnten, und zerstörten sengend und brennend, was sich nicht in Sicherheit bringen ließ. So verlor Kastilien, noch ehe es dauernd in die Hände der Christen fiel, einen guten Teil seiner Fruchtbarkeit. Die römischen und maurischen Wasserleitungen wurden im Kriege zerstört und die Spanier wollten und konnten die Bauten ihrer Feinde nicht wieder aufrichten. Wo aber das Wasser fehlte, lohnte der Boden nicht mehr ausreichend die Mühe des Bebauers, und so schwand mit dem Vordringen der Christen der Reichtum des Landes an Getreide und an Früchten nach dem Süden. Dazu aber kam noch ein anderes. Je weiter die Christen im Thale des Ebro und gegen das Thal des Tajo in die Ebene hinein vordrangen, desto mehr wurden ihre Felder derselben Gefahr feindlicher Zerstörung ausgesetzt, die sie so lange über die Felder der Mauren verhängt hatten. So wurden sie notwendigerweise dazu geführt, auf eine andere Art der Bodenbenutzung zu sinnen, die der Gefahr der Vernichtung durch feindlichen Überfall weniger ausgesetzt war, als die Bestellung der Felder mit Getreide. Schon in den Bergen von Asturien und Galizien, wo der Getreidebau keinen Reichtum zu begründen vermochte, mag dieser vorwiegend in Herden von Rindern und Schafen bestanden haben, die auch in den Bergen ihre Nahrung fanden. Hinter den vordringenden Heerscharen zogen auch die Herden in die Ebenen hinab, und sie konnten sich um so eher bis in die Nähe des feindlichen Gebietes vorwagen, als sie schnell vor einem feindlichen Angriffe in die Wälder hinein zu entweichen vermochten. Wenn dann der Landmann die Früchte seiner Arbeit in den Staub getreten oder durch Feuer vernichtet sah, rettete der Herdenbesitzer nicht nur sein Eigentum für sich selbst, sondern er blieb auch im stande, dem Staate zu allen Zeiten die schuldigen Tribute zu entrichten. So kam es, daſs bald die Regierung dem Herdenbesitze ihre Begünstigung zuwandte; die älteste Grundlage für die ausgedehnten Privilegien des Verbandes der Herdenbesitzer, der Brüder der mesta. Mit dem doppelten Vorteil, dem persönlichen und dem staatlichen, verband sich aber noch ein drittes Element zur Bevorzugung der Herdenwirtschaft vor dem Ackerbau. Nötigte dieser zu einem seſshaften Leben bei friedlicher, aber andauernder Arbeit, so bot jene durch das Umherziehen in der Einsamkeit, durch den Kampf mit wilden Tieren, mit Räubern, mit den Elementen eine beständige Abwechselung. Der Kampf aber war recht eigentlich das Lebenselement der spanischen Bevölkerung; ihm verdankte einzig der Mann sein Ansehen im Volke, aus dem Kampfe war der Adel des Landes hervorgegangen, im Kampfe eröffnete sich noch für jeden die Aussicht, den Besten des Landes gleichgestellt zu werden. So kam es, daſs die Spanier zwar vorzügliche, tapfere Hirten und Jäger, aber schlechte Ackerbauer waren. Und nun erklärt sich die auffallende Erscheinung ganz von selbst, daſs die Fruchtbarkeit der spanischen Landschaften in direktem Verhältnis steht zur Dauer ihrer Unterjochung durch die Mauren. Das Land von Burgos an bis zum Meere, Biscaya, Guipuscoa, Galizien, Asturien, Leon sind seit der ältesten Zeit als unfruchtbar bekannt gewesen; Alt-Kastilien aber und Aragon, die im 16. Jahrhundert nur noch dürftigen Ackerbau besaſsen, waren zur Maurenzeit nichts weniger als unfruchtbar. Im Süden endlich vereinigte sich das milde Klima mit der langen, sorgfältigen Bodenkultur der Mauren, um eine Fruchtbarkeit hervorzubringen, die noch ein Jahrhundert den Sturz des letzten maurischen Reiches überdauerte[1]).

Diesen Vorbedingungen entsprechend hatte sich die Boden-

---

[1]) Bei den langen Verhandlungen, die dem Projekte einer Mehlsteuer in den Cortes von 1579 gewidmet sind, werden die agrarischen Verhältnisse des Landes sorgfältig erörtert. Actas de la cortes de Castilla. VI. pg. 411 ff. An einer anderen Stelle wird wiederholt der Unfruchtbarkeit und Armut des nördlichen Kastiliens gedacht, wo das Mehl mit allen möglichen Zuthaten gemischt wird, da es allein als Nahrungsmittel unerschwinglich ist. ib.

kultur der spanischen Reiche weiterentwickelt, bis unter Ferdinand und Isabella fast die ganze Halbinsel unter einem Scepter vereint wurde.

Die Herdenwirtschaft erfreute sich der ausgedehntesten Vorrechte. In den Hügelländern von Kastilien und in den Ebenen von Estremadura waren enorme Flächen als Weideland reserviert. Zwischen diesen vermittelten, Heerstrafsen gleich, 90 Ellen breite Streifen Weidelandes den Verkehr, und wehe dem Landmanne, der auch nur eine Furche breit in diese Strafsen eindrang. Jenes System von Weideländereien gehörte den Brüdern der mesta, ihre vereinigten wandernden Herden, die cabaña real, standen unter dem besonderen Schutze der Krone, und eigene Richter hatten darüber zu wachen, dafs auch kein Titelchen der alten Vorrechte verletzt werde. Nach Millionen allein zählten die Schafe — um von Rindern, Schweinen, Ziegen ganz zu schweigen, — die in jedem Frühjahre hinaufzogen in die kastilischen Berge und in jedem Herbste wiederherabkamen an die Ufer des Guadiana, um dort zu überwintern. Sie zahlten nur an den Grenzen Kastiliens einen Zoll, das servicio y montazgo, genossen aber dafür das Vorrecht, dafs sie Weideländereien zu festgesetzten Preisen pachtweise überlassen bekommen mufsten, und dafs kein anderer Herdenbesitzer durch Überbieten der Pachtsumme ihnen das Land abspenstig machen durfte. Aufser diesen wandernden Herden, die hauptsächlich die Wolle für die Ausfuhr lieferten, besafs Spanien eine drei- bis vierfache Anzahl stehender Herden, deren Besitzer zum Unterschiede von den Brüdern der mesta wenigstens in manchen Teilen des Landes riberiegos und serranos genannt wurden. Genossen sie auch nicht die weitgehenden Privilegien der mesta, so wurden sie doch noch weit mehr als Landbebauer durch die Gesetze begünstigt, denn, so sagt das Gesetz, die Herden von Vieh bilden den wesentlichen Reichtum dieses Landes[2]).

---

[2]) Über die Geschichte der Mesta vgl. Fernando Cos-Gayon, La Mesta in Revista de España, tomo IX. pg. 329—366 u. tom. X. pg. 5—39. Die wichtigsten Gesetze darüber bilden den tit. 14 des 3. Buches der Nueva Recopilacion de las leyes de España. — Nach dem Gesetze waren zwar Felder, Gärten, Weinberge und Weiden für das Ackervieh und für die stehenden Herden sicher vor der cabaña real, thatsächlich aber zogen die Herden nach der Ernte auch in die Wein- und Ölgärten, und von der Sicherheit der Weiden für die stehenden Herden giebt der Prozefs zwischen der mesta und den riberiegos um das Jahr 1566 ein trauriges Bild. Actas. II. pg. 121. 132

Dagegen war der Ackerbau seit den Zeiten der Rückeroberung nie wieder zu seiner alten Blüte gediehen. An freien Bauern, die auf ihre eigene Rechnung den Boden bestellten, fehlte es fast ganz. In den nördlichen Provinzen waren es die Hintersassen der grofsen Herren und der Kirche, die den Acker bestellten, aber mit der Nachlässigkeit, die der Bebauung des fremden Bodens stets anhaftet. In Andalusien, Granada und Valencia waren es besonders die Nachkommen der Mauren, die unglücklichen moriscos, die den Ackerbau auf einer verhältnismäfsig hohen Stufe erhielten. Durch ihren Fleifs war es möglich, dafs Kastilien unter Ferdinand und Isabella und noch über die Mitte des 16. Jahrhunderts hinaus nicht nur seinen eigenen Bedarf an Getreide her-

---

und pet. 88 von 1566. Die Könige von Kastilien hatten allerdings Grund zu sagen: Siendo la principal sustancia de estos reinos la crianza y conservacion del ganado (Nueva Recop. l. 1. tit. 14. Lib. III.) Marineus Siculus (pg. 746) und Badoero (bei Alberi VIII. pg. 255) bezeugen, dafs einzelne Besitzer 30—40000 Stück Vieh hatten. Eine Provinz mit so fruchtbarem Boden wie Murcia hatte vor 1480 über 50000 Stück Schafe. Clemencin. pg. 237. Schon im Jahre 1512 führte Spanien für 250000 Duc. Wolle aus, d. h. ca. 50000 Centner. Guicciardini. Opere inedite VI. pg. 273. Um 1520 wären es nach einer Angabe R(eichar)ds in „Im neuen Reich". 1879. II. pg. 213 60000 Sack oder 120—150000 Centner gewesen. Allein nach den Niederlanden wanderten um 1545 ca. 80000 Centner nach Damhouder bei Sempere, Lujo. II. pg. 45. Anm. Badoero schätzt 1557 die Ausfuhr auf 120—150000 Centner, nach dem Ertrage der saca de lanas hätte die Ausfuhr im Jahre 1610 die enorme Menge von 180000 Centner erlangt; sie betrug nämlich 216000 Duc. nach Lafuente. tom. IX. pg. 183. Anm. Das ergiebt bei einem mittleren Zollsatze von 3 Duc. pro Ballen 72000 Ballen oder ca. 180000 Centner. Zu Anfang des 18. Jhrts. war allerdings die Ausfuhr nach Uztariz wieder auf ca. 20000 Ballen gesunken. Teoria pg. 283. col. 2. Mufs man nun auch die Angabe im Almacen de frutos literarios. II. pg. 99 mit Vorsicht aufnehmen, wonach Spanien 7 Millionen wandernde und 30 Mill. stehende Schafe besessen hätte, so ergeben sich doch bekräftigende Zahlen aus obigen Angaben. Canga Arguelles. Diccionario IV. pg. 61 nimmt freilich an, dafs 1000 Schafe 200 arrobas (à 25 Pfd.) Wolle geben, neuerdings rechnet man ohne Rücksicht auf die Feinheit im Durchschnitt nur 1,25 kgr pro Schaf. Selbst nach Cangas Rechnung aber würde der Export des Jahres 1610 3²/₃ Mill. Schafe voraussetzen, eine Zahl, die durch Gonzalez, Censo. pg. 109 für das Jahr 1563 nur annähernd bestätigt wird, nach anderer Berechnung aber die 7 Mill. des Almacen; zur Ausfuhr aber dienten vorwiegend die Herden der mesta. Actas. VIII pg. 413, während die der riberiegos Fleisch, Leder und Wolle zur heimischen Industrie lieferten. — Medina. Cosas memorables bezeugt, dafs am Guadiana allein oft eine halbe Million Schafe weideten. fol. 65. r.

vorbrachte, sondern auch bei erträglichen Ernten noch Getreide zur Ausfuhr erübrigte. Weit schlechter waren die Länder der Krone Aragon daran. Valencia, das gesegneteste unter ihnen, erbaute gewöhnlich nur den dritten Teil seines Bedarfs, Katalonien aber, und auch Aragon waren fast ganz auf die Zufuhr aus Sicilien, den Balearen u. s. w. angewiesen[3]). Zu den Kulturen der maurischen Periode war die des Weinstockes noch hinzugekommen. Nicht nur der Süden brachte feurige Weine in grofsen Massen hervor, sondern selbst die Städte der kastilischen Hochebene, wie Segovia, Salamanca, Cuenca und Zamora erbauten in ihren Gemarkungen so viel Wein, dafs ein königliches Privilegium die Einfuhr anderer Weine in diese Städte verbot[4]).

Mit der Unterwerfung des letzten maurischen Königreiches trat an Ferdinand und Isabella die Aufgabe heran, dem Geiste der spanischen Bevölkerung eine neue Richtung zu geben. Es war dies keine leichte Sache. Seit Jahrhunderten war nicht nur

---

[3]) Schon Colmeiro, Econ. polit. II. pg. 76 ist zu der Erkenntnis gelangt, dafs die Blüte des Ackerbaus, von der viele Schriftsteller des 17. Jhrts. berichten, auf spanischem Boden wohl nie bestanden habe. Colm. ist durch Vernunftschlüsse zu seinem Resultate gelangt. Für das 15. und 16. Jhrt. aber läfst sich dies auch durch zeitgenössische Berichte beweisen. Über den Zustand unter Heinrich IV. berichtet der Sekretär des Rozmital (Bibl. des lit. Ver. zu Stuttgart. Bd. VII.) pg. 74 ex ea urbe (Medina del Campo) digressi quindecim milliarium intervallo nulla prata vel sylvas vidimus. pg. 67. (Roa) Postea per campos incultos . . . iter habuimus: ii per quinque milliaria extenduntur. pg. 68. (Villafuente) ad eum per quinque milliaria iter est campis incultis. Nicht günstiger lautet das Urteil des Guicciardini im Jahre 1512. Opere VI. pg. 275. il medesimo fanno i villani lavoratori delle terre, che non si vogliono affaticare se non per estremo bisogno; però lavoranno assai paese meno, che c' non potriano lavorare, e quello poco che c' lavorano è molto male coltivato. Ebenso Laurent Vital im Jahre 1516. (Gachard, Voyages des Souv. vol. III. pg. 93) et croy que si les gens y estoient aussy dilligens à labourer comme par decha et cultiver les terres qu'ilz auroient sans comparaison trop plus de biens qu'ilz n'ont: mais il ne leur chault de labourer sinon seulement ce qui leur convient pour gouverner eulx et leurs mesnye, car ilz sont la pluspart fondez sur gentillesse. Diese Zeugnisse lassen sich leicht noch um ein Beträchtliches vermehren; alle aber stimmen darin überein, dafs am Darniederliegen des Landbaues weniger der Boden als der Charakter der Bewohner die Schuld trägt. — Über Valencia vergl. Actas VII. pg. 213; darnach ist der Ackerbau dort nicht erst durch die Vertreibung der moriscos im Jahre 1609 zu Grunde gerichtet worden, wie Colmeiro, Econ. polit. II. pg. 85 annimmt.

[4]) ley 32. tit. 18. Lib. VI. Nueva Recop.

der Charakter der Nation, sondern sogar die Einrichtungen des Staates auf diesen Kampf mit den Ungläubigen gerichtet; aus ihm war jenes religiöse Rittertum hervorgegangen, welches noch nach Jahrhunderten das höchste Ziel spanischen Ehrgeizes bildete. Ferdinand der Katholische stand keineswegs so hoch über seiner Zeit, dafs er hier vermocht hätte, den Staat in neue Bahnen zu lenken. Weit mehr noch als seine Gemahlin teilte er die Vorliebe der spanischen Bevölkerung für die kriegerische Thätigkeit, und den Künsten des Friedens stand er beinahe geringschätzend gegenüber. Dafs auch Isabella ein Kind ihres Volkes war, beweist ihr bewaffnetes Erscheinen im Lager von Santa Fe. Aber sie besafs aufser diesem religiös-kriegerischen Sinne das, was ihrem Gatten gänzlich fehlte, eine eminente staatsmännische Begabung. Sie erkannte und erfafste mit vollkommenem Bewufstsein die Aufgabe, die die letzte Wendung der spanischen Geschichte ihr auferlegte, und der Reinheit ihres persönlichen Charakters entsprachen ihre staatsmännischen Absichten. Wenn wir dem begeisterten Lobredner der grofsen Königin, Clemencin, unbedingten Glauben schenken dürften, so hätten die nie fehlgehenden Bemühungen Isabellas schon bei ihren Lebzeiten Spanien in einen Zustand der Blüte versetzt, wie er nach ihr nie wieder erreicht worden ist. Bei aller Hochachtung für die Regententugenden der kastilischen Königin, die ohne Zweifel das bedeutendste staatsmännische Talent unter den Monarchen ihrer Zeit war, müssen wir doch über die Erfolge ihrer Mafsnahmen von jenem unbedingten Lobe abweichen.

Wenn wir die Gesetze Ferdinands und Isabellas überblicken, finden wir sogar, dafs sie in Bezug auf die Kultur des Bodens vollkommen in den hergebrachten Geleisen sich bewegen. Die Erkenntnis, dafs die Herdenwirtschaft gegenüber dem Ackerbau eine niedrigere, ja absolut eine verhältnismäfsig niedrige Kultur bedingt, blieb ihnen verborgen. Zu den Dingen, deren Ausfuhr aus Kastilien verboten war, gehörten neben den Edelmetallen in erster Linie Getreide und Vieh. Im Jahre 1480 ward letzteres Verbot für Aragon aufgehoben, um der nunmehrigen Zusammengehörigkeit der Reiche Ausdruck zu geben[5]). Da aber die aragoni-

---

[5]) Die Ausfuhrverbote sind enthalten in den Gesetzen 12, 25 und 27. tit. 18. Lib. VI. Nueva Recop. — Ebenda ley 30 das Gesetz Ferdinands und Isabellas vom Jahre 1480. — Clemencin citiert es pg. 244 mit den Worten permitese el paso libre de ganados, mantenimientos y mercaderias

schen Länder auf die Getreideeinfuhr angewiesen waren, hatte dies erst einen bedeutenden Abfluss von Getreide nach Aragon und, als der Mangel sich fühlbar zu machen begann, eine Ausdehnung des Ackerbaues in Kastilien zur Folge. Besonders war es das Königreich Murcia, das infolge seiner günstigen Bodenverhältnisse und seiner Lage zwischen Aragon und Valencia den Übergang von der Weidewirtschaft zum Ackerbau in fühlbarer Weise bewerkstelligte. Es hätte im Interesse des Staates gelegen, diesen Übergang auf alle Weise zu befördern, um dadurch die Halbinsel von der Zufuhr fremden Getreides unabhängig zu machen, aber das direkte Gegenteil geschah. Weil die Zahl der Schafherden von 50 000 auf 10 000 Stück gesunken war, suchte Isabella durch neue Privilegien der Viehzucht in Murcia aufzuhelfen[6]). Ebensowenig erfreute sich der Ackerbau bei der neuen Gesetzgebung über die Alkabala auch nur der geringsten Erleichterung. Während das Brod und selbst das von auswärts eingeführte Getreide von der Alkabala befreit waren, musste der kastilische Ackerbauer nach dem Gesetze den vollen Zehnten vom Erlös seines Getreides entrichten. Erst die provinzielle und lokale Gesetzgebung verbesserte diesen Irrtum der Regierung, als die Alkabala durch ein Pauschquantum abgelöst wurde, welches durch Gemeindesteuern aufgebracht wurde. Seit dem Jahre 1494, wo dies nachweislich zuerst geschah, genossen allerdings alle Arten der Bodenkultur eine an Steuerfreiheit grenzende Bevorzugung[7]).

---

de los reinos de Castilla á los de Aragon, und das haben ihm getreulich alle spanischen Historiker nachgebetet. Noch Colmeiro. Econ. polit. II. pg. 261 schreibt: los reyes catolicos abolieron las aduanas situadas en los confines de Castilla y Aragon. Auf diese Weise liess sich so bequem Karl V. zum Reaktionär stempeln, der die Zollfreiheit zwischen Kastilien und Aragon wieder aufhob. Thatsächlich hat dieselbe nie bestanden. Was Ferdinand und Isabella im Jahre 1480 beseitigten, war das Ausfuhrverbot für Getreide und andere Lebensmittel. Der herkömmliche Zoll von 10% wurde nach wie vor an der Grenze erhoben, für Gold blieb sogar das Ausfuhrverbot bestehen; für Pferde wurde es nach kurzer Zeit wieder eingeführt.

[6]) Clemencin pg. 237 zum Jahre 1486, vergl. dazu Arias y Miranda. Influjo pg. 50. 53.

[7]) Wenn in Werken des 16. Jhrts. behauptet wird, dafs Getreide von der Alkabala befreit sei, so ist damit nur die lokale Einrichtung gemeint; es existiert kein Gesetz, welches dies vorschreibt. Das beweist schon die Motivierung der Steuerfreiheit des Brotes dadurch, dafs es bereits zweimal die Alkabala entrichtet habe und zwar erst als Korn, dann als Mehl. Die Ge-

Trotzdem beharrte die Regierung Isabellas in ihrer anti-agrarischen Politik, wofür die Einführung der Getreide-Taxe vom Jahre 1502 der deutlichste Beweis ist. Daſs die Regierung, um niedrige Kornpreise zu erzielen, die Spekulation in Getreide möglichst verhinderte, verdient unbedingte Anerkennung, wenn auch Maſsregeln, wie das Verbot, Getreide an anderen Orten als den Getreide-Börsen zu verkaufen u. dergl. mehr nur in den allgemeinen Anschauungen der Zeit ihre Entschuldigung finden[*]). Ein anderes aber war es, dem Landmann den Preis vorzuschreiben, zu dem er die Früchte seines Fleiſses verkaufen müsse. In guten Jahren muſste ja schon die Konkurrenz die Preise niedrig halten, in schlechten Jahren aber hieſs es, die Existenz des Landmannes aufs Spiel setzen, wenn man ihn zwang, das Getreide womöglich unter dem Preise zu verkaufen, den es ihn selbst gekostet hatte. Denn die Taxe vom Jahre 1502 beging noch den Fehler, nicht den Getreide-Preis eines schlechten Jahres, sondern einen etwas erhöhten Mittel-Preis als Maximal-Grenze aufzustellen, so daſs der Landmann, der in schlechten Jahren weniger von der gleichen Bodenfläche erntete und doch höhere Aussaatkosten und mehr Arbeit hatte, bei dieser Taxe nicht bestehen konnte. Die nächsten Jahre bereits lieferten dafür die unumstöſslichsten Beweise. Mit dem Jahre 1503 begann für Spanien eine Reihe sehr schlechter Erntejahre, so daſs bereits vor Isabellas Tode ein Einhalten des Tax-Gesetzes unmöglich war. Statt 110 mrs., wie die Taxe vorschrieb, kostete der Scheffel Weizen im Inneren Kastiliens 5 bis 600 mrs. und selbst das schlechtere flandrische Getreide wurde noch weit über dem Tax-Preise verkauft. Nach dem Tode Isabellas wurde denn auch die Taxe beseitigt, und nur ihrer kurzen Dauer war es zu danken, wenn kein bedeutender Niedergang des Ackerbaues ihre Folge war[2]).

Sahen wir so, daſs mindestens in Bezug auf die Bodenkultur die Regierung sich auf vollkommen falschen Bahnen bewegte, so müssen wir anderseits anerkennen, daſs die Umstände nur wenig günstig waren für die Bemühungen, die Entwickelung des spanischen Volkes in friedliche Bahnen zu lenken. Die italienischen

---

setze über Brot und überseeisches Getreide l. 31 und 36 tit. 18. Lib. VII. Nueva Recop.

[*]) l. 13. tit. 19. Lib. IX. ib. vom Jahre 1491.

[2]) Bernaldez. pg. 723. Flandrischer Weizen kostete 5—6 rls. à 34 mrs. der Scheffel; sizilianischer 8—9 rls.

Kriege seit dem Jahre 1495 und vor allem die 1493 erfolgte Entdeckung Amerikas boten den unruhigen Elementen der Bevölkerung reiche Gelegenheit zur Bethätigung ihrer Neigungen. Warum sollten sie sich in der Heimat mühselig von der Arbeit ihrer Hände nähren, wo ihnen in der neuen Welt die Schätze mühelos in den Schofs fielen? Es waren in den ersten Jahrzehnten gewifs nicht die besten Elemente, die nach Amerika auswanderten, nichtsdestoweniger wurden dadurch dem Lande bedeutende Arbeitskräfte in dem Augenblicke entzogen, wo sie der Heimat doppelt nötig wurden. Die spanische nationalökonomische Schule des 18. Jahrhunderts hat zuerst die Behauptung aufgestellt, dafs Spanien trotz der Millionen von Gold und Silber von seinen Kolonieen mehr Schaden als Vorteil erhalten habe. Der Vergleich mit England hat die neueren Historiker womöglich noch zur Verschärfung dieser Behauptung veranlafst. Im Jahre 1854 hat Herr Arias y Miranda in einer preisgekrönten Denkschrift über diesen Gegenstand noch einmal nachgewiesen, dafs der Kolonialbesitz ein Nagel zum Sarge der spanischen Wohlfahrt gewesen sei. Und dennoch ist diese Behauptung nicht unbedingt richtig. Länger als ein halbes Jahrhundert hindurch hat das Gold von Indien Spanien auf der Bahn der nationalen Wohlfahrt vorwärts geschoben, und erst, als der letzteren die Axt an die Wurzel gelegt worden war, wurde Amerika die Schmarotzer-Pflanze, die die schwindenden Säfte noch schneller aufsaugte, als der natürliche Auflösungs-Prozefs sie zersetzte. Die amerikanischen Kolonieen blieben mehr als ein Jahrhundert mit den wichtigsten Lebensbedürfnissen vollkommen vom Mutterlande abhängig. Um der mühseligen Arbeit zu entrinnen, wanderten die meisten von Spanien aus; sollten sie nun drüben, in einem Klima, das die Arbeit noch weit mühevoller machte, dasselbe beginnen, vor dem sie aus der Heimat entwichen? Ein einziges Mal ist vor der Mitte des 16. Jahrhunderts der Plan grofsartiger Bodenkultur in den Kolonieen bestimmter ins Auge gefafst worden. Das war im Jahre 1523. Damals erbot sich ein Auditeur des Gerichtshofes von San Domingo, der Lic. Ayllon, eine Kolonie nach Florida zu führen und dort den Anbau von Getreide, die Kultur des Maulbeerbaumes und die Seidenmanufaktur im grofsen zu betreiben. Karl V. brachte diesem Projekte grofse Sympathieen entgegen. Seit seiner Thronbesteigung war er unermüdlich bemüht gewesen, die europäische Bodenbewirtschaftung in den Kolonieen einzubürgern. Er nahm damit die Pläne seiner Grofsmutter, der Königin Isabella wieder auf, die während der unruhigen Regierung Ferdinand des Katholischen in Vergessenheit geraten waren. Was nutzte es aber, wenn die Schiffe gezwungen wurden, Saatgetreide, Bäume und Sträucher mit herüberzunehmen, wenn drüben in den Kolonieen keine Änderung des Geistes hervorgebracht werden konnte? Jetzt dorrten die europäischen Gewächse mit dem Ballast am Strande, und selten fand sich ein Kolonist, der auch nur einen Versuch der Anpflanzung machte. An diesem Geiste scheiterte auch das Projekt des Lic. Ayllon. Die Regierung hatte ihm bereitwilligst alle Entdeckerrechte für den Landstrich bewilligt, den er bevölkern wollte, aber ein Jahr über das andere verstrich, ohne dafs es ihm gelang, eine genügende Anzahl von Kolonisten zu vereinigen, um den Plan auszuführen [10]). So blieben denn die Kolonieen auch weiterhin von Spanien abhängig. Aber hier machte sich dies auf die vorteilhafteste Weise bemerkbar. Wie einst die Getreide-Ausfuhr nach Aragon dem Ackerbau von Murcia zu gute gekommen war, so wurde jetzt ein neuer Aufschwung desselben veranlafst durch die Ausfuhr nach Amerika, nur mit dem Unterschiede, dafs der Einflufs der letzteren im Laufe der Zeit immer gröfsere Dimensionen annahm und sich gleichmäfsig auf alle Arten der Bodenkultur erstreckte. Zuerst wurde nur in der nächsten Umgebung von Sevilla der Anbau von Getreide, Wein und Öl in ausgedehnterer Weise für die Ausfuhr nach Amerika betrieben. Allein als mit der Ausdehnung der kolonialen Territorien der Bedarf an Boden-Produkten zunahm, machte sich der Rückschlag in allen Teilen Spaniens fühlbar. Es war ein Glück, dafs die Getreide-Taxe so schnell wieder beseitigt worden war. Die wenigen Jahre ihres Bestehens hatten dem

---

[10]) Die königliche Bestätigung für den Plan Ayllons, eine Kolonie nach Chicora zu führen, ist erteilt in Valladolid am 12. Juni 1523. Col. de doc. ined. relat. al descubrimiento de America. tom XIV. pg. 503—515. Ayllon plante vor allem Seidenkultur und Fischfang en gros. pg. 510 u. 511. Nach dem Vertrage mufste er die Fahrt im Frühjahr 1524 antreten, erhielt aber ein Jahr Aufschub. Herrera. Decadas. III. lib. VI. cap. 1. pg. 176. col. 2. eine zweite Prolongation wird ihm verweigert ib. lib. 7. cap. 1. pg. 207. col. 2. So sendet er erst zwei Schiffe auf Kundschaft aus, dann bricht er mit drei Schiffen auf. Aber infolge der Zügellosigkeit seiner Mannschaft wird fast die ganze Schar an der Küste von Florida niedergemacht. ib. lib. 7. cap. 8. pg. 241—42. Über Karls V. Bemühungen für Kulturen in Indien vergl. Herrera. Dec. IV. pg. 140 (Wolle und Leinen) und pg. 199 (Mesta).

Ackerbau entschieden einen, wenn auch vorübergehenden Nachteil zugefügt. Aber nur dadurch, daſs der Ackerbauer hoffen konnte, mit dem Ertrage seiner Arbeit ein gutes Geschäft zu machen, war es möglich, daſs die schnelle Zunahme des Bedarfes durch eine entsprechende Zunahme der inländischen Produktion gedeckt wurde. Die erste und notwendige Folge der veränderten Verhältnisse war eine bedeutende Steigerung der Getreide-Preise. Die Cortes freilich begriffen die Notwendigkeit dieser Erscheinung nicht und ergingen sich einesteils in den heftigsten Klagen darüber, andernteils stellten sie Anträge, wie diesem Übel abzuhelfen sei, die uns jetzt unbegreiflich erscheinen müssen. Da sollte niemand Getreide von seinem Grund und Boden verkaufen dürfen, ehe die Gemeindespeicher nicht nur mit dem Bedarfe für das laufende Jahr, sondern auch mit Saat-Getreide für das kommende versehen waren. Als wenn es nicht das eigenste Interesse des Landmannes gewesen wäre, sich Saat-Getreide zurück zu behalten, um dadurch im kommenden Jahre ein neues, gleich vorteilhaftes Geschäft mit seiner Ernte zu machen. Da sollte niemandem gestattet sein, das Getreide zu verkaufen, ehe es ausgedroschen war, vor allem aber sollte die Ausfuhr nach Aragon wieder verboten werden [11]).

Karl V. zeigte durch die Stellung, die er zu jenen Anträgen einnahm, daſs er ebensoweit von politischer Kurzsichtigkeit als

---

[11]) Das Verhalten der Cortes ist vollkommen inkonsequent. Im Jahre 1506 agitieren sie gegen die Getreidetaxe. Cortes de Leon y de Castilla. IV. 1506 pet. 18; im Jahre 1512 (pet. 16) und 1518 (pet. 81) bemühen sie sich, das Ausfuhrverbot für Getreide und Fleisch gegen Aragon wieder aufzurichten; dies wird ihnen 1525 bewilligt, aber schon um 1537 stellt Karl den rationelleren Zustand wieder her. 1523 bitten die Cortes einerseits um Freiheit des Getreidehandels im Innern des Landes (pet. 70), andernteils um Verbot, Getreide aus irgend welchem Orte zu verkaufen, wenn nicht der Vorrat den Bedarf eines Jahres und der neuen Aussaat übersteigt (pet. 40), und Verbot des Verkaufs von Getreide auf dem Halme (pet. 69). Letzteres wiederholten sie 1528 (pet. 13). Karl aber erklärte das Gegenteil als Gesetz l. 17. tit. 11. Lib. V. Nueva Recop. Ebensowenig bewilligte er den Antrag auf Verbot des Kredit-Verkaufs von Getreide und Vieh (pet. 14) und das Verbot, Schuldzinsen in Naturalien zu zahlen (pet. 129). Dagegen ordnete er an, daſs die Getreidespeicher ein Vorkaufsrecht genieſsen sollten, wenn der Landmann sein Getreide auf dem Halme verkaufen müsse (l. 18. tit. 11. Lib. V. N. R.) und daſs die Preise nach den in der Ernte erzielten geregelt werden sollten. Endlich wurde auf Drängen des Staatsrats der Zwischenhandel in Getreide ganz verboten 1530 (l. 19. tit. 11. Lib. V. N. R.).

von partikularistischer Vorliebe für Kastilien entfernt war. Allerdings bewilligte er auf das Drängen der Cortes vorübergehend das Ausfuhrverbot für Getreide nach Aragon, aber nur, indem er gleichzeitig durch den Bau des Ebro-Kanales weite Landstrecken des Königreiches Aragon mit Wasser zu versorgen und in fruchtbare Felder zu verwandeln bemüht war [12]). Dagegen war er beständig besorgt, dem Ackersmanne die freie Verfügung über das selbsterbaute Getreide zu wahren. Das einzige, was er in dem von den Cortes angedeuteten Sinne geschehen ließ, war ein Verbot der Spekulation in Getreide für solche, die nicht selbst Ackerbauer waren oder den Getreide-Export betrieben. Bei einer so verständigen Berücksichtigung der wahren Bedürfnisse des Landmannes gedieh der Ackerbau in Spanien in einer Weise, wie es seit maurischen Zeiten nicht mehr da gewesen war. Nicht nur den Bedarf von Spanien und seinen überseeischen Provinzen deckte das Land, sondern selbst nach Flandern führten die Spanier jetzt wieder Getreide aus. Und so einträglich erwies sich das Geschäft, daß die Teilnahme an der Getreide-Produktion immer mehr Grundbesitzer anlockte. Im Jahre 1532 war es so weit gekommen, daß die bisherigen Ackerländereien nicht mehr ausreichten. Nun begann man, Weideland in Acker zu verwandeln, und den Klagen der Herdenbesitzer suchte man den Nachweis entgegenzustellen, daß es nur altes Ackerland sei, welches man seiner ursprünglichen Bestimmung zurückgebe. Es gelang den Ackerbauern sogar, ein neues Gesetz zu erlangen, worin es ausdrücklich untersagt wurde, den Boden, der früher Ackerland gewesen, als Weide zu benutzen [13]). Damit aber brach der Konflikt zwischen Ackerbauern und Herdenbesitzern wieder aus und als Karl V im Jahre 1543 Spanien auf lange Zeit verließ, gewannen die Traditionen

---

[12]) Über die Baugeschichte der acequia imperial vergl. Colmeiro. Econ. polit. II. pg. 112. — Der Kanal ist 1529 begonnen. 1530 bewilligt Pabst Clemens VII einen Zehnten von den Einkünften der Geistlichkeit von Aragon zu diesem Zwecke. Col. de doc. ined. tom. LXXXI. pg. 54. dessen Ertrag auf 280 000 Dukaten geschätzt wird im Jahre 1532. Albéri IV. pg. 196.

[13]) Die Ausfuhr von Mehl nach Indien und von Getreide nach anderen Ländern bezeugt Badoero, bei Albéri VIII. pg. 256. Das Gesetz Karls V. von 1532 muß sich gewiß in einer Sammlung der Ordenanzas Reales vorfinden, deren ich auf deutschen Bibliotheken keine Ausgabe habe auftreiben können. Es wird citiert in dem Gesetz 4. tit. 14. Lib. III. § 28. Bestätigt wird die Ausdehnung des Ackerlandes durch die pet. 22 der Cortes v. 1560. Actas. tom. I. u. pet. 93 von 1563 ib. tom. II.

der Vorzeit wieder die Oberhand über die fortschrittlichen Neuerungen des „fremden Herrschers". In den ersten Jahren fehlte es gänzlich an einem lenkenden Einflusse der Regierung, und das spiegelt sich deutlich wieder in dem Verhalten der Reichstage in der Bodenkultur-Frage. Neben Anträgen auf eine Bewässerung für Kastilien, wie sie der Ebro-Kanal für Aragon bewirken sollte, kehrte die Bitte um Einführung der Getreide-Taxe, um erneuten Abschlufs gegen Aragon wieder [14]). Jetzt wurde es den Herdenbesitzern nicht schwer, ähnliche Gesetze zum Schutze des Weidelandes zu erlangen, wie sie 1532 für das Ackerland gegeben worden waren. Freilich bedurften sie deren nicht minder. Denn in demselben Mafse, wie die Nachfrage nach Getreide, war auch die nach Wolle gestiegen, da Schafe in den Kolonieen noch nicht acclimatisiert waren, die Spanier aber um keinen Preis Baumwollengewebe, wie die Eingeborenen, tragen wollten. Jetzt fand sich niemand im Staatsrat, der die Interessen des Ackerbaus vertreten hätte. So wurde durch zwei Gesetze von 1551 und 1552 alles seit 10 resp. seit 12 Jahren in Acker verwandelte Land den Herden wieder preisgegeben, der erste Schritt, den das Land auf der Bahn seiner Entwickelung rückwärts that [15]).

Trotzdem sind die Jahre von 1550 bis 1560 die Zeit der gröfsten Blüte Spaniens, auch in Bezug auf den Ackerbau. Im Süden des Landes hatte der Weinbau ungeahnte Dimensionen angenommen. Ein königliches Privilegium hatte zu Gunsten des spanischen Weinbaus die Anpflanzung von Reben in den Kolonieen verboten. Bei dem schwelgerischen Leben aber, welches die spanischen Kolonisten in Indien führten, war der Konsum von Wein ein ungeheuer grofser. Führten doch Cadiz und Sevilla um jene Zeit nicht weniger als 140 000 Centner Wein jährlich nach Amerika aus. Der ganze Küstenstrich von Jerez bis Malaga bedeckte sich mit

---

[14]) Colmeiro. Introduccion. II. pg. 223.

[15]) Die älteste Petition in diesem Sinne: 1534 pet. 90. Cortes IV. 1551 wurde bestimmt, alle seit 10 Jahren bestellten Weiden sollen restituiert werden. 1. 6. tit. 7. Lib. VII. Das wird 1552 dahin definiert, dafs alles Land, welches vor 8 Jahren Schafweide oder vor 12 Jahren Rinderweide war, wieder zu Weide gemacht werden soll. 1. 22. ib. Die Cortes-Anträge wiederholen sich 1573 pet. 29. Actas. tom. IV; worauf 1575 die alten Gesetze wieder eingeschärft werden. 1580 werden sie dahin erweitert, dafs alles Land, das jemals 20 Jahre lang Weide war, als solche verbleiben soll 1. 23. tit. 7. Lib. VII. Weitere Bestätigungen 1589, 1603 und in der berühmten Mesta-Pragmatik von 1633. —

Weinbergen und dennoch reichten die Produkte Spaniens noch nicht aus, den Bedarf zu decken [16]). Damals war es, daſs die groſsen Herren von der Kaufmannschaft Sevillas ihren Geschäften einen noch glänzenderen Aufschwung zu geben gedachten, indem sie selbst die Kultur der begehrtesten Artikel in die Hand nahmen. Da ihnen enorme Kapitalien zur Verfügung standen, bedurfte es nur ihres Wollens, und wie von einem Zauberstabe berührt bedeckte sich das Thal des Guadalquivir bis hinauf an die Sierra Morena mit wogenden Getreidefeldern, mit üppigen Obst- und Ölgärten und mit Weinbergen, deren Ertrag allein ganze Schiffsladungen füllte [17]). Von all' den unentbehrlichen Bedürfnissen einer feineren Kultur brachte der Boden Spaniens nur den Flachs nicht selbst hervor. Aber seit man sich mit so vielem vom Auslande unabhängig gemacht hatte, glaubten die Spanier, auch diese Kultur in den nördlichen Provinzen heimisch machen zu können; und dies gelang ihnen so weit, daſs im Jahre 1555 ein Verbot der Einfuhr fremder Leinwand erbeten werden konnte [18]). Hätte die nationalökonomische Einsicht der Regierung und der Landesvertreter nur einigermaſsen Schritt gehalten mit dem groſsartigen Aufschwunge des Unternehmungsgeistes im Volke, so wäre der Verfall Spaniens um Jahrhunderte verschoben, wenn nicht unmöglich gemacht worden.

Allein hieran fehlte es in bedenklicher Weise. Der groſse Zufluſs von Edelmetall und das jahrzehntelange Überwiegen der Nachfrage über das Angebot hatte in der ersten Hälfte des 16. Jahrhunderts die Preise auch für die notwendigsten Lebensbedürfnisse auf das Dreifache erhöht [19]). Anstatt aber einer freien

---

[16]) Über das Monopol kastilischer Weine vergl. Actas. III. pg. 171. Medina berichtet, daſs um 1560 Jerez allein 60 000 Faſs Wein erbaut. und 40 000 ausführt. Auf etwas spätere Zeit beziehen sich die Angaben Morgados (Sevilla f. 51. v.), daſs die alcabala vom Wein in und um Sevilla für 40 000 Dukaten verpachtet ist, und Horozcos (Cadiz. pg. 155). daſs Sevilla jährlich 15—16000 Faſs à 28 arrobas (= 7 Centner) und Cadiz 4—5000 Faſs gleichen Gehaltes nach Indien senden.

[17]) Die bezeichnende Stelle bei Mercado, Tratos y contratos. f. 23. r. ist zwar von Colmeiro nicht übersehen, aber doch auch nicht gebührend gewürdigt worden. Ihr Inhalt wird bestätigt durch die pet. 76 der Cortes von 1573. Actas IV. Hier beziehen sich die Groſshändler auf die umfangreichen Spekulationsanlagen, die sie für den Weinexport nach Indien mit groſsen Kosten eingerichtet haben.

[18]) Colmeiro. Introduccion. II. pg. 254 und ders. Econ. polit. II. 84.

[19]) Vergl. den Exkurs über die Preise. — Die Preise für Getreide wurden

Konkurrenz die Herstellung des Gleichgewichtes und damit einer verhältnismäfsigen Billigkeit zu überlassen, war die Landesvertretung beständig bemüht, durch Mafsregeln der Gesetzgebung zu erzielen, was eine Unmöglichkeit geworden war: die Wiederherstellung der früheren niedrigen Preise. Seit nicht mehr eine starke Hand die Zügel der Regierung lenkte, waren eine ganze Reihe thörichter Gesetze beantragt, erlassen und, wenn man ihre Schädlichkeit an den Folgen erkannte, widerrufen worden. Bis zum Jahre 1558 war die Bodenkultur von solchen Experimenten verschont geblieben; dafür aber ging sie nach diesem Jahre einem um so sichereren Verderben entgegen.

Die Erfahrung hatte bei dem Versuche von 1502 gezeigt, dafs die Getreide-Taxe in allen Fällen für den Landmann eine Belästigung, für die Konsumenten in guten Jahren überflüssig und in schlechten ungenügend war. Auch das hatte sich schon gezeigt, dafs sie den heimischen Ackerbau unterdrückte, die ausländische Konkurrenz aber ermunterte. Aber für die Vertreter der 18 stimmberechtigten Städte Kastiliens war diese Lehre vergeblich gewesen. Als im Jahre 1557 die Ernte mifsriet und dadurch die Getreide-Preise noch höher stiegen, beantragten sie die Wiedereinführung der Taxe und die Regierung zeigte sich, wie seit Jahren schon, nur allzu gefügig gegen den thörichten Antrag: im Jahre 1558 wurde die Getreide-Taxe zum Gesetz erhoben[20]). Sie hatte noch nicht fünf Jahre bestanden, da erkannten auch die Cortes schon ihren Irrtum: im Reichstage von 1563 wurde der Antrag auf Abschaffung der Taxe nur mit einer Majorität von drei Stimmen abgelehnt, der nächste Reichstag bereits wiederholte den Antrag einstimmig. Allein jetzt stand nicht mehr ein Monarch an der Spitze, der wie Karl V. an wirtschaftspolitischer Einsicht das Land weit überragte, sondern Philipp II., ein Herrscher, der so recht eigentlich die Verkörperung der nationalen Vorurteile war. Er lehnte den Antrag ab[21]). Und doch mufste etwas geschehen, um dem drohenden Verfall des Ackerbaus

---

noch besonders in die Höhe getrieben durch die Ausfuhr von Mehl nach Indien und Getreide nach Flandern. Albéri VIII. pg. 256.

[20]) l. l. tit. 21. Lib. V.

[21]) Zu den ersten Verhandlungen des Reichstags von 1563 gehören die über die tassa del pan; sie wird aber mit 16 gegen 13 Stimmen beibehalten. Actas I. pg. 85. In dem nächsten Reichstage, 1566 gelangte der Antrag zur Annahme, die Regierung solle die Taxe abschaffen, oder die Landleute zwin-

Einhalt zu thun. Trotzdem, dafs nur wenige Jahre verflossen waren, seit es die Taxe unmöglich machte, mit der Bebauung des Bodens Vorteile zu erzielen, lagen schon grofse Landstriche brach und eben das, was die Taxe vermeiden wollte, ein Steigen der Preise, war ihre Folge, nur dafs der Handel jetzt gezwungen war, betrügerisch das Gesetz zu umgehen. Da zum erstenmale beantragten die Cortes gesetzliche Begünstigungen für den Ackerbauer: seine Ackergeräte und Ackertiere sollten ihm nur dann gepfändet werden, wenn er sonst nichts besäfse; wenigstens während der Ernte sollte er mit gerichtlichen Terminen verschont werden; gewifs keine unbilligen Forderungen [22]). Allein auch dafür hatte Philipp II. kein gnädiges Gehör, ihm schien im Gegenteil der Landmann noch viel zu wenig zu Staatsleistungen herangezogen. Zahlte er nicht beinahe gar keine Alkabala von seinem selbsterbauten Getreide? Konnte er nicht selbst die Taxe umgehen, indem er Brot verkaufte statt Korn? Philipp II. und sein Staatsrat waren fest überzeugt, dafs gerade der Ackerbau ohne übermäfsige Belastung ganz bedeutende Steuererträge aufbringen könnte. Es vermochte sie auch in dieser Überzeugung nicht zu erschüttern, dafs die Cortes von 1571 und 1573 sowohl den Antrag auf Abschaffung der Taxe, als den auf Privilegien für die Landbebauer erneuerten. Im Gegenteil, denselben Reichstagen ging von der Regierung der Antrag zu, den mifslichen Verhältnissen des Staatshaushaltes durch Steuerprojekte aufzuhelfen, die alle den Ackerbau direkt oder indirekt am schwersten trafen.

---

gen, ihre Felder in der früheren Ausdehnung zu bestellen. Beides wird abgewiesen pet. 19. Actas III. 1571 wird um Abschaffung oder Erhöhung der Taxe gebeten; die Antwort lautet dilatorisch pet. 13. Actas IV; die Erhöhung wird aber gewährt l. 3. tit. 24. Lib. V. — An die Getreidetaxe knüpft sich eine ganze Litteratur für und wider. Nach Colmeiro. Econ. pol. II. pg. 232 hat auch Karl V. im Jahre 1539 eine tassa del pan erlassen. Es ist dies die einzige Angabe über dieses Faktum, die ich habe finden können, und da sie keine Quelle nennt, ist sie nicht zu kontrollieren. Da aber viel Streit um die Taxe von 1502 und von 1558 entstanden ist und da von 1539 nichts verlautet, mufs wohl eine Verwechselung einer lokalen Preisangabe — und einer solchen Taxe war der Getreidehandel beständig unterworfen. — mit einer allgemeinen Vorschrift vorliegen.

[22]) 1566 pet. 69 (Pfändung der Ackergeräthe). 1563 wiederholen die Cortes als unerledigt die pet. 126 vom Jahre 1528 wegen Belästigung der Landleute durch die Richter der mesta. Actas I. pg. 264. wiederholt 1566. pet. 70. 1573. pet. 101 u. 102. 1576. pet. 18. Andere Begünstigungen werden beantragt 1571. Actas III. pg. 296,7. und 1583 pet. 20.

Und das geschah zu einer Zeit, wo der Krieg gegen die Moriskos von Granada das fruchtbarste Gebiet Spaniens um den fleifsigsten Teil seiner Bewohner gebracht hatte. Die Cortes waren vor die Alternative gestellt, der Regierung entweder eine Mehlsteuer von 1 Real auf den Scheffel zu bewilligen oder auf eine Erhöhung der Alkabala einzugehen, wobei die Bodenkultur, die bisher davon befreit gewesen war, nicht weniger als 330 Millionen Maravedis aufbringen sollte, d. h. so viel, als das ganze Land unter Karl V. an Alkabala entrichtet hatte [23]). Und doch wählten die Cortes im Jahre 1574 dies letztere als das kleinere Übel. Schon nach zwei Jahren sah Philipp II. selbst ein, dafs die Steuerlast unerschwinglich sei und willigte in eine bedeutende Ermäfsigung. Leider wissen wir nicht, inwieweit diese dem Ackerbau zu gute kam. Jedenfalls ist so viel sicher, dafs in den Augen der Landesvertreter von 1579 der Zustand noch immer unerträglich war [24]).

Die Regierung zeigte sich auch geneigt, in eine weitere Herabsetzung der Alkabala zu willigen, als Ersatz aber verlangte sie die Bewilligung der Mehlsteuer, die im Jahre 1573 nach reiflicher Erwägung von den Cortes verworfen worden war: das heifst: Um dem Lande insgesamt eine Erleichterung der Steuerlast um 1½ Million Dukaten zu teil werden zu lassen, sollte der Ackerbau allein mit einer Steuer belastet werden, deren Ertrag auf weit über 3 Millionen Dukaten geschätzt wurde. Freilich war der Plan der Durchführung geschickt genug angelegt. Das Korn und das Brot sollten dann wieder völlig von der lästigen Alkabala befreit werden, und allein in der Form des Mehls sollte die Steuer entrichtet werden. Wäre die Blüte der spanischen Bodenkultur nicht durch die Taxe von 1558 und die Vertreibung der Moriskos von

---

[23]) Welchen Schaden die Vertreibung der moriscos dem Königreiche Granada zufügte, zeigen am besten die Akten über die Kolonisationsversuche bei Gallardo Fernandez: Rentas III. pg. 271 ff. und über die Steuerausfälle bei Gonzalez, Censo. pg. 110. — Über die Mehlsteuer vergl. Actas IV. pg. 178 ff. und pg. 258 ff. Nur Burgos, Sevilla (Handelsstädte) und Cuenca (Industriestadt) stimmen dafür. — Über die Erhöhung der alcabala ib. pg. 300 ff. Vergl. auch das Kapitel über die Finanzen.

[24]) Die Cortes von 1576 (pet. 25) erheben die Bitte um beschränkte Zulassung des Zwischenhandels mit Getreide. Ähnlich 1579. pet. 70. Schon 1579 klagen die Cortes, der Weinbau entziehe dem Getreidebau zu viel Land. Actas VI. p. 427, was zu gesetzgeberischen Schutzmafsregeln führt ib. pg. 447. — Noch gröfsere Dimensionen nahm der Übelstand im 17. Jahrhundert an. Vergl. l. l. § 25. tit. 24. Lib. III. Nueva Recop.

1571 in ihren Wurzeln verletzt worden, so wäre jenes Projekt vielleicht thatsächlich eine ergiebige Steuerquelle für die Regierung und keine unerschwingliche Last für den Ackerbau gewesen. Allein die Zeit war vorüber, wo der wachsende Wohlstand des Landes den Bedürfnissen des Staates entgegenzukommen vermochte, und der Ackerbau hatte bereits mit den Folgen zu vieler unkluger Mafsregeln zu kämpfen, als dafs er davon eine Ausnahme gemacht hätte. Die Verhandlungen über die Mehlsteuer zogen sich durch Jahre hin, und mehr als einmal kam die Regierung auf dieses Projekt zurück, wenn neue Verwickelungen unerschwingliche Anforderungen an die Staatskasse stellten. Allein immer blieben die Cortes bei der Ablehnung desselben.[25]) Freilich war der Verfall des Ackerbaues bald ein so offenbarer, dafs es selbst dem eifrigsten Vertreter des Entwurfes hätte einleuchten müssen, dafs der Ackerbau mit dieser Steuer vollends zu Grunde gerichtet werde. Als in den Jahren 1583 und 1584 wieder einmal Mifsernten eintraten, da zeigte es sich, wie viel bereits von der Blüte des Landbaues verloren gegangen war. Granada, Jaen und Murcia, gerade die einst fruchtbarsten Teile des Landes, standen jetzt voran in der Agitation für die Zufuhr ausländischen Getreides.[26]) Als wollte die Geschichte recht unzweifelhaft machen, dafs es vor allem die Getreidetaxe war, die den Ackerbau ruinierte, blühten neben dem kränkelnden Getreidebau die anderen Arten der Bodenkultur immer bedeutender auf. Seit der Ölbau so enorme Quantitäten hervorbrachte, dafs der Bedarf Spaniens, Amerikas und eines guten Teils von Europa befriedigt wurde, und immer noch hunderte von Centnern Olivenöl übrig blieben, war eine neue Industrie, die Seifenfabrikation, zur

---

[25]) Der Antrag über die Mehlsteuer ging von Agustin Alvarez de Toledo aus. Actas VI. pg. 126 ff. Dem Projekte wurden 20 Bedenken entgegengestellt, deren Erörterung ein reiches Material zur national-ökonomischen Geschichte Spaniens zu Tage fördert ib. pg. 347 ff. 445 ff. — Das Projekt taucht wieder auf um 1600. Moncada. pg. 93. — Ich kann nicht ermitteln, ob dies das nämliche Projekt ist, von welchem Canga Arguelles III, 296 Näheres mitteilt. Zu stande gekommen ist es niemals, obwohl es auch im 18. Jahrhundert noch einmal wesentlich in derselben Form auftaucht wie 1579. ib.

[26]) Actas VII. pg. 415. 497. 655. 757. Murcia verlangt noch einmal Getreidesperre gegen Aragon. — 1585 ist die Ernte so reich, dafs die Cortes zur Abwechselung auch einmal Herabsetzung der Taxe beantragen 1585. pet. 36.

Blüte gekommen.²⁷) Und der Weinbau versorgte alle Länder der Erde mit schweren Weinen, aber er raubte auch dem Ackerbau so viele Ländereien, dafs Spanien noch vor dem Tode Philipps II. auch in guten Jahren vom Auslande Getreide einführen mufste. Nun es zu spät war, sah auch Philipp II. seinen Irrtum ein. Jetzt endlich nahm ein Gesetz die notwendigen Geräte des Landmanns gegen die Pfändung in Schutz, jetzt wurde den Richtern der Mesta verboten, den Ackersmann von der Ernte weg Tagereisen weit zu ungerechten Terminen zu citieren. Aber es war zu spät. Statt den guten zum Segen, gereichte jenes erste Gesetz den betrügerischen Feldarbeitern zum Schlupfwinkel, von dem aus sie ihre geprellten Gläubiger verlachten.²⁸)

So stand es um die Kultur des Bodens, als Philipp II. seine unermüdlichen Hände zum ewigen Schlafe faltete. Aber über seinem Grabe waltete selbst nicht mehr sein Fleifs, sein Wollen, sein Streben. Leichtfertig und gedankenlos sah der vergnügungssüchtige, verschwenderische Hof Philipps III. der zunehmenden Verödung des Landes zu, kaum dafs er in inbrünstigen Gebeten von allen Heiligen die Hülfe erflehte, zu der er selbst keine Hand rührte. Erst als der Herzog von Lerma den Staat an den Rand des Abgrundes gebracht hatte, wurde ein erster Versuch der Reform gemacht.

Dem grofsen Ministerrate, der im Jahre 1617 über die Mittel beraten sollte, wie dem Staate geholfen werden könnte, blieb natürlich auch die traurige Lage der Bodenkultur nicht verborgen. War doch der Maulbeerbaum fast ganz aus Spanien verschwunden, fingen doch selbst die Olivenwälder an, nur noch geringe Erträge zu geben, ganz zu schweigen von dem eigentlichen Landbau, der ja schon ein halbes Jahrhundert lang auf der Bahn des Verfalles einem gänzlichen Ruin entgegenging. Der Ministerrat verlangte eindringlich Begünstigungen für den Landmann. Und was geschah? Was war das herrliche Mittel, mit dem man dem darnieder-

---

²⁷) Der Ölausfuhr von Sevilla gedenkt schon ein Gesetz Ferdinands und Isabellas von 1491. l. 1 und 2. tit. 14. Lib. VII. Ebenso die venetianischen Relationen. Medina f. 51. schätzt allein die Ausbeute des Ajarafe auf 60—70 000 quintales = ca. 150 000 Centner. Morgado f. 52 berichtet, der Zehnte vom Öl bringe in Sevilla jährlich 32 000 Dukaten und 1600 quintales Öl in natura. — Der Seifenfabrik von Triana schreiben Medina (f. 52) und Morgado (f. 52) übereinstimmend eine Verarbeitung von 12—15 000 Centnern zu.

²⁸) l. 25. tit. 21. Lib. IV. Nueva Recop.

liegenden Ackerbau aufhelfen wollte? Durch königliche Gnade ward allen denen, die mehr als 25 Scheffel Land mit Getreide bestellten, gestattet, sich zweispänniger Karossen zu bedienen.[29]) Für unsere Zeit freilich klingt das ungeheuerliche Privilegium noch weit ungeheuerlicher, als es für die Zeit seiner Einführung war. Seit dem Jahre 1578 nämlich hatte Philipp II. sich durch eine Reihe von Gesetzen bemüht, dem Luxus der Galawagen zu steuern und hatte dies unter anderem dadurch zu erreichen gehofft, dafs er nur den Gebrauch vierspänniger Wagen gestattete. Damit war einem grofsen Teile der mäfsig Begüterten jener Luxus versperrt. Aber welche Hoffnung konnte man auf die Ackerbauer gründen, die sich durch die Aussicht, einen unsinnigen Luxus treiben zu dürfen, zum Landbau verleiten liefsen?

Zum Glück war das nicht das einzige Gesetz, womit der Ministerrat von 1617 dem Ackerbau aufzuhelfen suchte; daneben beantragte er strenges Einhalten der Gesetze Philipps II. über Schuldhaft und Gerichtstermine, und vor allem die einzige wirklich segensreiche Verordnung, Befreiung des Ackerbauers von der Taxe für alles Getreide, das er selbst erbaute. So gut diese Gesetze gemeint waren, so konnten sie doch den allgemeinen Niedergang nicht aufhalten, in den auch der Ackerbau hoffnungslos verwickelt war. Philipp III. überlebte die Wendung seiner Regierung nicht lange. Aber Philipp IV., oder vielmehr sein allmächtiger Minister Olivarez trat hier vollständig in die Fufstapfen seiner Vorgänger. Die reformatorischen Gesetze aus seinen ersten Regierungsjahren gewährleisteten dem Landmann alle die wichtigen Privilegien, die ihm der Ministerrat von 1617 verliehen hatte. Der Erfolg derselben war allerdings kein wesentlicher. Das Land war und blieb selbst für sein tägliches Brot zu einem grofsen Teile von der Einfuhr abhängig. Dafs trotzdem die Privilegien nicht vollkommen

---

[29]) l. 10. tit. 19. Lib. VI. ib. Aufgehoben 1628 aber erneuert 1632. — Dagegen wird infolge von Klagen der Cortes von 1607 und 1611 dem Landmann gestattet, sein selbsterbautes Getreide zu verkaufen, wie er will. Colmeiro. Econ. polit. II. 80. Von Schuldhaft wird der Ackerbauer ganz befreit, sein Getreide darf selbst bei Exekution nur zum Taxpreise genommen werden l. 28. tit. 21. Lib. IV. Nueva Rec. — Die Vorschläge der Junta v. 1617 bei Navarrete pg. 15. — Andere Vorschläge von Perez de Herrera (1610) bei Campomanes. Ap. I. pg. 248. Anm. 27. Ein trauriges Bild vom Rückgang des Ackerbaus in Salamanca entwirft Gil Gonzalez Davila (bei Lafuente. Hist. gen. VIII. pg. 263).

überflüssig waren, zeigte sich, als Olivarez im Jahre 1628 die Ackerbauer der Taxe wieder unterwarf. Es konnte immer noch schlechter mit dem Ackerbau werden, und es wurde thatsächlich mit der Wiedereinführung der Taxe so schlimm, dafs selbst die Hauptstadt, selbst der Hof die üblen Folgen davon verspürte. Infolge davon wurde nicht nur die Taxe im Jahre 1632 endgültig beseitigt, sondern auch sämtliche frühere Gesetze zu Gunsten des Ackerbaues im folgenden Jahre neu formuliert, noch einmal eingeschärft und durch Zusätze erweitert, die zum Teil nicht unwesentlich waren. So wurde der Ackerbauer von Einquartierung beinahe ganz befreit, und der Staat verpflichtete sich, ihm sein Getreide nur im äufsersten Notfalle, und auch dann nur gegen sofortige Barzahlung für Staatszwecke mit Beschlag zu belegen[30]). Auf dem Papiere waren alle diese Verordnungen vortrefflich, aber für ihre Ausführung geschah zu wenig. Wenn die Gesetze wieder einmal erneuert wurden, so sicherten sie wohl den Landmann in den ersten Jahren vor den ärgsten Bedrückungen, aber bald genug gerieten sie wieder in Vergessenheit. Und bei dem Drucke, der auf dem ganzen Lande lastete, sahen alle die, denen sie nicht unmittelbar zu gute kamen, die Privilegien des Landmanns mit scheelen Augen an. Wenn auf der einen Seite die Cortes im Jahre 1632 um ein Verbot der Getreideeinfuhr baten, um dem Landmann einen sicheren Absatz und guten Verdienst zu sichern, so machten sie andererseits die Bewilligung der Millionensteuer im Jahre 1649 davon abhängig, dafs dem Ackerbau alle Steuernachlässe entzogen werden[31]). Was von Anfang an die nationalökonomische Bildung der Reichstage gekennzeichnet hatte, der Mangel jeglicher Prinzipien, das blieb ihnen bis zum Ende getreu, und das beständige Schwanken zwischen Begünstigungen und Bedrückungen mufste endlich den Ackerbau vollends zu Grunde richten. Murcia, das um 1480 fast allein den Bedarf von Valencia

---

[30]) l. 25. u. 29. tit. 21. Lib. IV. Desgl. l. 64. tit. 18. Lib. VI. Getreideeinfuhrverbot. — Noch 1579 scheint Spanien, oder wenigstens Kastilien, im Durchschnitt seinen Bedarf gedeckt zu haben. Actas VI. pg. 360; dagegen bezog es 1633 von allen Seiten fremdes Getreide, wie aufser den oben citierten Gesetzten auch beweist: auto 2. tit. 18. Lib. VI. Nueva Recop. vergl. Col. de doc. ined. LXXXIII. pg. 130 Weizen aus Frankreich.

[31]) Gallardo Fernandez, Rentas. tom. II. pg. 194. — Selbst Martinez de Mata (1651) erkennt die Gefahr nicht, die aus dem Darniederliegen des Ackerbaues sich für das Land ergab, Campomanes, Ap. IV. pg. 61.

und Katalonien mit zu decken vermochte, war um 1630 so verödet, dafs es bei dem Verbote überseeischer Getreidezufuhr ausdrücklich ausgenommen werden mufste [32]).

Erst in den letzten Jahren Karls II. kamen noch einmal vernünftige Prinzipien auch in Bezug auf den Landbau zur Geltung. Aber in dem erschöpften Lande vermochte kein Gesetz, und wenn es noch so gut war, die erstorbenen Kräfte zum Leben zu erwecken. Die Arbeit, an die Isabella, Karl V. und auch noch Philipp II. lange Jahre sorgsamer, gesetzgeberischer Bemühungen gewendet hatten, sie war vollständig vernichtet, als der letzte ihrer Nachkommen die Augen schlofs.

---

[32]) Weit früher als der Getreidebau war die Rindviehzucht zu Grunde gegangen. Hier wirkte der koloniale Handel nachteilig, da er viel Felle nach Europa sandte, auch zogen die Spanier die bequemere und einträglichere Schafzucht vor. Schon 1552 bestimmte ein Gesetz, dafs wer 1000 Schafe halte, mindesten 6 Zuchtkühe halten sollte, l. 25. tit. 7. Lib. VII, trotzdem wurde es nicht gehalten. Zahllos sind die Verbote, Kälber zu schlachten. schon seit 1560 (pet. 80), aber ihre Häufigkeit beweist die Erfolglosigkeit, 1563 pet. 83. 1573. pet. 27. 1583. pet. 29. l. 17—19. tit. 8. Lib. VII. auto 1. und 2. ib. v. 1598—1652. — Einen ähnlichen Schlufs gestatten die Ausfuhrverbote für Häute, l. 47. tit. 18. Lib. VI. 1548—60 viermal wiederholt. —

IV.

Industrie und Handel.

Im Altertum und während des gröfsten Teils des Mittelalters war Spanien eine wichtige Etappe des Welthandels. Im 14. und 15. Jahrhundert war Barcelona auf dem Mittelmeere eine ebenbürtige Nebenbuhlerin von Genua und Venedig, und wenn auch die unglückliche Schlacht von Ponza über die Oberherrschaft zur See für Barcelona ungünstig entschied, so fuhren doch seine Handelsschiffe noch immer nach allen Mittelmeerhäfen bis hin nach Alexandria. Die bittersten Feinde Alfons V., Genua und Florenz, standen am Ende des 15. Jahrhunderts in lebhaftem Handelsverkehr mit den spanischen Mittelmeerhäfen, von denen Valencia und Cartagena schon um die Mitte, Algesiras und Malaga gegen Ende des Jahrhunderts eine gewisse Bedeutung erlangten. Wenn auch die Säulen des Herkules nicht mehr das Ende der Welt bedeuteten, und Venedig sogar alljährlich eine Flotte in den Ocean entsandte, um mit England, Flandern und den Hansestädten in direktem Verkehr zu bleiben, so scheuten doch die meisten Mittelmeerfahrer vor diesem Wagnisse zurück. Für sie waren die Häfen von Andalusien, Sevilla, Cadiz, Santa Maria die Zwischenstation, und selbst der kleinste von diesen, Santa Maria, war bedeutend genug, um dem Genuesen Kolumbus eine gewisse Anerkennung abzuringen. Nicht minder reges Leben herrschte in den Häfen der spanischen Nordküste von Coruña bis San Sebastian. Hier lebte fast die ganze Bevölkerung von der See. Die einen bauten Schiffe, um sie dann an Franzosen, Engländer und Niederländer zu verkaufen, die andern betrieben selbst Hochseeschiffahrt, bald um Walfische zu fangen, bald um den Handelsverkehr der nordischen Länder mit den südlichen Häfen zu vermitteln. Allerdings war der Handel damals für das Land mehr eine Notwendigkeit, als eine Quelle des Reichtums. Was Spanien ausführte, das waren die rohen Produkte seines Bodens. Den Norden versorgte es mit Wolle, mit Eisenerzen, mit Häuten der Schafe und Rinder und mit schweren Weinen. Auch in dem Mittelmeerhandel spielten Wein und Wolle eine bedeutende Rolle, daneben aber versorgte der spanische Süden die Länder des Mittelmeers mit Öl, Früchten und Seidengeweben. Letztere waren die einzigen Manufakturen, die das Spanien des 15. Jahrhunderts hervorbrachte, und auch diese wurden nicht von den Christen verfertigt, sondern verdankten ihren Ursprung den fleifsigen Händen der Mauren. Den christlichen Staaten fehlte es fast gänzlich an Industrie. Dem Adel verwehrten es die Gesetze des Landes, nicht nur selbst ein Gewerbe auszuüben, sondern sogar seinen Reichtum in gewerblichen Einrichtungen anzulegen[1]). Dem kleinen Manne aber fehlte es einesteils an den Mitteln zu industrieller Ausbildung, andernteils an den nötigen Kapitalien, denn das Geld war zu allen Zeiten in Spanien ungeheuer selten. So kam es, dafs mit Ausnahme von Barcelona und Valencia in ganz Spanien die Industrie im 15. Jahrhundert höchst spärlich und gänzlich unentwickelt war. Die Industrie-Produkte bildeten daher die vorzüglichsten Gegenstände der Einfuhr. Die Wolle, die roh aus dem Lande ging, kauften die Spanier zu hohen Preisen zurück als flandrisches, französisches und florentinisches Tuch. Daneben lieferten die nordischen Länder Leinen-Gewebe, die italienischen Städte besonders Brokatstoffe. Da nun die Geldgeschäfte vor 1492 fast ausschliefslich in den Händen der Juden waren, und diese auch einen grofsen Teil des Kleinhandels in ihre Gewalt gebracht hatten, blieb den Spaniern fast nichts als der Austausch ihrer Rohprodukte gegen die Manufakturen des Auslandes und der Transport dieser Stoffe zur See[2]). Aber selbst dieser beschränkte

---

[1]) Ein altes Gesetz zählt unter den Gewerben, die den Verlust der Adelsprivilegien nach sich ziehen, die folgenden auf: Schneider, Gerber, Holzhauer, Steinmetze, Schwertfeger, Walker, Barbiere, Droguisten, Hausierer, Schuster und andere niedere und gemeine Gewerbe (oficios viles y bajos) l. 3. tit. 1. Lib. VI. Nueva Recop.

[2]) Ein Gesetz aus dem Jahre 1491 (l. 6. tit. 17. Lib. IX. Nueva Rec.) spricht von der Tucheinfuhr in Sevilla, ein anderes vom Jahre 1447 (l. 1. tit. 28. ib.) nennt Tuche als den Hauptzollartikel der nördlichen Häfen. Ein drittes (l. 4. tit. 29. ib.) bezeugt, dafs auch von den Mittelmeerstaaten Tuch in Spanien eingeführt wird. Letzteres bezeugt auch für Brokate etc. Sem-

Handel war so bedeutend, dafs die Spanier in Brügge ein eigenes Stadtviertel für ihren Handel innehatten, und in Nantes, La Rochelle, London, Florenz u. s. w. ihre ständigen Faktoren besoldeten³).

Man mufs Ferdinand dem Katholischen und ganz besonders der Königin Isabella die Gerechtigkeit widerfahren lassen, dafs sie sich mit Eifer der Interessen von Handel und Gewerbe annahmen, sobald die kriegerischen Ereignisse ihnen dazu Zeit liefsen. Aber man darf auch nicht verkennen, wie dies besonders Clemencin gethan hat, dafs sie nur die Grundlagen schaffen konnten, auf denen ihre Nachfolger, und unter diesen vor allen Karl V. das Gebäude eines reichen, sich selbst genügenden Spanien aufgeführt haben. Unter ihrer Regierung wurden eine ganze Reihe von wirtschaftlichen Gesetzen teils erneuert, teils zum erstenmale erlassen, deren Vorteile für Handel und Gewerbe unverkennbar sind. Da Spanien nun und nimmermehr mit Vorteil Handel treiben konnte, solange es alle seine Industrie-Artikel vom Auslande bezog, liefs es sich die Regierung vor allem angelegen sein, diejenigen Manufakturen im Lande heimisch zu machen, deren Produkte für das tägliche Leben unentbehrlich waren. Da die Seiden-Spinnerei und Weberei in und um Granada einen Zustand ziemlich hoher Entwickelung erlangt hatte, nahmen sie nach der Eroberung für diesen Zweig die Gesetzgebung der maurischen Könige unverändert an. Diese war auf dem sehr verständigen Grundsatze aufgebaut, nur die rohe Seide mit einem Zehnten und einem kleinen Zuschlag für die Steuer-Kontrolle zu belasten, während die Seidenfabrikate steuerfrei waren, und selbst bei der Ausfuhr nur einen mäfsigen Zoll entrichteten. Dank dieser verständigen Mafsregel erhielt sich unter den Moriskos die Seidenindustrie fast in ihrem früheren Umfange, und indem die Einfuhr der minderwertigen Rohseide aus Kalabrien, der Türkei, der Berberei u. s. w. verboten wurde, bewahrte die Seide von Granada auch in Bezug auf die Qualität ihren alten Ruf.⁴)

---

pere, Hist. del lujo. pg. 3. Im 15. Jahrhundert war Öl ein Hauptausfuhr-Artikel von Sevilla, l. 1. und 2. tit. 19. Lib. VII. Nueva R.

³) l. 1. tit. 13. Lib. III. Nueva Rec.

⁴) Die Gesetze über Seidensteuer und -Fabrikation sind von 1492 und 1502, tit. 30. Lib. IX. N. R. Darnach wurde vom Pfund Rohseide entrichtet: Der Zehnte und 1 dinero für den Ausrufer, 2½ dineros für die Börse, ½ din. Thorzoll und 2 dineros tartil (Gemeindesteuer). Ausfuhrzoll nach Kastilien

Weit weniger leicht gestaltete sich die Aufgabe, der Woll-Industrie so weit aufzuhelfen, daſs sie mit der des Auslandes erfolgreich konkurrieren konnte. Denn hier fand sich nicht eine fertige Industrie vor, die nur einer verständigen Begünstigung bedurfte, sondern hier galt es aus dürftigen, völlig ungenügenden Anfängen eine eigentliche Industrie erst heranzubilden. Auch hier kann man der Regierung Isabellas die Anerkennung nicht versagen, daſs sie ihre Aufgabe mit Geschick erfaſste. Sie schloſs ihre Verbesserungspläne auf das Engste an das Bestehende an. Zunächst wurden mit Hülfe einiger erfahrenen Fabrikanten die von diesen eingeführten Verordnungen über Tuchfabrikation für die einzelnen Bezirke, wo sie bisher nach Vereinbarung gegolten hatten, zum Gesetz erhoben. Um aber der Fortschritte teilhaftig zu werden, die im Auslande auf diesem Gebiete gemacht worden waren, wurde den ausländischen Arbeitern eine zehnjährige Steuerfreiheit zugesichert, wenn sie sich in Spanien niederlieſsen. Und sobald die Tuch-Industrie in irgend einem Landesteile Wurzel gefaſst und sich so weit entwickelt hatte, daſs sie notdürftig die Nachfrage zu decken im stande war, kam ihr die Regierung durch Schutzzölle und Einfuhrverbote zu Hülfe. Es waren keineswegs geringfügige Werte, welche man auf diese Weise dem Lande zu erhalten hoffte. Spanien führte im Beginn des 16. Jahrhunderts allein für ca. 250 000 Dukaten rohe Wolle aus, die verarbeitet einen mindestens vierfachen Wert repräsentierte. Mochte nun immerhin den Italienern gegen das Ende der Regierung Ferdinands die spanische Industrie noch ziemlich verächtlich erscheinen, so bedeutete doch der damalige Zustand gegenüber dem 15. Jahrhundert schon einen bedeutenden Fortschritt.[5]) Im Jahre 1511

---

betrug nur 5%, während die puertos secos sonst 10% Zoll erhoben. Im Jahre 1504 trug die Seidensteuer in 8 Städten Andalusiens dem Staate 8 750 000 mrs. (1 duc. = 375 mrs.) ein. Clemencin. pg. 165/6. — Das Einfuhrverbot für rohe Seide von Calabrien, Neapel, Calikut, Türkei, Berberei etc. ist l. 50. tit. 18. Lib. VI; erlassen 1500, bestätigt 1514, 1523, 1525, 1532 etc.

[5]) Clemencin pg. 243—58 teilt ein Verzeichnis mit von Gesetzen über Handel und Industrie aus den Jahren 1475—1503. Guicciardini schreibt 1512 über die spanische Industrie: mandano in altre nazioni la materia, che nasce nel loro regno per comperarla poi da altri formata. Und an anderer Stelle: oggi hanno cominciato in qualche luogo a attendervi, e di gia in qualche parte della Spagna si lavoranno panni e drappi da altebassie chermisi e d'oro in fuora come in Valenza, in Toledo, in Sibilia. Opere VI. pg. 275/6. Auf diese Stelle und das Stillschweigen Navageros gründet Capmany seine An-

glaubte die Regierung mit den Provinzial-Verordnungen genügende Erfahrung gesammelt zu haben, um die Tuchfabrikation des ganzen Landes unter einem einheitlichen Gewerbegesetze zusammenfassen zu können. Dieses enthielt nun freilich neben manchem Guten auch eine ganze Reihe von verhängnisvollen Irrtümern, die ihre Entschuldigung eben nur im Charakter der Zeit und des Volkes fanden. Die Arbeitsteilung ist die notwendige Folge einer jeden hochentwickelten Industrie, sie ist aber deshalb keineswegs vorteilhaft für das Kindesalter derselben. In dieser Richtung hatte der strenge, kastenmäfsige Geist der mittelalterlichen Gewerbe-Gesetzgebung einen zu grofsen Einflufs auf diese Verordnungen behauptet. Wurde doch die Tuchfabrikation in vier verschiedene Gewerbe zerlegt, und keinem Handwerker gestattet, gleichzeitig deren zwei auszuüben. Weiter verordnete das Gesetz selbst für mittelalterliche Begriffe ein Übermafs behördlicher Kontrolle. Auch hier lag der Irrtum nicht so sehr in dem Grundsatze, als in seiner falschen Anwendung. Es war ein ganz anerkennenswertes Bestreben, dem Käufer die Sicherheit zu gewähren, dafs ihm nur fehlerlose Arbeit geliefert werde, aber welche Schwierigkeiten ergaben sich für die Fabrikation daraus, dafs jedes Stück Tuch, ehe es verkauft werden konnte, dreimal mit Fabrikmarken und viermal mit behördlichen Kontrollstempeln versehen werden mufste! Die Reglementiersucht verschonte natürlich auch die technische Seite der Fabrikation keineswegs. Mochten die aufgestellten Regeln immerhin gegenüber dem Durchschnitt der spanischen Fabrikation einen Fortschritt bedeuten, so war doch die Beständigkeit, welche den Charakter des Gesetzes ausmacht, unvereinbar mit dem stetigen Fortschreiten, welches besonders einer aufblühenden Industrie eigen ist. Infolge dieser technischen Verordnungen war die ausländische Konkurrenz, die sich jeden neuen mechanischen Vorteil zu nutze machen konnte, beständig vor der spanischen Arbeit begünstigt, denn das Gesetz, welches das fremde Tuch an die nämlichen Regeln band, die für Spanien galten, war jedem

---

griffe gegen die Blüte der Industrie in Kastilien. Questiones crit. pg. 25—72. Den Italienern, die nur am Hofe weilten, teilte sich wohl die Mifsachtung der Hidalgos gegen die Gewerbe mit, denn selbst Badoero berichtet aus der Blütezeit der span. Industrie: In vier Städten wird Wolle verarbeitet, aber es giebt wohl kein Land, das schlechter mit Handwerkern versehen ist. Albéri VIII. pg. 2556.

bedeutenderen Fortschritt gegenüber gänzlich undurchführbar.[6] Dafs dennoch die Gesetze im grofsen und ganzen ihren Zweck nicht verfehlten, dafs die Woll-Industrie unter der Herrschaft von Ferdinand und Isabella sich bedeutend ausgebreitet hatte, dafür liefert ein Antrag der Cortes von 1515 den sicheren Beweis. Es existierte ein altes Gesetz, schon aus der Zeit Heinrichs IV., wonach es den spanischen Tuchfabrikanten gestattet war, den dritten Teil der für die Ausfuhr angekauften Wolle gegen Erlegung desselben Preises zurückzuhalten, wenn sie nachweisen konnten, dafs sie dieselbe selbst verarbeiten wollten. Da die Industrie unentwickelt blieb, die Woll-Produktion aber stetig zunahm, war das Gesetz in Vergessenheit geraten. Die Cortes von 1515 waren die ersten, die dasselbe wieder in Erinnerung brachten und auf ein strenges Einhalten desselben drangen, ein sicheres Zeichen, dafs bereits bedeutende Mengen von Wolle in Spanien selbst verarbeitet wurden.[7]

In einer blühenden Industrie glaubten Ferdinand und Isabella die Vorbedingung geschaffen zu haben für einen vorteilhaften Handel mit dem Auslande, um den sie nicht minder besorgt waren, als um jene. Bei der Neuordnung des Staatshaushaltes suchten sie auch das Zollwesen einheitlicher zu gestalten, aber sie hüteten sich wohl, die höheren Zölle, wie sie von alters her in den nördlichen Häfen üblich waren, auf den Süden auszudehnen; vielmehr wahrten sie diesem im wesentlichen seine alten Vorteile. Wenn es auch kein wirtschaftliches Interesse war, was sie zur Begünstigung des Schiffbaus veranlafste, so kamen doch die Unterstützungen, die den Erbauern grofser Schiffe von der Regierung gewährt wurden und das Verbot, Schiffe ins Ausland zu verkaufen, auch dem Handel zu gute.[8] Von weit gröfserer Tragweite waren

---

[6] Die 120 Gesetze über die Tuchfabrikation vom Jahre 1511 bilden den tit. 13 des VII. Buchs der Nueva Recop. Über die Beschränkungen in der Ausübung der Gewerbe vergl. l. 1. tit. 19. Lib. III. l. 12. tit. 12. Lib. VII. ib. Interessant für diesen Teil der spanischen Gesetzgebung sind die Ausführungen von Campomanes, Educ. pop. pg. 220—50.

[7] l. 46. tit. 18. Lib. VI. vom Jahre 1462. — Cortes de Leon y de Castilla. tom. IV. 1515. pet. 14.

[8] Die alten Sätze der Almojarifazojos von Cartegena, Murcia, Sevilla, Granada etc. scheinen gewesen zu sein 5% des Wertes für die Einfuhr und $2^{1}/_{2}$% für die Ausfuhr. l. 8. u. 9. tit. 23. — l. 3. tit. 25. Lib. IX. Nueva Recop. Dagegen war in den Nordhäfen und an der Nordgrenze der Zollsatz schon in alter Zeit 10% l. 1. tit. 28. — l. 1. tit. 31. Lib. IX. ib. — Über

zwei andere Gesetze, welche ausschliefslich die Beförderung des spanischen Handels zum Ziele hatten. Im Jahre 1494 begründeten Ferdinand und Isabella in Burgos das erste Konsulat, dem schon im Jahre 1511 ein zweites in Bilbao folgte. Indem sie dadurch einen Teil der behördlichen Macht in die Hände der Handelschaft niederlegten, sorgten sie nicht nur für schnellere und einsichtigere Rechtsprechung, sondern sie hoben dadurch auch das Ansehen des Kaufmannsstandes, der dessen dringend bedurfte. Das andere Gesetz schrieb vor, dafs Ausländer den Betrag der eingeführten Waren nicht in Geld, sondern nur in Produkten des Landes wieder ausführen dürften. Schon der Umstand, dafs dies Gesetz in 12 Jahren dreimal erneuert wurde, beweist die Schwierigkeiten, die sich ihm entgegenstellten. Da Spanien bei der Einführung dieses Gesetzes im Jahre 1491 noch kaum eine Industrie besafs, mochte dasselbe zwar verfrüht erscheinen, es konnte und mufste aber gerade für diese ein mächtiger Sporn und ein sorgsamer Schutz werden.") Von der immensen Bedeutung, die die Entdeckung Amerikas für den spanischen Handel erlangen sollte, war freilich bis zum Tode Ferdinands nur wenig zu spüren. Aber auch hier liefs es die Regierung an Fürsorge nicht fehlen. Die Verordnung, dafs kein Schiff nach den Kolonien von einem anderen Hafen als Sevilla auslaufen dürfe, ist vielleicht das geschmähteste Gesetz, welches von Ferdinand und Isabella erlassen worden ist. Und doch ist es sehr verständlich. Schon zuvor besafs Cadiz das Recht, ausschliefslich den Handel nach der oceanischen Küste von Afrika zu vermitteln. Nun war die Schiffahrt nach Amerika keineswegs zahlreich vor dem Jahre 1520, dagegen war sie gefahrvoll, und meist von Abenteurern gesucht. Eine Kontrolle der Regierung über Beschaffenheit der Schiffe und Manuschaften, die in den neuen Domänen nur schwer einer behördlichen Beaufsichtigung unterstellt werden konnten, war daher ein dringendes Bedürfnis. Zunächst sollte die casa de contratacion nur dem Übelstande abhelfen, dafs die ersten Indienfahrer einen eigentlichen Handel gar nicht aufkommen liefsen, infolge wovon in den Kolonien während

---

die Verordnungen zu Gunsten des Schiffbaus vergl. Clemencin. pg. 250 ff. u. besonders Fernandez Duro. Disqu. naut. tom. V. pg. 354 ff.

") Konsulat von Burgos 1494. l. 1. tit. 13. Lib. III. — von Bilbao 1511. ib. — Das dritte Konsulat in Sevilla verdankt seine Entstehung Karl V. 1543—1632 wurde ein viertes am Hofe errichtet, l. 2. ib. — Ausfuhr-Gesetz l. 10. tit. 18. Lib. VI. erlassen 1491. 1498. 1503. —

der ersten Jahre oft Mangel am Notwendigsten herrschte. Wie wenig das Monopol von Sevilla zur Ausbeutung des Handels bestimmt war, beweist der Umstand, daſs der Indienhandel längere Zeit völlige Steuerfreiheit genoſs. Daſs derselbe auch in späterer Zeit an Sevilla gebunden blieb, war weit mehr eine Folge der Gewohnheit, als des Gesetzes, einer Gewohnheit, die allerdings bald von der aufblühenden Kaufmannschaft von Sevilla als kostbares Privileg sorgfältig gehütet wurde.[10]

Wenn Ferdinand und Isabella in ihren Bemühungen um den Handel Spaniens weniger glücklich waren als auf dem Gebiete der Industrie, so lag dies hauptsächlich daran, daſs sie hier weit mehr mit nationalen Vorurteilen zu kämpfen hatten. In der Nation der Hidalgos war der Handel von jeher als etwas Entehrendes angesehen worden. Bis zum Jahre 1492 hatten die Juden aus dieser Lage die gröſsten Vorteile und einen beträchtlichen Reichtum gezogen. Indem aber das Ausweisungsedikt von 1492 die Juden brandmarkte, machte es den Spaniern beinahe unmöglich, sich des verachteten Erwerbs derselben anzunehmen. So wanderten nach dem Jahre 1492 ungeheuer viele Ausländer als Händler in Spanien ein. Je weniger angesehen ihre Stellung dort war, um so mehr muſste es ihr Bestreben sein, sich schnell zu bereichern, um das ungastliche Land wieder zu verlassen. Und diese notwendige Folge der Ereignisse trat so schnell ein, daſs schon im Jahre 1515 die Cortes darum baten, ein altes Gesetz wieder in Kraft zu setzen, welches den Ausländern verwehrte, länger als ein Jahr lang in Spanien Handel zu treiben. Aber Ferdinand, an dessen Hofe die meisten Handwerker und Händler Ausländer waren, konnte sich nicht verhehlen, daſs dies Gesetz unter den damaligen Umständen unausführbar war, und diesen Bescheid erteilte er auch den Cortes.

---

[10] Die Begründung und erste Ordnung der casa de contratacion finden sich bei Navarrete, Col. de viages tom. II. pg. 285 ff. 337 ff. Die Gesetze über Auswanderung in der Recop. de Indias. tit. 26. Lib. IX. ib. tit. 1. Lib. IX die Gesetze über den Indien-Handel. Dessen Steuerfreiheit in älterer Zeit vergl. l. l. tit. 26. Lib. IX. Nueva Recop. — Die definitive Regelung der casa de contrat. ist vom Jahre 1539. vergl. Herrera. Dec. VI. Lib. 7. cap. 6. — Zu den ältesten Klagen über das Monopol von Sevilla gehören die der Hieronymiten. Col. de doc. ined. de America. tom. I. pg. 286 und des Bischofs Zumarraga bei Arias y Miranda Influjo. pg. 169. Dagegen stellt die Junta von Mexiko im Jahre 1529 dem Monopol ein sehr ehrenvolles Zeugnis aus. Herrera. tom. IV. pg. 122—24. — Über das Monopol von Cadiz vergl. Clemencin. pg. 218.

Bis hierher also reicht die Wurzel jenes Übels, der Aussaugung durch die Ausländer, dem die Spanier selbst einen viel zu grofsen Anteil an dem Unglücke ihres Landes zugeschrieben haben.[11])

Um sich ein unparteiisches Urteil zu bilden von dem, was Karl V. für die Wohlfahrt Spaniens gethan hat, mufs man zunächst die ersten fünf Jahre seiner Regierung unberücksichtigt lassen. Von einem Einflufs des siebzehnjährigen, spät sich entwickelnden Knaben auf die Regierung bei seiner ersten Anwesenheit in Spanien kann kaum die Rede sein. Wenn aber das, was de Chièvres in seinem Namen gesündigt hat, wirklich der Anfang vom Ende für Spaniens Blüte war, so müssen sich die Spuren davon durch die ganze Regierungszeit Karls V. hindurch verfolgen lassen. Was waren aber denn die fürchtbaren Folgen von Chièvres Mifswirtschaft, vom Bürgerkriege der comuneros für die wirtschaftliche Lage des Landes? Mochte doch de Chièvres das Gold von zwei, vielleicht auch von drei Indienflotten vergeuden, was wollte das bedeuten, als infolge der Eroberung von Mexiko in den darauf folgenden Jahren die Erträge der einzelnen Flotten sich verdoppelten und verdreifachten? Gerade das Medina del Campo, das im Bürgerkriege in Flammen aufgegangen war, bildete nichtsdestoweniger in dem folgenden halben Jahrhundert den Mittelpunkt eines Handels, dessen Dimensionen alles früher Dagewesene weit überstiegen. Für die wirtschaftliche Geschichte Spaniens bedeutet der Aufstand der Comunidades nicht mehr und nicht weniger, als dafs Spanien mit der wachsenden Bedeutung seiner Industrie neben den Vorteilen auch die Nachteile eines Industrie-Staates zu kosten bekam, die vor allem in den Ausschreitungen eines zügellosen Proletariates bestanden. Wenn wir uns die Städte ansehen, die sich vorwiegend an dem Aufruhr beteiligt haben, so zeigt es sich, dafs es gerade diejenigen sind, in denen die Industrie am frühesten festen Fufs gefafst oder am bedeutendsten sich entwickelt hat. Er hat nicht nur eine landschaftliche Grenze in seiner Beschränkung auf das eigentliche Kastilien, sondern auch hier ist es nur jener Bezirk, der später (an gleichzeitigen Nachrichten fehlt es leider hierfür) das Centrum und der eigentliche Sitz der spanischen Grofs-Industrie ist. Toledo, Segovia, Valladolid, die Führer in der Bewegung der comuneros sind auch die Hauptstädte der spa-

---

[11]) Vergl. den Exkurs über die Ausländer. — pet. 30 der Cortes von 1515. Cortes de Leon y de Castilla. IV.

nischen Industrie. Man kann wohl füglich behaupten, dafs mit der allgemeinen Amnestie vom Jahre 1523 die Episode der comunidades ihren Abschlufs erreichte. Die Schwierigkeiten, mit denen die wirtschaftliche Gesetzgebung Karls V. in der Folgezeit zu kämpfen hatte, gingen aus ganz anderen Ursachen hervor und standen zu den kastilischen Unruhen in gar keiner Beziehung.

Seit der Eroberung von Mexiko wurde der Einflufs Amerikas auf die wirtschaftliche Lage Spaniens ein sehr bedeutender. Die Auswanderung nahm solche Dimensionen an, dafs selbst Städte wie Sevilla, deren Vorteil durch den Handel so bedeutend war, in der Zahl der Einwohner zurückgingen [12]. Andernteils beschleunigte die massenhafte Einfuhr von Edelmetallen das bisher langsame Sinken des Gold- und Silberwertes in einer Weise, die für den national-ökonomisch nicht Gebildeten etwas Beängstigendes haben mufste. Dieses Übel wurde dadurch verschlimmert, dafs die Cortes gerade dem Abflufs des Edelmetalles die Schuld an der Entwertung beimafsen und deshalb unermüdlich waren in der Bitte um Verschärfung der Ausfuhrverbote [13]. Karl V. war weit davon entfernt, die einseitigen Mafsregeln der Cortes zu billigen. Wenn er ihnen auch die strengeren Geld-Ausfuhr-Gesetze bewilligte, so war er doch im Gegensatz zu ihnen auf das Eifrigste bemüht, den Indienhandel zu heben und zu erleichtern. Unter der Königin Isabella war es lediglich Kastilianern gestattet gewesen, nach Amerika überzusiedeln oder Handel dahin zu treiben. Ferdinand dehnte die Erlaubnis nach Isabellas Tode auch auf die Aragonesen aus, aber erst Karl V. gab sie allen seinen Unterthanen ohne Unterschied der Nationalität. Schon im Jahre 1525 trug sich Karl V. mit dem Plane, auch das Monopol von Sevilla

---

[12]) Die Urteile über den Einflufs der Auswanderung auf das Spanien des 16. Jhrts. weichen ungeheuer voneinander ab. Die Gegenpole bilden wohl Navarrete, der ihn weit überschätzt und Uztariz, der ihn sehr gering anschlägt. Über Sevilla: Navagero. f. 15.

[13]) Geldausfuhrverbot ist eine der fünf Forderungen, die als Quintessenz der Anträge der Comuneros an die Spitze ihres Programms gestellt wurden. vergl. Hoefler, Span. Regesten pg. 37 und derselbe, Quellen zur Gesch. Karls V. pg. 294—302. Die Forderung wird wiederholt von der Junta von Avila. Sandoval I. pg. 235. von den Cortes von 1515 (pet. 32), 1518 (pet. 16), 1520 (pet. 4), 1528 (pet. 17), 1532 (pet. 40), 1534 (pet. 112), 1548 (pet. 148) u. s. w. Eine eigene Denkschrift darüber bringen die Cortes von 1586 ein. Actas. VIII. pg. 290. Die Gesetze darüber finden sich im tit. 18. Lib. VI. Nueva Recop.

zu beseitigen, um damit dem Handel gröfsere Ausdehnung zu geben und seine Vorteile dem ganzen Lande gleichmäfsiger zu gute kommen zu lassen. Ein Sturm der Entrüstung erhob sich, als die Absicht bekannt wurde, und deshalb verschob Karl V. seinen Plan. Er dachte aber an nichts weniger als an einen endgiltigen Verzicht. Im Jahre 1529 wurde er wenigstens teilweise ausgeführt. Die Häfen von Coruña, Bayona, Aviles, Laredo, Bilbao, San Sebastian, Cartagena und Malaga erhielten die Erlaubnis, Schiffe nach den Kolonieen auslaufen zu lassen. Nur insofern wurde das Monopol von Sevilla aufrecht erhalten, als ihnen auferlegt wurde, ihren Rückweg über Sevilla zu nehmen [14]).

Nicht minder war Karl V. um den Handel Spaniens nach den anderen europäischen Ländern bemüht. Nur an dem Widerstande der Kastilianer scheiterten seine Bemühungen, die Zollgrenzen im Innern des Landes ganz zu beseitigen. Ihm verdankte Spanien jene Galeeren-Flotillen, die dauernd zum Schutze des Mittelmeerhandels, in seinen späteren Regierungsjahren auch für den Oceanhandel in geeigneten Hafenplätzen stationiert wurden. Die Kriege gegen Tunis und Algier verfolgten wesentlich den Zweck einer gröfseren Sicherheit für die Seefahrer des Mittelmeeres. Seine Verträge mit England sind ebensoviele Zeugnisse für seine Berücksichtigung der Handels-Interessen aller ihm untergebenen Völker [15]). Gegen das Ende seiner Regierung, seit dem Jahre 1543 konnte Karl V. allerdings nicht umhin, den Handel ernstlicher,

---

[14]) Colmeiro, Introd. II. pg. 195. 1526 dehnt Karl die Erlaubnis zum Indienhandel auf alle Unterthanen aus. Herrera. Dec. III. pg. 295. Über die Aufhebung des Monopols von Sevilla vergl. pet. 5 der Cortes von 1520 und Campomanes, Educ. pg. 422.

[15]) Die Cortes von Monzon 1528 baten um Aufhebung der Zollgrenze und erhielten günstigen Bescheid. Dormer, Anales f. 382 und 387. — galeras de España. Memorial hist. VI. pg. 493. — Vorläufer der Oceanflotte sind die armadas de averias 1522, 1523, 1528, 1532, 1535, 1539, 1542. Herrera passim. Ständig seit 1533 nach Herrera Dec. VIII. pg. 198 oder seit 1555 Col. de doc. ined. L. pg. 269 ff. — Handelsverträge mit England: London, 11. April 1520. Rymer, Foedera. VI. 1. pg. 1834. Calais, 11. Oktober 1521. ib. VI. 1. pg. 1989. Der Artikel über Handel im Frieden von Madrid ib. VI. 2. pg. 128. col. 1 bedingt auffallenderweise nur freie Durchfuhr nach Frankreich, wie Sempere, Lujo I. pg. 32 richtig angiebt, nicht Einfuhr, wie Colmeiro, Econ. pol. II. pg. 196 irrig behauptet. — Den Cortes von 1528 gegenüber, die um Schutz des Handels mit Frankreich und England bitten (pet. 84) beruft sich Karl auf seine Bemühungen, den Handel zu heben.

als zuvor geschehen war, zur Besteuerung heranzuziehen. Wenn aber seit jenem Jahr der Indienhandel in Sevilla mit einem eigenen Zollamte seine neue Steuerregulierung erhielt, so ist damit keineswegs gesagt, daſs er zuvor steuerfrei gewesen sei. Es läſst sich vielmehr nachweisen, daſs schon Ferdinand der Katholische, wenn nicht gar Isabella selbst die 1497 gewährte Steuerfreiheit aufhob. Die neuen Steuergesetze vom Jahre 1543 hatten nur den Zweck einer strengeren Kontrolle und der Beseitigung der Steuer-Defraudationen, wie sie in Cadiz, Santa Maria u. a. Häfen unter dem Vorwande von Privilegien betrieben wurden, die thatsächlich nie eine königliche Bestätigung erhalten hatten[16]). An eine Erhöhung

---

[16]) Die Cortes von 1544 erheben Protest gegen zwei angeblich neu eingeführte Zölle, einen von 3% auf Ein- und Ausfuhr, einen anderen von $2^{1}/_{2}$% von dem Handel mit Indien. Colmeiro, Introd. II. pg. 208 und 213. Es ist dies wohl derselbe Zoll, von dem Geronimo de la Concepcion, Cadiz, pg. 496 erklärt, er sei im Jahre 1544 in dieser Stadt an Stelle der bisherigen Steuerfreiheit getreten, um eine Anleihe zu decken, die Karl V. mit Ausländern abgeschlossen. Über den spanischen Zoll habe ich nirgends etwas finden können, da aber Cadiz nicht durch kgl. Privileg Freihafen war, handelt es sich wohl hier nur um die Erweiterung und Ausdehnung des Almojarifazgos auf einige Häfen, deren früherer unbedeutender Handel eine besondere Zollorganisation nicht lohnend erscheinen lieſs. — Etwas klarer sieht man in Bezug auf den Indien-Zoll. Das Einführungsgesetz steht l. 1 tit. 26. Lib. IX. Nueva Recop. l. 2. tit. 15. Lib. VIII. Recop. de Indias. Nun steht aber aus den Entdecker-Verträgen unter Karl V. fest, daſs für die Ausfuhr nach Amerika bereits vor seinem Regierungsantritt ein Zoll erhoben wurde; wahrscheinlich betrug derselbe damals schon $7^{1}/_{2}$%, so wenigstens besagt ein Brief Ferdinands des Katholischen an Diego Colon vom 6. Juni 1511 bei Fernandez Duro, Colon y la historia postuma pg. 98. Da in demselben Brief von den Almojarifazgos in den Kolonien die Rede ist, ist also noch ein anderer als dieser Zoll von $7^{1}/_{2}$% erhoben worden. Nun schildert aber das Gesetz, wodurch Philipp II. 1566 die Zölle verdoppelt, den früheren Zustand so, als wenn von der Ausfuhr $2^{1}/_{2}$%, von der Einfuhr 5% erhoben worden wären; da dies die Zollsätze aus der Zeit Ferdinands und Isabellas sind, bleibt also für die Zollerhöhung Karls V. kein Platz. — Es wäre nun noch der Fall denkbar, daſs Karl V. die Einfuhr aus Indien nach Sevilla 1543 mit dem gewöhnlichen Einfuhrzoll belastet hätte. Dagegen spricht aber erstens die Existenz kolonialer Zollämter, die ohne diesen Zoll keinen Zweck gehabt hätten, solange in Sevilla die ganzen $7^{1}/_{2}$% ($2^{1}/_{2}$% für die Ausfuhr aus Kastilien und 5% für die Einfuhr in den Kolonien) entrichtet wurden. Zweitens aber weisen die Gesetze der Recop. de Indias für diese Zölle zurück bis auf das Jahr 1528. l. 28. tit. 15. Lib. VIII. — Ich gestehe, daſs es mit dem mir zugänglichen Materiale nicht möglich ist, alle Zweifel zu beseitigen, doch scheint mir das Folgende als das Annehmbarste: Wie der Zoll von 3% offenbar nur ein strengerer Erhebungsmodus eines bestehenden Zolles war,

der alten Steuersätze hat Karl V. trotz der ungünstigen Finanzlage des Staates nicht gedacht, obwohl dem Handel auch damit keine unerträgliche Last aufgebürdet worden wäre.

Zogen doch alljährlich über hundert Schiffe von 300 bis 500 Tonnen Gehalt hinüber nach den Kolonieen, mindestens ebensoviele vermittelten den Handel mit England, Flandern und dem Norden, und wenn der Mittelmeerhandel auch nur mit kleineren Fahrzeugen betrieben wurde, so diente deren höhere Zahl und die Kürze der Fahrt dazu, ihn in seinen materiellen Ergebnissen dem Oceanhandel ebenbürtig zur Seite zu stellen[17]). Was wollte denn ein Zoll von $7\frac{1}{2}\%$, so viel zahlten die indischen Handels-Artikel Aus- und Eingangszoll, bei einem Geschäft besagen, bei dem 100, ja 200% verdient wurden. Die Grofshändler von Sevilla nämlich kauften in jener Stadt die Indien-Artikel zwar im einzelnen auf und befrachteten damit ihre Schiffe. Weit einfacher aber war das Geschäft drüben. Die Händler der Kolonieen kauften gleich die ganzen Schiffsladungen in Pausch und Bogen, und ein gut unterrichteter Gewährsmann berichtet uns, dafs bei Anweisungen auf die Märkte von Medina, der gewöhnlichen Zahlungs-

---

so vermute ich in dem Zoll auf den Indienhandel nur eine Änderung der bestehenden Zölle in der Weise, dafs die Aus- und Einfuhrzölle, die bisher in einer Abteilung des almojarifazgo mayor gemeinsam erhoben wurden, nun bei der Trennung des alm. de Indias vom alm. mayor nicht mehr zusammen erhoben wurden. Das erweckte den Schein einer neuen Zollbelastung der Einfuhr. Unklar bleibt aber, wie dieser Zollsatz $2\frac{1}{2}\%$ betragen konnte, da der alte Satz für die Einfuhr 5% betrug.

[17]) Über die Zahl der spanischen Handelsschiffe im 16. Jahrhundert sind die Angaben sehr verschieden. Zweifellos übertrieben ist die von Behr. Welthandel I. pg. 141: „Die Zahl der Handelsschiffe im Anfange des 16. Jahrhunderts belief sich auf tausend." Ausführliche Mitteilungen über die Schiffszahl giebt Badoero bei Albéri VIII. pg. 261. Die Zahl 100 für den jährlichen Handel nach Indien findet sich dort und öfter. Für die zweite Hälfte des 16. Jahrhunderts giebt Fernandez Duro, Disqu. naut. V. 19—28 u. 362/3 und tom. VI. pg. 510 auf urkundlichem Materiale mehrfache wertvolle Angaben. Schwer vereinbaren mit diesen verhältnismäfsig hohen Zahlen läfst sich Herreras Angabe, dafs 1550 in Nombre de Dios von zwei Flotten 19 Schiffe auf Gelegenheit zur sicheren Rückkehr warteten. Dec. VIII. pg. 121. Nach Contarini bei Barozzi u. Berchet. Ser. I. tom. I pg. 88 hätte die Flotte de tierra firme aus 12—13 Schiffen bestanden. — Für den Levante-Handel sind die wertvollsten Angaben die Auszüge aus den Hafenzoll-Registern bei Capmany, Barcelona iV. Notas. pg. 22 aus der Zeit bis 1537.

art jener Zeit, ein Zuschlag von 166% zu dem ursprünglichen Werte der Waren durchaus das Gewöhnliche war[18]).

Ein Handel von solcher Ausdehnung stellte natürlich auch an die Industrie des Landes ungewöhnliche Anforderungen. Denn wenn auch Spanien nicht alle Artikel selbst herstellte, die es den Kolonieen zusandte, so wirkte doch selbst die Einfuhr insofern belebend auf die heimische Industrie, als das Gesetz Ferdinands und Isabellas, wonach der Wert der eingeführten Waren durch Landesprodukte bezahlt werden mußte, nicht nur nicht abgeschafft, sondern auf Antrag der Cortes von 1534 ausdrücklich wiederholt wurde[19]). So gab es denn auch trotz der zünftischen Schranken, an denen selbst Karl V. nicht zu rütteln wagen konnte, keinen Industriezweig, der an dem allgemeinen Aufschwunge nicht teilgenommen hätte. Die Seidenweberei, die anfänglich ausschließlich in den Händen der andalusischen Moriskos gewesen war, hatte jetzt auch in Toledo und Sevilla Fuß gefaßt und beschäftigte daselbst Tausende von Menschen. Immer und immer wieder mußte das Gesetz in Erinnerung gebracht werden, welches die Einfuhr fremder Rohseide verbot. Seit Spanien nicht mehr genug Seidenfäden hervorbringen konnte, um all die Spinnereien und Webereien zu beschäftigen, mußte das Ausland seine Rohprodukte zur Verarbeitung nach Spanien senden. Wie wenig die Spanier auf diesem Gebiete die Konkurrenz des Auslandes zu fürchten brauchten, geht daraus hervor, daß bereits seit 1518 das Einfuhrverbot für fremde Seidengewebe aufgehoben worden war. Mochten dann immer die Cortes in zünftischer Beschränktheit verbieten, in Granada Maulbeerbäume aus Valencia anzupflanzen, oder Gewebe von roher Seide zu fertigen, in ihrem Aufschwunge konnten sie die Industrie nicht aufhalten. Die Seidensteuer von Granada allein hob sich unter der Regierung Karls fast um die Hälfte ihres Ertrages, welche Summen aber der Alkabala in Sevilla und Toledo daraus zuflossen, davon kann man sich eine Vorstellung machen nach den Berichten jener Zeit, nach denen Sevilla allein 3000 Webstühle für Seide beschäftigt und Toledo jährlich

---

[18]) Mercado, Tratos. f. 15. v. u. besonders f. 91. r. Seine Angaben werden bestätigt durch das Memorial von Medina. Col. de doc. ined. XVII. pg. 557.

[19]) l. 10. tit. 18. Lib. VI. Nueva Recop. —

das enorme Quantum von 435 000 Pfund Rohseide verarbeitet haben soll[20]).

Während die Seidenweberei aus sich selbst einen bedeutenden Aufschwung nehmen konnte, weil sie nur an zünftische Verordnungen gebunden war, liefs sich ein solcher in der Tuchfabrikation, die durch Landesgesetze gefesselt war, ohne Zuthun der Regierung gar nicht denken. Gerade da aber zeigte es sich am klarsten, wie ernstlich Karl V. auf das Wohl Spaniens bedacht war. Nicht nur, dafs er die guten Gesetze seiner Vorgänger erneuerte und wiedereinschärfte, dafs er diejenigen beseitigte, die sich mit der Zeit als minder passend herausstellten, in Bezug auf Tuchfabrikation hat er während der gröfseren Hälfte seiner Regierung fortgesetzt durch Ausschüsse von Sachverständigen an den Gesetzen

---

[20]) Vergl. Sempere. Lujo I. pg. 114. Der Antrag wird wiederholt 1548, Gesetz 1552. Später tritt er auf als cond. 37 des servicio de millones 1619 und als cond. 34 von 1650. Uztariz, Teoria pg. 239. col. 2. — Für die Seidensteuer besitzen wir 3 Angaben aus dem 16. Jahrhundert. Nach Clemencin pg. 166 betrug sie 1504 8¾ cuentos de maravedis. R(eichar)d berichtet nach einer mir unbekannten Quelle, dafs sie am Anfang der Regierung Karls V. 35 000 Duk. = 13 175 000 mrs. betragen habe. Im neuen Reich 1878 I. pg. 213. — Endlich giebt Medina, dessen Werk um die Mitte des 16. Jahrhundert verfafst ist, den Ertrag der Seidensteuer auf 50 000 Duk. = 18¾ cuentos an. Cosas memorables f. 145 v. Dagegen ist sie allerdings in dem Budget von 1566, welches Venturini da Fabriano mitteilt, nur mit 13 cts. = 41 333 duc. angesetzt. Mscr. Dresd. F. 128. f. 147. Einen sicheren Beweis für die wachsende Bedeutung der Seidenindustrie giebt der Steuer-Pachtvertrag v. 1546, 1. 9. tit. 30. Lib. XI. Gleich im Anfang sagt da der Prinz Philipp porque el trato de la dicha seda ha crescido i de cada dia cresce i se texen i labran i contratan algunas sedas y cosas, que no se solian. Im übrigen wird an der alten Gesetzgebung kaum etwas geändert. — Die Angabe über den Seidenverbrauch von Toledo entstammt dem Damian de Olivarez bei Campomanes Ap. I. pg. 481. Colmeiro, Econ. polit. II. pg. 192 nimmt mit Larruga VII. 205 willkürlich an, die Angabe beziehe sich auf die Zeit um 1480; damals aber besafs Toledo noch kaum Seidenfabriken; deren Blüte gehört der Zeit an, wo Granadas Seidenindustrie verfiel. — Die Bemühungen der Cortes finden sich an folgenden Stellen: 1532 pet. 46. Einfuhrverbot für telas de cedaços, erlassen 1525, soll aufgehoben werden. Bewilligt ib. Einfuhrverbot für portug. Seide erbeten. — 1534, pet. 106 Verbot der Gewebe von Rohseide. Gesetz l. 15. tit. 12. Lib. VI. — 1537, pet. 123 Verbot der Pflanzung fremder Maulbeerbaumarten in Granada. Seit 1520 kommunale Verordnung in Granada. Colmeiro, Econ. polit. II. pg. 83. seit 1537 Gesetz l. 54. tit. 18. Lib. VI. — 1537, pet. 84. telas de cedaços sollen verboten werden (vergl. 1532, pet. 46). Abgelehnt. — Über die Einfuhrverbote für unverarbeitete Seide siehe Anm. 4.

im Sinne des Fortschritts ändern lassen und damit den Fehler wieder gut zu machen gesucht, der durch zu grofse Beschränkung der Gewerbe von Ferdinand und Isabella gemacht worden war. Im Jahre 1525 brachten die Cortes unter anderem auch einen Antrag ein über Revision der Gesetze über Tuchfabrikation vom Jahre 1511. Die Folge davon war die Ernennung einer Anzahl von Fachmännern zu Beiräten der Regierung, und aus deren Arbeiten gingen die Gesetze von 1528 hervor, die dort erleichternd, da abändernd die alten Vorschriften ergänzten. Sei es nun, dafs in diesen Gesetzen nicht alle Zweige der Woll-Industrie gleiche Berücksichtigung gefunden hatten, sei es, dafs der günstige Erfolg zu weiteren Schritten auf der Bahn der Gesuche ermutigte, kurz und gut, Segovia fand sich durch diese Verordnungen beschwert, und diese Beschwerde fand bei der Regierung dieselbe eingehende Berücksichtigung wie der Antrag der Cortes und eine neue Kommission arbeitete die sogenannte Zweite Erklärung der Gesetze vom Jahre 1511 aus[21]). Die langen Jahre des Friedens, die für Spanien auf den Vertrag von Madrid folgten, begünstigten ungemein die Entwickelung von Industrie und Handel. Aber noch bedeutungsvoller für diese wurde der Umstand, dafs bis tief in die zweite Hälfte des 16. Jahrhunderts hinein in den Kolonieen keinerlei Industrie Fufs fassen konnte. Der Bedarf derselben aber war schon in den dreifsiger Jahren ein sehr bedeutender und blieb bis lange nach dem Tode Karls V. in beständigem Wachsen. So kam es, dafs Toledo und seine Umgebung, die um 1525 nur 10 000 Personen mit Seiden- und Wollenweberei beschäftigten, um die Mitte des Jahrhunderts weit über 50 000 Personen in diesen Gewerben zu verdienen gab. Und trotzdem waren diese nicht entfernt im stande, so viel zu fabrizieren, dafs sie den Bedarf gedeckt hätten. Manche Fabriken waren auf 6, ja auf 10 Jahre voraus mit Bestellungen versehen, und dabei gewährten die Händler noch den Fabrikanten grofse Vorschüsse, um eine Ausdehnung des Betriebs zu ermöglichen. Schon konnten die Fabrikanten unter der arbeitenden Bevölkerung nicht mehr Hände genug auftreiben, so dafs man in Valladolid, in Zamora und in Salamanca die Bettler und Vagabunden zur Arbeit in den Fabriken nötigte[22]). Da der Absatz der Fabrikate meist schon gesichert war,

---

[21]) Antrag der Cortes 1525. pet. 43. Die erste Erklärung bildet den tit. 14. Lib. VII der Nueva Recop., die zweite von 1529 den tit. 15. ib.

[22]) Marineus Siculus pg. 758. Damian de Olivarez bei Campomanes.

ehe diese auch nur in Angriff genommen waren, lag die Gefahr nahe, daſs die massenhafte Produktion der Güte des Fabrikats nachteilig gewesen sei. Aber auch dies scheint keineswegs der Fall gewesen zu sein, und das war wohl wesentlich der strengen Kontrolle der Regierung zu danken. Je weiter die Industrie um sich griff, desto schwerer wurde es freilich, jedes Stück Tuch zu prüfen, aber die Gewerbe waren mit der Regierung bemüht, jene Beaufsichtigung zu erleichtern. In den Städten Toledo, Cordoba, Cuenca und Segovia entstanden eigene Gebäude, in denen gleichzeitig Kontrolle der Fabrikation und Verkauf der Rohstoffe und der Fabrikate ihren Sitz hatten. Die Einfuhr vom Auslande aber ging beständig zurück. Schon 1537 protestieren die Cortes gegen den Miſsbrauch, den ausländische Fabrikanten mit glänzenden Fabrikmarken und falschen Fabrikstempeln treiben, um mit ihren minderwertigen Produkten die Konkurrenz mit den gediegeneren spanischen Fabrikaten aushalten zu können, und im Jahre 1549 wird eine Änderung der Fabrikationsgesetze, von der weiterhin die Rede sein wird, damit motiviert, daſs die Einfuhr von Tuchen gänzlich aufgehört habe[23]). Und dennoch waren die Bedingungen

---

Ap. IV. pg. 23 giebt der Tuchfabrikation in Toledo und der Mancha 38250 Arbeiter. Segovia 34189 Arbeiter etc. — Über Vorausbestellung: Campomanes. Educ. pg. 320 f. u. pg. 406. Darnach übertreibend Arias y Miranda pg. 62. — Über Arbeiterkolonien Perez de Herrera bei Campomanes. Ap. II. pg. CIII. u. CCXVII. — In Übereinstimmung damit erklären die Cortes von 1551 antes faltan jornaleros que jornales, Colmeiro. Introd. II. pg. 245.

[23]) Eine eigentümliche Ansicht über den Gang der spanischen Industrie hat Colmeiro aufgestellt und an zwei Stellen verfochten. Econ. polit. II. pg. 186—8 und Introd. II. pg. 242. Darnach soll die Tuchfabrikation ihren Höhepunkt vor 1537 erlangt, in ihrem Rückgange aber in den vierziger Jahren noch einmal aufgehalten worden sein. Er begründet dies mit den um 1537 beginnenden Klagen der Cortes. Dies ist insofern unrichtig, als man mit ebensoviel Recht den Beginn der Klagen auf jeden andern Reichstag verlegen kann. Klagen in Bezug auf Tuchfabrikation und Handel finden sich: 1518. pet. 67. 1520. pet. 30. 1532. pet. 100. 1537. pet. 74. 87. 115. 116. 118 etc. Wer den Brauch kennt, wie Petitionen gemacht werden, der wird den Klagen der parlamentarischen Versammlungen keinen zu hohen Wert beimessen, auch ohne die Notiz bei Danvila. Actas V. A. pg. 46—8 über die Art der parlamentarischen Klagen. Daſs Colmeiros Ansicht mit den Berichten der Zeitgenossen unvereinbar ist, wird sich weiterhin zeigen. Er selbst spricht an anderer Stelle. Introd. II. pg. 183 ganz anders über die Cortes von 1537. Da meint er, daſs sie einen Fortschritt in der Fabrik-Industrie beweisen, und stellt Karl V das ehrende Zeugnis aus, daſs er mehr um Freiheit von Handel und Gewerbe besorgt gewesen sei, als die Landesvertreter.

für die Einfuhr so günstig, wie nur möglich. Wenn in einem Industriezweige die Nachfrage Jahrzehnte hindurch das Angebot übertrifft, so ist eine Steigerung der Preise die selbstverständliche Folge davon. Wenn aber, wie in Spanien, dies zusammenfällt mit einer bedeutenden Zunahme des Edelmetalls, die allein schon eine gleiche Erscheinung hervorrufen würde, so muſs die Preissteigerung ganz ungewöhnliche Dimensionen annehmen. So geschah es in Spanien, und mit dem Steigen der Preise für Nahrungsmittel, für Arbeitsmaterial und für Handwerkszeug wuchsen natürlich auch die Tagelöhne, und das Produkt aller dieser Steigerungen waren die hohen Preise der spanischen Manufakturen. Da aber auſserhalb Spaniens bis um die Mitte des 16. Jahrhunderts jene beiden Faktoren gar keinen oder doch nur geringen Einfluſs auf Handel und Gewerbe ausübten, hielten sich dort alle Preise niedriger, ein Verhältnis, welches natürlich zur Einfuhr nach dem höher zahlenden Lande aufforderte. Daſs diese trotzdem in Spanien abnahm, lag neben der Ausbreitung der spanischen Industrie hauptsächlich an den Gesetzen, welche die Fabrikate des Auslandes denselben Vorschriften unterwarfen wie die spanischen. Gegen diese Gesetze richtete sich denn auch der Sturm der Cortes, denen das schnelle Steigen der Preise in hohem Grade bedenklich erschien. Sie gewannen freie Hand, als Karl V. im Jahre 1543 Spanien verlieſs, um es erst nach seiner Abdankung wiederzusehen. Hatten sie gegen dessen höhere Einsicht nur schüchtern und beinahe stets erfolglos neue Beschränkungen für Handel und Gewerbe erbeten, so traten sie nun schon freier auf. Es war ein Unglück für die spanische Industrie, daſs Händler und Fabrikanten nicht als ebenbürtig angesehen und von den städtischen Ämtern möglichst ferngehalten wurden. Da die Abgeordneten zu den Cortes aus den Stadtmagistraten gewählt wurden, kam auf diese Weise nur selten ein Sachverständiger in den Reichstag, um dort das wahre Interesse von Handel und Gewerbe zur Sprache zu bringen. Nur so läſst sich die thörichte Bewegung verstehen, die die Cortes von 1548 fortriſs, eine Reihe wirtschaftspolitischer Maſsregeln zu beantragen, die Handel und Gewerbe hätten vernichten müssen, wären sie nicht bald wieder beseitigt worden. Der Grund, wes-

---

Über die Konkurrenz des Auslandes 1537. pet. 75. u. l. 13. tit. 12. Lib. VI. und Einleitung zu tit. 16. Lib. VII. Nueva Recop. — Über Kontrollstellen Colmeiro Introd. II. pg. 242.

halb sie sich derselben auf einmal mit solchem Eifer annahmen, war, wie gesagt, die Teuerung aller Dinge. Natürlich suchten sie dieser zuerst mit dem Verbot der Geldausfuhr zu begegnen, dann aber wollten sie auch dadurch die alte Billigkeit wiederherstellen, dafs sie die Ausfuhr von allen unentbehrlichen Artikeln untersagten. In naiver Beschränktheit glaubten sie, es bedürfe nur des Verbotes, Manufakturen nach den Kolonieen auszuführen, um dort sogleich Fabriken für Seiden-, Tuch- und Leder-Bearbeitung entstehen zu lassen, die dem Mutterlande die Sorge für die Kolonieen abnehmen könnten. Dafs freilich Spanien zur Entwickelung seiner Industrie ein halbes Jahrhundert gebraucht und erst seit wenigen Jahren es dahin gebracht hatte, vom Auslande unabhängig zu sein, das entging den weisen Beratern. Das letztere mochte ihnen wohl auch gar nicht als ein erspriefslicher Zustand erscheinen, denn jetzt eben baten sie, die Gesetze aufser Kraft zu stellen, welche die Produkte des Auslandes denselben Regeln unterwarfen, die in Spanien galten. Dafs sie dennoch es gut meinten mit der spanischen Industrie, konnte man zwar aus diesen Gesetzen nicht schliefsen, andere aber setzten dies aufser Zweifel. Seit die Industrie und der Handel den Reichtum von Hunderten, ja Tausenden begründete, fehlte es natürlich auch nicht an Spekulanten, die von dem Fleifse anderer sich zu bereichern suchten. Diese kauften die für die Fabrikation unentbehrlichen Artikel in grofsen Massen auf und zwangen dann die Fabrikanten, die von ihnen willkürlich normierten Preise zu zahlen. Die Sorge der Regierung für Billigkeit der unentbehrlichen Gegenstände hatte schon längst Getreide, Fleisch, Wolle, Leder, Seide und Tuch von dieser Spekulation ausgeschlossen, jetzt baten die Cortes, auch die Artikel, die zum Bearbeiten und Färben der Gewebe nötig waren, der Spekulation zu entziehen, und das gesetzliche Verbot trug auf diesem Gebiete sichtbar die segensreichsten Früchte. Nicht weniger vorteilhaft war ein zweiter, ebenfalls zum Gesetz erhobener Antrag, wonach nicht wie bisher der dritte Teil, sondern die Hälfte der zur Ausfuhr bestimmten Wolle und ebenso die Hälfte der unverarbeiteten Seide für die inländische Verarbeitung zurückgehalten werden durfte. Leider aber war die Regierung nicht nur gegen die verständigen, sondern auch gegen einen guten Teil der thörichten Anträge dieses und des folgenden Reichstages willfährig. Im Jahre 1552 wurde wirklich die Ausfuhr aller spanischen Artikel ungemein erschwert, wo nicht ganz verboten, während die Einfuhr auf das gefährlichste begünstigt wurde. Während spanische Seide in keiner Form aufser Landes gesandt werden durfte, war die Einfuhr von Seidenzeugen nach wie vor freigegeben. Noch schlimmer erging es der Wollweberei. Denn hier wurden die ausländischen Gewebe von jeder Kontrolle befreit, während diese für die einheimischen nicht nur beibehalten, sondern den spanischen Webern sogar verboten wurde, die feinsten und demgemäfs teuersten Tuche zu fabrizieren, und das alles, damit das Volk vor unnützem Aufwande bewahrt werde [24]). Das ging

---

[24]) Über die Gesetzgebung vom Jahre 1552 hat Clemencin voreilig ein grofses Geschrei erhoben. Er leitet seine Betrachtungen ein mit den Worten año ominoso, año verdaderamente funeral y mortuario de la industria, de los oficios y del comercio castellano pg. 296. An anderer Stelle nennt er die Pragmatik einen Ausflufs der mas profunda estupidez o mas refinada malicia y ojeriza contra las fabricas españolas. No seria temeridad sospechar, que tuvo parte en ella el influjo del pais, donde se forjó la pragmatica pg. 287. Endlich sagt er über das Verbot der Spekulation in Tuch etc. pragmatica que haze epoca en la historia de la economia española y que no puede menos de mirarse con asombro y horror . . . no contenta con destruir gran parte del comercio exterior activo del reino tiró tambien a destruir el de los mismos ramos dentro de la peninsula pg. 297. Natürlich hat es in Spanien nicht an patriotischen Gelehrten gefehlt, die den Gedanken Clemencins aufgenommen haben, dafs der böse Wille des fremden Monarchen die thörichten Verordnungen hervorgebracht habe. Unter diesen ist der Verfasser der gekrönten Preisschrift über den Einflufs der spanischen Kolonien auf das Mutterland einer der Entschiedensten, Arias y Miranda pg. 72 u. 152. Es lohnt wohl, etwas genauer zu untersuchen, wie jene Gesetze entstanden, und wie die Zeitgenossen selbst über ihren Einflufs dachten. Die meisten der beschuldigten Verordnungen von 1552 finden sich als Petitionen der Cortes von 1548. Hier wurden die Ausfuhrverbote für Tuch, Seide und Leder nach Indien (pet. 214), für Eisen und Stahl (pet. 178), für Edelmetalle (pet. 148), hier auch die Erlaubnis der Einfuhr unvorschriftsmäfsiger Gewebe von Wolle und Seide erbeten (pet. 169). Die meisten dieser Anträge werden auf dem Reichstage von 1551 wiederholt, und die Bitte um Verbot der Spekulation in Seide, Tuch und den Fabrikationsstoffen für diese beigefügt. Colmeiro, Introd. II. pg. 242/3. Es ist ein Irrtum, wenn Arias y Miranda pg. 72 das Einfuhrverbot für Seidenstoffe aufheben läfst; ein solches existierte seit 1518 nicht mehr. Der Antrag der Cortes von 1551 pet. 84 lautet allerdings auf Erlaubnis der Einfuhr und Verbot der Ausfuhr. Infolge dieser Anträge ordnete Karl V. eine Kommission seiner spanischen Räte in Brüssel ab, und deren Arbeiten bestehen vorwiegend darin, dafs sie den Anträgen der Cortes die Form von Gesetzen geben. Seiden-Ausfuhr: l. 50. tit. 18. Lib. VI. — Tuch-Spekulation l. 18. tit. 12. Lib. VI. — Die 1558 wieder beseitigten Gesetze finden sich natürlich nicht in der Nueva Recop.; über Fabrikations-Artikel vergl. pet. 76 der Cortes von 1563. Man vergleiche mit Clemencins Klage

aber doch den Industriellen Segovias zu weit, die besonders von der Fabrikation feiner Tuche lebten, und ihrem Protest schlossen sich zahlreiche Industriestädte Andalusiens an. Damit wurde wenigstens das eine erreicht, daſs, wenn auch mit einigen Beschränkungen, die Weberei feiner Tuche wieder freigegeben wurde. Blieben doch thörichte Verordnungen genug noch in Kraft, wie den Cortes selbst in kurzer Zeit einleuchtete. Schon im Jahre 1555 waren sie zu der Überzeugung gelangt, daſs die meisten Gesetze über Handel und Gewerbe vom Jahre 1552 ihren Zweck verfehlten. Die Folge davon war, daſs sie nun das Gegenteil von alledem beantragten, was ihnen vor 7 Jahren als das allein Heilbringende erschienen war, und glücklicherweise zeigte sich die Regierung noch einmal entgegenkommend. Im Namen Philipps II., in dessen Hände Karl V. die Regierung niedergelegt hatte, hob die Prinzessin-Regentin Juana die meisten Beschränkungen des Handels und der Gewerbe wieder auf. Das war für lange Zeit das letzte, was von seiten der Regierung für Handel und Gewerbe um ihrer selbst willen geschah[25]). Karl V. hatte

über die Spekulationsverbote folgende Erklärung der Cortes v. 1560 (pet. 34): „Die Aufhebung des Verbots von 1552 trägt die Schuld an der weiteren Preissteigerung für rohe Wolle", und 1563 (pet. 76): „Die Artikel, die zur Tuchfabrikation nötig sind, waren seit 1552 dem Zwischenhandel entzogen. Infolge davon nahm in den nächsten Jahren die Wollindustrie einen bedeutenden Aufschwung, die Produktion mehrte sich, die Artikel wurden billiger. Die Aufhebung dieses Gesetzes im Jahre 1558 hat einen Teil davon zu Schanden gemacht. Seitdem ist bei doppelten Preisen die Arbeit schlechter etc." Das genügt wohl, um einesteils Karl V. von dem Vorwurf der mas profunda estupidez o mas refinada malicia frei zu sprechen, andernteils aber auch einen Teil der sachlichen Einwände gegen die Gesetze zu entkräften. Daneben finden sich unter den Anträgen und Gesetzen eine ganze Reihe zweifellos ersprieſslicher Neuerungen, vergleiche Colmeiro, Introd. II. pg. 242. — l. 46. tit. 18. Lib. VI., l. 20. tit. 12. ib. — Auſser den im Text erwähnten citiert Sempere, Lujo II. pg. 83 ein Gesetz gegen die Einfuhr von unechten französischen Mode-Artikeln, Campomanes Ap. III. pg. LXXII ein andres gegen die zünftischen cofradias. Es ist denn auch in Spanien schon ein Anlauf genommen worden, die wirtschaftliche Gesetzgebung Karls V. zu rehabilitieren. Colmeiro, Introd. II. pg. 209 schreibt darüber: el impulso que dieron los reyes católicos á las artes de la paz se comunicó al reinado de Carlos V. Consta de varios cuadernos de cortes celebrados en el siglo XVI que la proteccion y el fomento de la industria se trataron como importantes cuestiones de gobierno. — Das Gesetz über Tuchfabrikation v. 1549 bildet den tit. 16. Lib. VII. Nueva Recop.

[25]) Am ehesten wurde das Gesetz über die Tuchweberei beseitigt. Die Neuordnung von 1552 bildet den tit. 17. Lib. VII. Nueva Recop. Die anderen

in den Niederlanden erkennen gelernt, daſs nur ein reiches Volk einen König reich machen könne. Demgemäſs waren seine Bemühungen weit mehr darauf gerichtet, das Land zu groſsen Opfern zu befähigen, als diese von ihm zu verlangen. Die Politik Philipps II. war zunächst nur darauf gerichtet, der Regierung reichere Mittel zu verschaffen, als sie bisher bezogen hatte, und der blühende Zustand des Landes verleitete ihn, diesen Gesichtspunkt zu dem ausschlieſslichen zu machen und darüber die Pflege des Nationalreichtums selbst zu vernachlässigen. Gerade 60 Jahre dauerte es, ehe die leitenden Staatsmänner diesen Irrtum erkannten, aber diese 60 Jahre genügten, um dem Wohlstande des Landes Wunden zu schlagen, an denen er wohl auch bei einer sorgsameren Pflege, als ihm zu Teil wurde, rettungslos zu Grunde gehen muſste. Die ersten Schritte Philipps II. auf der Bahn einer Vermehrung der Staatseinnahmen waren nicht unglücklich. Die Zölle auf Ausfuhr von Wolle und Einfuhr von Florentiner Tuchen, wenn auch nur als Finanzzölle eingeführt, muſsten der Sache nach zu Schutzzöllen für die einheimische Industrie werden. Es ist ein trauriges Zeichen für die Einsicht der Landesvertreter, daſs sie gegen diese Zölle selbst — ein anderes war die ungesetzliche Art ihrer Einführung — Protest erhoben. Ebenso hatten die südlichen Häfen kein Recht, sich über die Erhöhung der Seezölle zu beschweren, denn auch so waren sie gegen die Nordhäfen noch immer im Vorteil. Bedenklicher schon war die Erhöhung der Alkabala. Da diese in einem Procentsatz von jedem Kauf und Verkauf bestand, traf ihre Erhöhung natürlich den Handel und die Gewerbe am schwersten. Aber ausgehend von der Erkenntnis, daſs die allgemeine Steigerung der Preise einen Rückschlag auch auf den Staatsschatz ausüben muſste, bewilligte das Land bereitwillig die beträchtliche Steigerung und daſs sich dadurch Handel und Gewerbe nicht merklich beschwert fühlten, bewiesen die wiederholten Bemühungen, den so her-

---

Gesetze wurden auf Antrag der Cortes von 1555 schon in diesem Jahre von der Prinzessin-Regentin suspendiert, teils 1558 aufgehoben. Mit den zweifellos schädlichen über Ein- und Ausfuhr fiel auch das Spekulations-Verbot der Tuchmacher-Artikel. Colmeiro, Introd. II. pg. 252/3. — Es ist bezeichnend für das planlose Experimentieren der Cortes in wirtschaftlichen Fragen, daſs sie 1552 Verbot, 1555 Erlaubnis und 1563 bereits wieder Verbot dieses Geschäftszweiges beantragen.

gestellten Zustand zu einem „ewigen" zu machen[26]). Aber nun hätte Philipp einhalten müssen. Wenn die Mittel noch immer nicht genügten, das Gleichgewicht im Staatshaushalte herzustellen, so mufste er wenigstens einsehen, dafs nicht Handel und Gewerbe noch gröfsere Opfer bringen konnten. Aber eben ihre Blüte diente dazu, das falsche Vorurteil zu erwecken, dafs sie unverwüstlich seien. Spanien befand sich damals nicht nur auf dem Höhepunkte seiner Macht, sondern auch auf dem Gipfel seines Wohlstandes und diesen verdankte es weit mehr dem Handel und Gewerbfleifs, als dem Golde von Mexiko und dem Silber von Potosi. Die Wollindustrie allein ernährte fast den dritten Teil der spanischen Bevölkerung und in dem eigentlichen Kastilien beschäftigte sie die Einwohner fast ausschliefslich. Ein Zeitgenosse schildert uns den Mittelpunkt jener Industrie, das Land um Toledo, Segovia und Cuenca auf folgende Weise: In diesen Orten gab es Niemand, weder Mann noch Weib, weder Kind noch Greis, der sich nicht reichlich von der Arbeit seiner Hände zu nähren vermochte. Es war eine Lust, auf einer Fahrt durch die Berge von Segovia und Cuenca zu sehen, wie niemand dort müfsig ging, vielmehr alle eifrig beschäftigt waren mit der Zubereitung und Verarbeitung der Wolle. Schon konnte Toledo die vielen Webstühle nicht mehr aufnehmen und so füllten sich mit ihnen die Ortschaften der Umgegend und Stadt und Land war angefüllt mit fleifsigen, kunstfertigen, wohlhabenden und zufriedenen Menschen. Die Bewohner der Gegend reichten schon nicht mehr

---

[26]) Den Anfang machte der Ausfuhrzoll auf Wolle (saca de lanas) l. 1. tit. 32. Lib. IX. Zuerst 1558 1 duc. für den Ballen nach Flandern. 2 duc. nach anderen Ländern, fremde Exporteure zahlen doppelt. — 1562 wird der Unterschied der Ausführenden aufgehoben, die Sätze aber auf $1^1/_2$ resp. 3 duc. erhöht. 1566 wird der zweite Satz noch einmal, und zwar auf 4 duc. erhöht. Damals bringt die Steuer 30 cts. Venturini da Fabriano. Mscr. Dresd. F. 128 f., 147. Die Cortes protestieren: Colmeiro, Introd. II. pg. 266. — Eine ähnliche Steuer war die auf Florentiner Tuche (rajas). Die Cortes von 1563 (pet. 128) baten um Einfuhrverbot. Philipp II. antwortete mit einer Steuer, gegen diese protestieren dann die Cortes von 1573. Actas IV. pg. 125. — 1566 wurden die Zollsätze der Almojarifazgos durchschnittlich verdoppelt, l. 1. tit. 22. Lib. IX. Nueva Recop. u. l. 1. tit. 15. Lib. VIII. Recop. de las leyes de Indias. — Für die Angabe Moncadas, dafs 1566 der Zoll für Ausländer auf 22% gegen 10% für Spanier festgesetzt worden sei, kann ich keinen Beleg finden und vermute eine Verwechselung mit dem Zoll von 1603 v. infra. Moncada. pg. 79.

aus, die Arbeit zu bewältigen, mit ihnen und unter ihnen arbeiteten eine grofse Zahl fremder Arbeiter, aber Einheimischen und Fremden fehlte es nie an lohnender Arbeit." Vor allen anderen Städten genofs Segovia eine weitreichende Berühmtheit durch den Umfang seiner Industrie und die Güte seiner Fabrikate. Mehr als einmal mufste das Gesetz ihr Fabrikzeichen, eine goldene Brücke, gegen die Fälschung von In- und Ausländern in Schutz nehmen, die Fabrikherren aber, deren mancher 200 bis 300 Arbeiter beschäftigte, galten als die wahren Väter der Stadt und genossen ein Ansehen, wie der Adel von den umliegenden Herrschaften. Eine ganz eigene Industrie hatte sich in Cuenca entwickelt. Hier wurden fast nur Mützen in allen Farben für die Berbern gemacht, und doch verarbeitete man hier in zahlreichen Fabriken jährlich 6000—7000 Centner Wolle[27]). Trotzdem dafs in Sevilla allein so viel und mehr Seidenwebstühle im Gange waren, als im ganzen Königreiche Granada, trotz der ebenfalls bedeutenden Konkurrenz von Toledo, stieg doch in Granada noch immer die Spinnerei und Weberei der Seide[28]). In Triana ent-

---

[27]) Obige Schilderung findet sich Actas VI. pg. 361 f. — Mit ihr stimmen aber viele Zeitgenossen überein. Arias del Castillo bei Campomanes Ap. IV. pg. 24 Anm. erklärt, von der Woll-Industrie lebe die Mehrzahl der Menschen in Spanien. Auch Mercado, Tratos. f. 166. r. spricht von dem grofsen Industrie-Centrum von Toledo, Segovia etc. — Auf diese Zeit mufs man auch die Angaben des Damian de Olivarez beziehen bei Campomanes Ap. IV. pg. 23/4. — Speciell über die Blüte von Segovia berichtet Colmenares pg. 547 und Medina f. 90 v., nach letzterem hätte die jährliche Fabrikation allerdings nur 3000 Stück vom feinsten Tuche betragen. Über Cuenca vgl. Actas V. A. pg. 243, 2000 Stück Tuch jährlich, und ib. VI. pg. 340.

[28]) Von der Ansicht ausgehend, dafs die industrielle Blüte Spaniens in die Regierungszeit Ferdinands und Isabellas falle, haben die spanischen Forscher des letzten Jahrhunderts alle zeitlosen Maximalangaben industrieller Produktion auf den Ausgang des 15. Jahrhunderts bezogen. Larrugas Angaben über die Seidenfabrikation Toledos, Memorias VII. pg. 205—9 entstammen derselben Auffassung. Die Angabe Naranjos für 1480 ist augenscheinlich nur eine Wiederholung der Angabe des Damian de Olivarez, da diese aber nur nach Citaten bekannt ist, in diesen aber undatiert überliefert ist, so kann man sie mit gleichem Rechte für die nachweisliche Blüte Toledos um 1560 zu Rate ziehen. Gegen ihre Datierung auf 1480 spricht auch der Umstand, dafs weder die Steuerregister von 1482 noch die von 1504 Einnahmen von der Seidenfabrikation Toledos registrieren. Clemencin pg. 159 und 163. Dennoch hat Colmeiro, Econ. polit. II. pg. 191 dessen Angabe aufgenommen. Was nun diese selbst anlangt, so ist sie vermutlich bei weitem zu hoch; kommt doch Larruga selbst zu der Überzeugung, dafs die Ver-

standen schnell nacheinander zwei grofsartige Seifenfabriken, deren Betrieb tausende von Centnern Öl und Talg verarbeitete. In den Salinen Andalusiens herrschte ein grofsartiges Leben, und allein aus dem Hafen von Santa Maria liefen manchmal gleichzeitig 50—60 Schiffe mit diesem unentbehrlichen Artikel nach allen Teilen Europas aus[29]). Es waren ganz unglaubliche Summen, die alljährlich auf den Märkten von Medina del Campo umliefen. Hier nämlich wurden nach wie vor fast die gesamten Geschäfte des spanischen Handels abgeschlossen, mochten nun die Waaren in Coruña, in Sevilla, in Kartagena lagern, oder mochten sie den Flotten von Flandern, von Peru und Mejiko oder von der Levante entstammen[30]). Um aber den vollkommensten Eindruck von der

---

brauchsangabe des Olivarez nur 13—15000 Webstühle voraussetzt, während die Angaben zwischen 20—40000 schwanken. Diese erscheinen um so unwahrscheinlicher neben der Angabe Medinas f. 145. v. dafs Granada zur Zeit des Maximal-Ertrags der Seidenstühle nur 1000 Webstühle und 300 tornos (zum Spinnen der Seide) besessen habe. Nachweislich ist eine gleiche Übertreibung für die Seiden-Industrie Sevillas. Hier erklären die Seidengewerbe im Jahre 1701, zur Zeit der Blüte habe die Stadt 16000 Seidenwebstühle besessen, die 130000 Personen beschäftigten. Sie datieren wenigstens den Beginn des Verfalls richtig auf die Zeit Philipps II. (Campomanes Ap. I. pg. 473. Anm.). Eine andere Petition der Seidengewerbe aus dem Jahre 1654 kennt aber nur ein Maximum von 3000 Webstühlen mit 30000 Arbeitern, und da sie der Zeit der Blüte so viel näher stehen, darf man sie wohl für die besser unterrichteten halten. Uztariz. Teoria pg. 12 sucht die erstere Angabe aufrecht zu erhalten, durch die Annahme, dafs sie Seiden- und Woll-Webstühle gemeint habe. Das ist aber vollkommen willkürlich.

[29]) Über die Seifenfabriken von Triana berichten Medina und Morgado. In der Ausgabe des Medina von 1565 f. 52 steht, dafs eine Fabrik in Triana 7000 duc. Steuern entrichtete. Am Rande der von mir benutzten Ausgabe von 1595 (f. 124. v.) ist von gleichzeitiger Hand dazu bemerkt paganse agora 12000 duc. y mas. Morgado. f. 52 berichtet, dafs zwei Fabriken 6000 duc. Alcabala und 20000 duc. Pacht zahlen. — Über Salzausfuhr Medina f. 44.

[30]) Die Rechnungs-Abschlüsse auf den Märkten von Medina sind sehr alt; sie finden sich schon 1494 erwähnt. l. 1. tit. 13. Lib. III. Nueva Recop. — Eingehende und interessante Mitteilungen darüber enthält Mercado f. 168. r. ff. und das Memorial von Medina. Col. de doc. ined. XVII. pg. 549 ff. — Auch Colmeiro. Econ. polit. II. pg. 297—314 widmet den Märkten Medinas ein Kapitel. — Die viel citierte und von Capmany irrtümlich angegriffene Stelle über die Summen, die in Medina umliefen, entstammt dem Luis Valle de la Cerda, vergl. Clemencin pg. 256. ib. pg. 269 teilt derselbe mit, dafs 1564 allein die Geschäfte der Regierung 309½ cuentos betrugen (Cuento bedeutet stets und ausschliefslich eine Million maravedis; bei reales, ducados oder anderen Münzen sagt man millones). Medina berichtet, dafs beinahe jeder einzelne Kaufmann dort 3—5 cuentos in Wechseln umlaufen hatte f. 98.

Blüte Spaniens zu erhalten, mufste man nach Sevilla gehen. Hier schien es, als gehöre der Widerwille der Spanier gegen den Handel einer vergessenen Periode an. Wie kleine Könige hielten die reichen Kaufherren der Stadt Hof und mehr als eine ihrer Töchter wurde die Stammmutter neu aufblühender Adelsgeschlechter, die mit ihren Traditionen bis auf Pelayo zurückgingen. Jeder einzelne von ihnen machte Geschäfte in der ganzen bekannten Welt. Was nur immer Kastilien hervorbrachte, was der Norden und Osten Europas sandte, das kauften sie auf, um jene Indienflotten auszurüsten, von denen das ganze Leben der Kolonieen abhing und die ihnen unendliche Reichtümer in den Schofs warfen. Brachte doch manchmal eine einzige heimkehrende Flotte mehr als 1000 Millionen Maravedis für sie zurück. Während aber zu Anfang des 16. Jahrhunderts der Handel nach Amerika den Levantehandel unterdrücken zu wollen schien, hatte auch dieser sich jetzt schon wieder soweit erholt, dafs er das Geld zu einer Schutzflotte von 7 Galeeren nur durch eine Auflage auf den Handel der Mittelmeerhäfen selbständig aufzubringen vermochte. Mit Stolz rühmt ein anderer Zeitgenosse die prahlerische Üppigkeit von Sevilla und ganz Andalusien, wo es reiche Leute gab, wie Sand am Meer, den wahrhaft königlichen Glanz von Toledo, den Überflufs aller Dinge, die zum Dasein nötig sind, wie sie die Mancha hervorbrachte. Nach Millionen zählten die Dukaten, die alljährlich in Burgos aus- und eingingen. Die tierra de campos, das Bild der Verwüstungen in der Zeit der comuneros, war nun wieder die unerschöpfliche Quelle des Reichtums. Was aber auf den grofsen Märkten von Medina del Campo, Villalon und Medina de Rioseco gekauft und verkauft wurde, das läfst sich überhaupt nicht schildern. Und all der Glanz war nur entstanden aus dem Gewerbfleifs der Nation und aus ihrem blühenden Handel[31]).

Jetzt endlich schien selbst in der Landesvertretung die Industrie verständigere Berücksichtigung finden zu sollen. Leuchtete

---

[31]) Über die Grofshändler Sevillas s. Mercado, f. 16. r. Darnach wären Adlige noch nicht direkt an den Handelsgeschäften beteiligt gewesen. Dafs aber auch dies der Fall war, beweist ein Gesetz Karls V. gegen adlige Bankerottierer l. 4. tit. 19. Lib. V. Nueva Recop., sowie ein Antrag der Cortes von 1570. Actas III. pg. 87. — Die Flotte von 1556 brachte für Private über 1288 cuentos, Lafuente VI. pg. 546. Noch 1633 kamen in Edelmetallen über 3 Mill. Duk. für Private, Barozzi u. Berchet. Ser. I. 1. pg. 20/1. Über die Indienflotten Mercado f. 15. v. — Galeeren für den Levante-Handel, Cortes v. 1563 pet. 10. — Die letzte Schilderung Actas VI. pg. 365.

es doch den Cortes von 1563 endlich ein, daſs die Beschränkung der Industrie durch Gesetze nur dadurch wieder gut gemacht werden könne, daſs an diesen beständig geändert, jedem technischen Fortschritt die gesetzliche Sanktion sofort erteilt werde. Kamen doch die Cortes von 1560 zu der Erkenntnis, daſs das Land noch zu weit höherer Blüte gelangen könne, wenn man nach und nach die Ausfuhr von Rohprodukten mehr und mehr verbiete, der heimischen Industrie aber durch Industrieschulen es ermögliche, auch diejenigen Gewerbe im Lande einzubürgern und auszubilden, in denen die Konkurrenz des Auslandes noch immer gefährlich war. Ja, sie glaubten damit noch nicht genug zu thun, sie verlangten sogar Steuernachlässe für alle die, welche neue Industriezweige im Lande einführen würden[32]). Allein schon machten sich die Folgen davon fühlbar, daſs Philipp II. nicht nur nicht über dem Gesichtskreise seines Volkes stand, sondern daſs er sogar recht tief in dessen Vorurteile verstrickt war. In seinen Augen waren die Händler noch immer nicht viel besser als die Juden, von denen man ohne Gewissensskrupel so viel Geld erpressen durfte, als sie zahlen konnten. Wohl erklärte er, auf die verständigen Anträge der Cortes, sie einer eingehenden Berücksichtigung unterziehen zu wollen, allein sein Staatsrat beriet über nichts weiter, als wie man Geld und immer wieder Geld aus dem Lande erpressen könne. Schon hatte der Krieg von Granada den Wohlstand Andalusiens erschüttert. Nach 50 Jahren eines fast ununterbrochenen Friedens hatte die Furie des Krieges noch einmal ihre blutige Fackel über den Boden Spaniens geschwungen. Die eigenartige Industrie der Moriskos, die granadinische Seidenweberei hatte der Krieg vernichtet, aber weit gröſser noch war der Schade, den die Verteilung derselben über das ganze Land im Gefolge hatte. Die anspruchslosen, an Dürftigkeit gewöhnten Nachkommen der Mauren wurden nicht nur dadurch zu einer Gefahr für die Gewerbe, daſs sie die Tagelöhne herunterdrückten

---

[32]) Anträge der Cortes auf Staats-Industrie 1560 pet. 83. Ähnlich 1566 pet. 19 — auf fortwährende Änderung der Gesetze 1563. pet. 78 — auf Vorkaufsrecht der Fabrikanten 1560. pet. 34. u. 1566. pet. 54. — Erlaubnis der Hausarbeit ohne Kontrolle 1563. pet. 89. — auf Vereinigung der Märkte von Medina. Rioseco u. Villalon in einem Handelscentrum 1566. pet. 15. — Von neuen Industrien wollten sie einbürgern: Flachsspinnerei 1563. pet. 82 wiederholt 1573. pet. 78. Das Miſslingen geht hervor aus Actas III. pg. 284. — Waffenfabrikation und Teppichweberei Colmeiro. Econ. polit. II. pg. 208.

und es den anspruchsvolleren Kastilianern unmöglich machten, neben ihnen Arbeit zu finden, sondern ihr Eindringen in die Industrie des Nordens erweckte vor allem wieder das noch kaum überwundene Vorurteil gegen die industrielle Arbeit. Hatte man sich auch langsam daran gewöhnt, nichts Entehrendes darin zu sehen, dafs einer durch seiner Hände Arbeit sich ernährte, ohne dafs er gerade den Boden bestellte, so konnte man doch den nie als einen guten Christen und redlichen Bürger betrachten, der mit den Nachkommen der Ungläubigen zusammen arbeitete und lebte wie diese[33]). Aber ehe noch die Folgen davon recht fühlbar wurden, brach ein neues Unheil über die Industrie herein. Es war, als hätte Philipp II. nicht erwarten können, bis Handel und Industrie darniederlag, so jagte eine bedrückende Mafsregel die andere. In dem Gebäude, das mit Zoll- und Steuererhöhungen begründet, mit Ämter- und Landverkäufen aufgebaut worden war, bildeten die beiden Mafsregeln des Jahres 1575 den verhängnisvollen Schlufsstein: das sogenannte decreto und die Verdreifachung der alcabala. Da in Spanien noch immer jedes Geldgeschäft als Wucher angesehen wurde, hatte Karl V. wie Philipp II. seine Anleihen vorwiegend mit Ausländern abgeschlossen. Schon längst waren die Berge Goldes, die Genuesen und Flandrer, Deutsche und Florentiner dadurch dem Lande entzogen, den Spaniern ein Dorn im Auge gewesen. Aus ihrer Mitte, aus dem Reichstage von 1573 war der Antrag hervorgegangen, mit den Blutsaugern Abrechnung zu halten. Aber so, wie es nun geschah, hatten sie wohl kaum die Sache sich gedacht. Die Leute, denen Philipp II. so plötzlich seine Verbindlichkeiten kündigte, waren zum grofsen Teil dieselben Kaufleute, die den Spaniern ihre Bodenprodukte, ihre Wolle, ihr Öl, ihren Wein abkauften. Die erste Folge des decreto war selbstverständlich, dafs die geschädigten Kaufleute ihre Handelsbeziehungen zu den Unterthanen des bankerotten Königs abbrachen und ihre Schulden mit derselben Münze bezahlten, mit denen Philipp ihnen gezahlt hatte. So traf die Mafsregel nicht nur die fremden Wucherer, sondern fast mit

---

[33]) Diesen Gesichtspunkt, der meines Wissens noch von keinem spanischen Nationalökonomen gebührend gewürdigt worden ist, betonen die Cortes von 1579. Actas VI. pg. 364. — Die Schäden, die der granadinische Krieg dem Staatsschatz zufügte, sind berechnet bei Gonzalez, Censo. pg. 110. — vergl. Actas III. pg. 71. — Über die Mifsachtung der Handwerker vergl. Colmeiro, Econ. polit. II. pg. 24—27.

gleicher Schwere die spanischen Kaufleute, von denen viele infolge des Dekrets bankerott wurden. Jetzt sollten aber gerade sie der Krone das ersetzen, was ihr bisher die Geldmänner des Auslandes gewesen waren; sie sollten in schwierigen Verhältnissen dem Staate beträchtliche Summen vorschiefsen und beständig die unsicheren Erträge der Steuern und Zölle in Pacht nehmen. Indem dies in dem Augenblicke eine thatsächliche Unmöglichkeit wurde, war schon ein guter Teil der Mafsregel verfehlt. Aber selbst wenn sie es vermocht hätten, war es wenig verlockend für sie, in dem Augenblicke dem Staate ihr Vermögen anzuvertrauen, wo dieser ihnen zeigte, auf welch gewissenlose Weise er sich lästiger Verpflichtungen zu entledigen wufste. Der Versuch mifslang denn auch vollständig. Nach kurzer Zeit schon mufste Philipp II. mit seinen Gläubigern einen Vergleich eingehen, und nachdem diese die erste Besorgnis überwunden hatten, kehrte der alte Zustand mit all seinen Schäden zurück[34]). Wenn die Nach-

---

[34]) Die Unmöglichkeit, seine Geldgeschäfte mit Spaniern zu machen, hatte Karl V. besonders während der Finanznot von 1527/28 empfunden: damals hatte er den Genuesen gewisse Zölle überlassen, ihnen auch gestattet, Banken in Medina, Villalon und Rioseco zu errichten. Aus jener Zeit stammen die ersten Klagen über die genuesischen Bankiers. Cortes de Leon y de Castilla IV. 1528. pet. 166. 1532. pet 48. Die Bewegung gegen die Fremden beginnt von neuem 1563 (pet. 71) 1566. (Actas II. pg. 149 f. u. pet. 10) 1570. (Actas III. pg. 51). Hier giebt Burgos den auf Ausschlufs der Fremden Dringenden zu bedenken, dafs erst dafür gesorgt werden müsse, dafs die Regierung Geld im Inlande finde, was bei dem Mangel grofser Kapitalien im spanischen Handel vorläufig noch sehr zweifelhaft sei. Ebenso verständig erklärt sich Toledo. Dennoch machen auf dem nächsten Reichstage viele Städte das Handelsverbot für die Ausländer zur Bedingung weiterer Bewilligungen, Actas IV. pg. 260. Daraufhin wird ihnen am 15. September 1575 der Erlafs des decreto angezeigt, welches die Zahlungen aller Anweisungen suspendirt, ib. pg. 411. Einen höchst instruktiven Abschnitt über die verderblichen Geldgeschäfte der Ausländer enthält das Memorial von Medina. Col. de doc. ined. XVII. pg. 553 ff. — Die Erschütterung des Kredites ward dadurch verschlimmert, dafs die Regierung lange zögerte, ehe sie eine definitive Regelung herbeiführte, Actas V. A. pg. 66. Das Dekret wies den Staatsgläubigern zur Tilgung ihrer Forderungen eine Rente von 12% an und suspendirte jede Zinszahlung. Actas V. pg. 105. Das Verfehlte der Mafsregel zeigte sich als Philipp II. 5 Wochen lang vergeblich eine Anweisung auf Flandern zu effektuieren suchte, ib. pg. 508. Deshalb mufste der Vertrag del medio general an Stelle des decreto treten. Genau zu ermitteln, wie dasselbe gemeint war, ist unmöglich ohne die bisher noch nicht aufgefundene Urkunde. Sicher ist, dafs die Gläubiger teilweise in juros de a treinta mil el millar d. h. in 3⅓ prozentigen Anweisungen auf die Erträge des Salz-

teile, welche das Dekret dem Handel Spaniens zugefügt hat, verhältnismäfsig ruhig hingenommen wurden, so hatte dies vor allem darin seinen Grund, dafs diese Mafsregel in hohem Grade populär war. Dagegen vereinigte die Erhöhung der Alkabala die gröfste Mifsliebigkeit mit einer drückenden Belastung. Im Jahre 1560 hatte man der Erhöhung mit grofser Bereitwilligkeit beigestimmt, weil sich niemand im Lande verhehlen konnte, dafs die Abschlagssumme, welche damals entrichtet wurde, auch nicht entfernt einen Zehnten von dem thatsächlichen Umsatze des Landes darstellte. Selbst die ungünstigsten Bezirke zahlten nicht mehr als 40 Procent, die günstigsten kaum mehr als 25 Procent von dem, was die Alkabala bei strenger Handhabung dem Staate eingebracht haben würde. Als aber Philipp II. im Jahre 1575 die Ablösungssumme auf das Dreifache des bisherigen Betrages erhöhte, änderte sich das Verhältnis in so ungünstiger Weise, dafs viele Städte es für eine geringere Last ansahen, einen wirklichen Zehnten von jedem Kaufe erheben zu lassen. Damit wurde die Steuer, die sonst nach anderen Gesichtspunkten auf alle Bewohner verteilt worden war, beinahe ausschliefslich den Händlern und Gewerbtreibenden aufgebürdet, deren Interessen bereits durch das Dekret auf das Empfindlichste geschädigt worden waren. Die Folge dieser Mafsregeln war denn auch ein unglaublich schnelles Sinken von Industrie und Handel. Umsonst, dafs Philipp II. schon nach zwei Jahren eine volle Million Dukaten von der Ablösungssumme nachliefs, umsonst, dafs er bei Eintreibung derselben unglücklichen Verhältnissen sorgfältig Rechnung trug, der gefährliche Mifsgriff war geschehen und liefs sich nicht wieder rückgängig machen [35]). Unter

monopols bezahlt wurden, teils in 6 procentigen Anweisungen auf Kirchengüter. Col. de doc. ined. XVII. pg. 561. Actas V. A. pg. 22. 58. 215. VI. pg. 341. — Der Ausgleich erfolgte nicht vor 1579. Actas VII. pg. 19. — Die Regierung mafs stets dem Dekret die Hauptschuld an dem Umschwunge im Lande bei. Actas VI. pg. 363. Anders das Land. Vgl. auch den Exkurs über die Ausländer.

[35]) Über die Nachteile, welche die Erhöhung der Alkabala im Gefolge hatte, vergl. Actas V. A. pg. 63. 210 ff. — Da die Quote unerschwinglich war, übernahmen die meisten Städte das encabezamiento gar nicht, vergl. ib. 120. 162. 179 etc., aber auch wo ein wirklicher Zehnter erhoben wurde, erreichten die Erträge die Quote nicht, ib. pg. 68. 220. Über einzelne Städte ib. 144 (Burgos). 175. 225 (Cuenca) etc. Die Nachlafsverordnung ib. pg. 210 ff. Auch so noch blieben in Administration Granada, Cordoba, Toro, Guadalajara, ib. V. pg. 266.

den ersten Städten, die sich aufser stande erklärten, die auf sie entfallende Steuerquote zu entrichten, war Medina del Campo. Die Stadt selbst erklärte, nicht mehr als 12 pro mille Alkabala zahlen zu können, denn seit dem Jahre 1575 zögen die Händler mehr und mehr ihre Waaren von da zurück. Die Woll-Industrie von Cuenca erlosch in den siebziger Jahren fast gänzlich; von den zahlreichen Fabriken, die einen ziemlichen Wohlstand in der Stadt begründet hatten, blieben nur 3 bis 4 im Gange, aber auch diese konnten den Betrieb nicht in seinem früheren Umfange aufrecht erhalten. Wenn auch die gröfseren Industriestädte wie Toledo, Segovia, Cordoba nicht in so auffallenderweise rückwärts gingen, wie die kleineren, so zeigte sich doch auch in ihnen, wie sehr sie Schaden gelitten hatten, an der schnellen Zunahme der beschäftigungslosen Leute [36]). Im Ganzen zeigte sich die auffallende Erscheinung, dafs die Gesetze von 1575 vorwiegend das nördliche Industrie-Centrum schädigten, während der Süden noch eine Zeit lang sich auf der Höhe seiner Blüte behauptete. Die

---

[36]) Zu dem Niedergange Medinas vereinigten sich eine ganze Anzahl Faktoren. Es ist allerdings nicht richtig, dafs die Märkte ganz steuerfrei gewesen wären; die Hauptmessen zahlten seit der Zeit Ferdinands und Isabellas $11^{00}/_{00}$, der dritte Markt de los siete mercados sogar $17^{00}/_{00}$ Alkabala, Col. de doc. ined. 17, 546—48. — Bei der Steigerung von 1575 wurde aber die Freiheit der Messen völlig illusorisch gemacht, indem von allen ein- und ausgehenden Waaren die alcabala nachträglich erhoben wurde, ib. pg. 561. — Dazu kam eine zweite, den Kredit untergrabende Mafsregel. Seit Philipp II. nur noch mit Mühe Geld finden konnte, nahm er von Händlern Gelder auf, die in Medina zu Zahlungen verwendet werden sollten. Um nun den Kredit seiner Gläubiger aufrecht zu erhalten, wurden die Zahltage so lange hinausgeschoben, bis die Ankunft der Indienflotte oder dergl. es der Regierung ermöglichte, ihren Verbindlichkeiten nachzukommen. Darüber klagen schon die Cortes von 1571, pet. 29. — Seinen Höhepunkt erreichte dieses Unwesen als Philipp II. nach Erlafs des Dekrets kein Geld finden konnte, da wurden die Zahlungen um 18 Monate hinausgeschoben, so dafs 3 Messen ohne Abschlufs blieben, Col. de doc. ined. 17, pg. 560. Nun beugte zwar Philipp II. der Wiederholung dieses Übelstandes vor, indem er 1578 ein neues Mefsgesetz erliefs, l 9, tit 20, Lib. IX. Nueva Recop. Aber dafs hier die Gesamt-Bürgschafts-Summa der Bankiers auf 600 000 Duk. normirt wurde, scheint schon einen bedeutenden Rückgang zu betätigen. — Wenn nun Medina 1583 eine Alkabala von $12^{00}/_{00}$ anbietet, so meint das wohl die Wiederherstellung des alten Zustandes in Bezug auf die Märkte. Actas VII. pg. 383, 394. — im übrigen bietet der Korregidor 5% an, ib. pg. 443. — Über den Niedergang von Cuenca, Actas V. pg. 340 u. 524 und V. A. pg. 243/44. — von Cadiz ib. VII. pg. 303 — von Burgos, ib. V. A. pg. 144.

Seiden-Industrie Granadas freilich konnte sich dem allgemeinen Rückgang nicht entziehen. Produktion und Fabrikation waren in raschem Abnehmen; der Ausfall aber ward dadurch weniger fühlbar, dafs Toledo schon lange eine bedeutende Konkurrentin gewesen war, und dafs Sevilla geradezu aus dem allgemeinen Niedergange die Kräfte zu neuem Aufschwunge sammelte³⁷). So lange Spanien selbst eine blühende Industrie besessen hatte, waren die Vorteile nur mäfsig, welche die Kaufleute von Sevilla aus dem Handel des Landes gezogen hatten. Zwar war die Stadt nicht nur für die Produkte des Südens, sondern auch für das Industrie-Centrum des Nordens der bevorzugte Ausfuhrplatz. Allein die spanischen Grofs-Industriellen machten die einträglichsten Geschäfte, diejenigen mit den Kolonieen, auf eigene Rechnung, und gewährten den Händlern nur eine mäfsige Provision. Aber selbst wo dies nicht der Fall war, wurde ihnen der Verdienst beeinträchtigt durch die unverhältnifsmäfsig hohen Preise der spanischen Manufakturen. Durch Einfuhr-Verbote waren die begehrtesten Artikel zu Gunsten der heimischen Industrie von der Konkurrenz ausgeschlossen, die Spanier aber arbeiteten infolge der allgemeinen Preissteigerung bedeutend teurer als das Ausland. Dazu kam endlich noch, dafs bis um die Mitte des 16. Jahrhunderts der gewinnbringendere Handelsverkehr mit den Kolonieen noch nicht die Hälfte des gesamten Umsatzes von Sevilla ausmachte. Hier waren die Gesetze vom Jahre 1552 epochemachend gewesen; sie hatten die meisten Schranken beseitigt, durch welche die Einfuhr zurückgehalten wurde, und diese wurden nie wieder mit der alten Strenge aufgerichtet. Bei dem Zwischenhandel zwischen dem Auslande und den Kolonieen, wie er sich in der Folge entwickelte, hatten die Kaufleute von Sevilla einen doppelten Verdienst. Die Ausländer durften ja weder selbst noch durch Kommissionäre in

---

³⁷) Für das Sinken der Seiden-Industrie in Granada fehlt eine statistische Angabe bis 1610, wo die Seidensteuer nur noch 12000 Duk. beträgt, Lafuente IX. pg. 183. Dagegen liegt ein indirekter Beweis dafür in der Agitation gegen das Monopol der Seiden-Ausfuhr, welches Granada besafs, Actas VI. pg. 580 n. pet. 84. ib. VII. 1583. pet. 79. — Dafs sie zugleich um Einfuhrverbot für Seidenzeuge bitten, beweist eine bedrängte, aber nicht hoffnungslose Lage dieses Industriezweiges. Seit aber die Seidenmanufaktur sich mehr und mehr den lokalen Verordnungen Granadas entzog, glaubte die Regierung Fabrikationsgesetze erlassen zu müssen. Das geschah 1590 und 1593, 1. 22. tit. 12. Lib. VI. Nueva Recop.

den Kolonieen Handel treiben, sie mufsten also ihre Waaren, die
an sich schon billiger waren, an die Händler von Sevilla verkaufen,
und diesen fiel der ganze, sehr beträchtliche Gewinn zu, den die
Geschäfte mit Amerika abwarfen. Je mehr die spanische Industrie
zurückging, desto gröfseren Umfang nahm diese Art des Handels
an, und desto ausschliefslicher kam der Reichtum aus diesen Geschäften den Kaufleuten von Sevilla zu gute. Natürlicherweise
trug dieser Transithandel von Sevilla dadurch wiederum zum
Niedergange der spanischen Industrie bei, dafs er ihr zu Gunsten
des Auslandes einen bedeutenden Teil der Aufträge entzog.
Sevilla aber wurde dadurch nicht nur selbst die reichste und be-
völkertste Stadt der Monarchie, sondern sie wurde auch eine unerschöpfliche Schatzkammer für die Krone. Die Zölle allein, die
zu Anfang des 16. Jahrhunderts für ca. 20 cuentos de maravedis
verpachtet waren, stiegen bis zum Tode Philipps II. fast auf das
fünfzehnfache und an allen Steuern insgesamt zahlte die Stadt um
diese Zeit mehr als zwei Millionen Dukaten. Dabei trug sie diese
enorme Steuerlast mit spielender Leichtigkeit. Lange Zeit hindurch pachtete die Stadt selbst alle Steuern und Zölle ihres Gebietes und machte dabei noch ein höchst einträgliches Geschäft.
Zur Zeit seiner grofsen Geldverlegenheiten hat sie Philipp II. einmal 150000, ein andermal 600000 Dukaten zum Geschenk gemacht. Zu einer Zeit, wo in ganz Spanien der Rückgang von
Handel und Industrie zu den ernstesten Klagen Veranlassung gab,
errichtete die Kaufmannschaft von Sevilla rasch hintereinander
wahrhaft monumentale Bauten. Im Jahre 1586 war das neue
Zollamt, ein Gebäude von kolossalen Dimensionen, gerade fertig
geworden, eine neue Münze noch im Bau begriffen und der Grund
zu der neuen Börse gelegt, deren Kosten auf 360000 Dukaten
veranschlagt waren ohne die 65000, die der Grund und Boden
gekostet hatten. Neben Sevilla erhob sich Cadiz wieder einigermafsen, nachdem ihm die Einführung des Indienzolls im Jahre 1543
seine alte Blüte geraubt hatte. Da die grofsen Schiffe der Indienflotten nicht mit voller Ladung die Barre von San Lucar passieren
konnten, legten sie meist in Cadiz an, welches einen besseren
Hafen besafs. Daneben aber entwickelte sich in dieser Stadt auch
ein selbständiger Handel mit den Weinen des Südens, die oftmals
Ladung für 20 und mehr Schiffe hergaben. Freilich sah Sevilla
mit scheelen Augen das Erblühen einer Konkurrentin, aber die

günstigere Lage von Cadiz und der Drang der Not ließen den Neid Sevillas nicht gefährlich werden[34]).

Nach den trüben Erfahrungen, die Philipp II. mit seiner Wirtschaftspolitik in den ersten Jahrzehnten seiner Regierung gemacht hatte, besaſs er wenigstens die Klugheit, auf weitere Schritte auf dieser Bahn beinahe ganz zu verzichten. Wenn auch die Geschichte keine neuen auffallenden Miſsgriffe zu verzeichnen hat, so kann sie doch ebensowenig von segensreichen Gesetzen berichten, durch die er versucht hätte, die Wunden zu heilen, die seine unklugen Maſsregeln dem Wohlstande des Landes geschlagen hatten. In der Absicht, das neueroberte Portugal auf das engste mit seinen alten Staaten zu vereinigen, hatte Philipp im Jahre

---

[34]) Für den Handel Sevillas bilden die Erträge der Almojarifazgos einen leidlich sicheren Anhalt. Um 1520 22 cts. Col de doc. ined. LXXXV. pg. 111. Um 1543 betrugen sie 55 cuentos (Medina f. 51). 1563. 146 cts. Tiepolo bei Alberi XII. 37. 1566. 167 cts. nach Venturini Msc. f. 147. um 1586 betrugen sie 262½ cuentos nach Morgado. f. 56. v. oder 250 cuentos nach Zuñiga, pg. 564. 1595 sollen sie nach einer gleichzeitigen handschriftlichen Bemerkung in der Medina-Ausgabe von 1595 über 300 cts. betragen haben. f. 124. Dazu stimmt schlecht die Angabe bei Barozzi und Berchet. I. pg. 66, die sie 1598 nur auf 225 cts. schätzt, vortrefflich aber Geronimo de la Concepcion pg. 496 mit 330 cts. Dies ist das Maximum. Von da sinkt es langsam auf 306¾ cts. bei Caro f. 60 r. für das Jahr 1634, auf 225 cts. 1674 nach Lafuente IX. pg. 104 und auf 150 cts. 1677 nach Zuñiga, Sevilla. pg. 564. — Dementsprechend verhalten sich die anderen Zölle. Die puertos secos gegen Portugal trugen 1566 27 cts. Venturini. Msc. f. 147. — 1580 30 cts. Cabrera IV. pg. 93. — 1610 ca. 56 cts. nach Lafuente IX. pg. 183 — gegen Aragon 1566. 26 cts. — 1610 5⅘ cts. l. c. 1649 beide zusammen ca. 60 cts. Barozzi II. pg. 180. Die diezmos de la mar (1469 anstatt 1000 Vasallen an den Condestable verpachtet, 1559 in Kronverwaltung zurückgenommen, Cabrera I. pg. 168. — l. 1. tit. 31. Lib. IX. Nueva Recop.) tragen 1560 ca. 60 cts. nach Lafuente VI. pg. 553. 1561 ca. 75 cts. nach Weiss VI. pg. 156 ff. — 1598 das Maximum von 150 cts. nach Barozzi I. pg. 66. Sie sinken auf 114¾ cts. Lafuente IX. pg. 183 im Jahre 1610 und auf ca. 48 cts. 1674 ib. pg. 104. — Wie Canga Arguelles I. pg. 26 es möglich macht, den Gesamtertrag der spanischen Zölle für 1600 auf 926 296 rls. vn. u. 1664 auf 1 270 615 rls. vn. zu berechnen ist, mir unerklärlich. Wie flüchtig seine Angaben sind, beweist, daſs auf pg. 25. ib. die Zölle von Cadiz allein 1796 beinahe noch einmal so viel eingebracht haben sollen, als im folgenden Jahre alle spanischen Zölle zusammen. Vielleicht beruht dieser Fehler, wie viele falsche Angaben von Canga auf einer Verwechselung der Münzsorten. — Über den Indienhandel Mercado 91. r. Der Kommissionsverdienst betrug 7—8% f. 54. v. — Über den Reichthum Sevillas Morgado f. 57. Caro. Zuñiga. Mercado, passim. — Über Cadiz: Horozco, pg. 155. 177, sein Zollamt bringt allein 70 000 duc. ein, pg. 157.

1580 die Zollgrenze gegen Kastilien vollkommen beseitigt. Bei dem grofsen Reichtum, den der portugiesische Indienhandel der Halbinsel zuführte, hätte dies von grofser Bedeutung werden können, zumal wenn das Projekt einer Schiffbarmachung des Tajo bis nach Toledo zur Ausführung gelangt wäre. Allein dieses scheiterte an dem engherzigen Widerstande von Sevilla, welches dadurch einen Teil seines Handels an Lissabon zu verlieren fürchtete. Auch die Zollfreiheit war nicht von Dauer. Als in den neunziger Jahren die Geldverlegenheiten des Staates wieder wuchsen, stellte Philipp auch die Zollgrenze gegen Portugal wieder auf, und im Jahre 1595 erliefs er sogar ein zweites Dekret wie das von 1575. Wenn von seinen traurigen Folgen weniger berichtet wird, so liegt das vor allem daran, dafs es in Spanien nicht viel mehr gab, was durch die Erschütterung des Krédites gefährdet wurde. Von dem blühenden Zustande des Landes bei Philipps Thronbesteigung war bei seinem Tode nur noch ein schwacher Abglanz vorhanden in der Blüte von Sevilla [39]).

Wie viel aber auch Philipp II. gesündigt haben mag an dem Wohlstande seines Landes, eine Anerkennung kann man ihm nicht versagen: dafs er es unendlich streng genommen mit seinen Regentenpflichten, und mit wahrhaft unermüdlichem Eifer selbst der unbedeutendsten Regierungsangelegenheiten sich angenommen hatte. Spanien, welches dem jungen Thronfolger zujubelte wie dem Erlöser von einem unerträglichen Joche, sollte bald genug erfahren, dafs es noch weit schlimmer werden konnte, als es unter dem alternden Philipp II. gewesen war. Philipp III. empfand das Regieren nur als eine drückende Last, die er je eher je lieber auf die Schultern seines Günstlings abwälzte, des Marquis von Denia, späteren Herzogs von Lerma. Dafs dieser ebensowenig Geschick besafs, einen Staat zu lenken und gleichfalls es vorzog, in glänzenden Festlichkeiten seine Zeit zu verbringen, als ernsten und mühevollen Beratungen über das Wohl des Landes beizu-

---

[39]) Das Antonellische Projekt der Schiffbarmachung des Tajo beschäftigte den Reichstag von 1583, Actas VII. pg. 306 ff. — Dabei erfahren wir, dafs selbst Toledo u. Segovia ihre Artikel über Sevilla ins Ausland schickten. ib. pg. 400. — Über die portug. Zollgrenze Cabrera IV. pg. 93. l. 2. tit. 31. Lib. IX. Nueva Recop. — Von dem Handel Lissabons giebt Contarini eine wohl übertriebene Idee. pg. 62 ff. — Die Geschichte des 2. decreto von 1595 bewegt sich genau in der Art des ersten. So folgte ihm auch ein neuer Vergleich del medio general, vergl. Canga Arguelles I. pg. 12.

wohnen, das machte ihm wenig Sorge, wenn er nur ungestört seine Zeit zwischen Jagden, Festen und Gebeten teilen konnte. Da Lerma nicht einmal den eigenen Haushalt, geschweige denn den des Staates zu überblicken und in Ordnung zu halten vermochte, lieh er bereitwillig denen sein Ohr, die erklärten, die Finanznot käme nur daher, dafs die Auflagen ungeschickt verteilt seien, das Land könne bei besserer Verteilung der Steuern noch weit gröfsere Summen aufbringen. Es gab nur einen Ort in ganz Spanien, von dem sich dies mit einem Scheine von Berechtigung sagen liefs, und das war Sevilla. Hierher schien sich ein Rest von der Blüte Spaniens geflüchtet und bis zur Thronbesteigung Philipps III. ein ungestörtes Dasein gefristet zu haben. Aber auch hier war die glänzende Blüte nur noch Schein. Nachdem der Handel mit den Kolonieen fast ein Jahrhundert hindurch die Quelle eines grofsartigen, wenn auch nicht immer in soliden Geschäften erworbenen Reichtums geworden war, begann auch hier die Konkurrenz des Auslandes dem spanischen Handel in ernster Weise gefährlich zu werden. Die Regierung aber schien blind zu sein für alles dieses. Selbst Philipp II. hatte es nicht für zweckmäfsig erachtet, nach dem Abfalle der Niederlande den Handelsverkehr mit denselben gänzlich abzubrechen, und das zu einer Zeit, wo Handel und Industrie Spaniens noch auf ihrem Höhepunkte standen. Dem Herzoge von Lerma aber genügte es nicht einmal, den direkten Verkehr mit den Niederlanden zu verbieten, sondern er kündigte mit einemmale all den Nationen den Handelsverkehr, die sich nicht verpflichteten, die Niederländer in dieselbe kommerzielle Acht zu thun, die Spanien ihnen erklärt hatte. Das ist der Sinn des Dekrets vom 27. Februar 1603, welches einen Zuschlagszoll von 30% für die Ein- und Ausfuhr all den Waaren auferlegte, deren Besitzer nicht imstande waren, nachzuweisen, dafs weder die Waaren noch die Schiffe irgend einen Zusammenhang mit den Niederlanden gehabt hätten oder für einen solchen bestimmt seien[40]). Es fehlte nur daran, um auch den passiven Handel Spaniens vollends zu ruinieren, einen aktiven besafs es ohnedies kaum mehr. Schon ohne die neue Zollschererei wurde jedes ein- oder auslaufende Schiff nicht weniger

---

[40]) Rymer, Foedera VII. 2 pg. 118. Memoires sur le commerce des Hollandais S. 93 ff. Reichard S. 14 f. 1645 wahren die Engländer ihre Handelsprivilegien durch ein Donativ von 1500 duc. Canga Arguelles I. p. 125.

als sieben mal von den verschiedensten Behörden einer Visitation und Kontrole unterworfen, und natürlich ebenso oft zu bald gröfseren, bald geringeren Zahlungen gezwungen. Als nun die Händler noch den neuen, bedeutenden Zoll zahlen sollten, da fanden sie doch den spanischen Handelsverkehr nicht mehr lohnend. Die Engländer und die Hanseaten begnügten sich damit, einstweilen den Verkehr einzustellen und bei Hofe vorstellig zu werden, Heinrich IV. von Frankreich aber antwortete auf die spanische Mafsregel durch ein allgemeines Handelsverbot gegen Spanien. Die natürliche Folge davon war die, dafs die Zollverordnung zunächst suspendiert werden mufste; dann erlangte durch neue Handelsverträge eine Nation nach der anderen die Befreiung von demselben, und Lerma mufste froh sein, wenigstens das eine Resultat dabei zu erzielen, dafs die fremden Handelsbehörden sich verpflichteten, den nach Spanien fahrenden Schiffen Certifikate auszustellen, dafs sie auf Hin- und Rückfahrt in Holland nicht anlaufen und holländisches Gut nicht an Bord nehmen würden. Das ganze Manöver hatte nur dazu gedient, in den Handelskreisen eine momentane Panik und eine lang andauernde Beunruhigung hervorzurufen und schliefslich blieb es mehr oder weniger doch beim Alten. Einen finanziellen Erfolg, den Lerma natürlich nicht zum wenigsten bezweckt hatte, brachte der Zoll absolut nicht, es machte sich vielmehr deutlich bemerkbar, dafs dies Mittel zur Erhöhung der Staatseinkünfte ein selbstmörderisches gewesen war. Der Handel, der bei mäfsigen Zöllen von seinem früheren Umfange verloren hatte, sank mit doppelter Schnelligkeit, je mehr ihm neue Schwierigkeiten in den Weg gelegt wurden. Je höher die Zölle hinaufgeschraubt wurden, desto lohnender wurde das Geschäft des Schmuggelns, und dieses hatte in Sevilla einen solchen Umfang erreicht und so feste Wurzeln geschlagen, dafs man längst daran verzweifelt hatte, der Schmuggler Herr zu werden. Wenn sie aber hier noch vorsichtig waren wegen des Restes von staatlicher Kontrole, welcher der Handel unterlag, so machte dagegen die endlose Küstenausdehnung der Kolonieen dieses Hindernis nur zu einem scheinbaren. Längst schon hatten die Handlungshäuser von Sevilla sich dazu verstehen müssen, den Gewinn aus dem kolonialen Handel in die Grenzen eines soliden Geschäftes zurückzuführen, wenn anders sie die Konkurrenz mit den geschmuggelten fremden Artikeln aufnehmen wollten. Aber auch so noch konnten sie nicht vermeiden, dafs ihre Manufakturen oft genug unverkauft wieder zurückkamen. Unter diesen Umständen sank natürlicherweise auch die Ausfuhr nach Indien, und zwar in einer solchen Weise, daſs die Regierung sich genötigt sah, die Zahl der Schiffe, die bisher die Indienflotten zusammengesetzt hatten, zu verringern. Daſs dem Schmuggel nach den Kolonieen die Hauptschuld an diesen Vorgängen beizumessen war, unterlag keinem Zweifel. Philipp III. bemühte sich auch, demselben entgegenzutreten, und bedrohte alle seine Unterthanen in Indien mit dem Tode, wofern sie mit Ausländern in direkten Handelsverkehr treten würden. Wenn aber die Waren erst glücklich ans Land gebracht waren, konnte es ihnen doch kein Mensch mehr ansehen, ob sie von Sevilla oder anderswoher eingeführt waren, denn fremde Artikel waren es fast ausnahmslos, die auf die eine und auf die andere Weise in die Kolonieen gelangten[41]). Es hatte nun schon eine gewisse Berechtigung, wenn die Geldmacher behaupteten, eine Erhöhung der Zölle sei keine neue Bedrückung für Spanien, denn das Land besaſs beinahe keinen eigenen Handel mehr. Von den Schiffen, die in seinen Häfen verkehrten, waren nicht mehr die Hälfte spanisch, selbst auf den Schiffen der Indienflotten muſste man Ausländer zu Hilfe nehmen, um die Mannschaft vollzählig zu machen. In Sevilla und Cadiz machten Ausländer die vorzüglichsten Geschäfte, denn die Regierung erteilte gegen klingendes Entgelt bereitwillig Dispens von den entgegenstehenden Gesetzen. Nach Hunderten zählten die Artikel, welche man ausschlieſslich vom Auslande bezog und nach Millionen von Dukaten ihr Wert. Daſs es fremder Leute Schweiſs sei, der an dem Gelde klebe, damit mochte der Herzog von Lerma sich entschuldigen, als er das Geschenk seines königlichen Freundes annahm, welches alle Waren, die in Sevilla ein- und ausgingen, zu seinen Gunsten mit einem Zoll von 1% ihres Wertes belastete. Das war die Art und Weise, wie er den Handel des Landes begünstigte[42]). Die zweifelhafte Reinheit der Motive für seine wirt-

---

[41]) l. 7. tit. 27 und auto unico tit. 30. Lib. IX. Recop. de Indias. — Bezeichnend für den Schmuggel Actas VI. pg. 504. — Die Rückkehr unverkaufter Artikel Campomanes Ap. IV. pg. u. Cabrera. Relac. pg. 98. — Die hohen Preise spanischer Manufakturen fielen besonders den Italienern auf, Barozzi und Berchet I. pg. 53. — Die Indienflotten ursprünglich ungefähr 40 Schiffe ib. pg. 28 sanken auf 24—26 ib. pg. 88.

[42]) Über den Handel der Ausländer berichtet am eingehendsten Moncada, pg. 85 u. passim. Die wichtigsten Stellen citiert Campomanes. Ap. 1. pg. 457.

schaftliche Gesetzgebung trat bei einer anderen Gelegenheit noch viel heller zu Tage. Die Übersiedelung des Hofes von Madrid nach Valladolid im Jahre 1601 wurde unter dem Vorwande ausgeführt, dafs sie bestimmt sei, dem Industrie-Centrum Kastiliens seine frühere Blüte zurükzugeben. Dafs aber weniger ein ernstes Interesse für das Wohl des Landes als wohlangewendete Bestechung die Triebfeder dieses Entschlusses war, das offenbarte sich, als es der Stadt Madrid mit denselben Mitteln gelang, den Hof in ihre Mauern zurückzuführen [43]). Wie den Handel die lästigsten Zölle, so erdrückten fast unerschwingliche Steuern die letzten Reste der Industrie. Es war nicht zu verwundern, dafs unter dieser Regierung der Verfall des Landes einen immer schnelleren Gang annahm. Jetzt blieb er schon nicht mehr auf Kastilien beschränkt, sondern zog auch die Länder der aragonischen Krone mit hinab. Barcelona hatte nie wieder jenen üppigen Glanz zurückerlangt, mit dem es im 15. Jahrhundert mit den gröfsten Handelsstädten des Mittelmeeres wetteiferte. Aber auch die Zeiten gehörten der Vergangenheit an, wo seine fleifsigen und anspruchslosen Handwerker denen der anderen Reiche der Halbinsel als nachahmenswerte Vorbilder aufgestellt wurden. Vielleicht verdankte es Barcelona der grofsen Unabhängigkeit von dem Willen des Monarchen, dafs es nicht mit gleicher Schnelligkeit verfiel, wie die anderen Länder, aber langsam und ohne Einhalten ging es auch mit seinem Glanze rückwärts. Was Toledo für Kastilien, das war Saragossa für Aragon gewesen, der Mittelpunkt einer lebhaften, blühenden Industrie. Hier wie dort war es vorwiegend die Tuchfabrikation gewesen, die in dem wenig fruchtbaren Lande dem Volke den Lebensunterhalt zu verdienen gab. Obwohl nun aber weder die Alkabala, noch die Dekrete hier der Industrie so schwere Schläge versetzten, wie in Kastilien, vermochte sie doch auch hier dem allmählichen Verfalle nicht zu widerstehen. Ein bestimmtes Ereignis, dem man die Schuld daran beimessen könnte, ist nicht vorhanden. Die Thatsache selbst aber

---

Anm. und Ap. IV. pg. 23. — Über die Ausländer Arias y Miranda, pg. 140. Voyage d'Espagne pg. 74. — Fremde Matrosen l. 13. tit. 25. Lib. IX. Recop. de Indias, vergl. Fernandez Duro, Disqu. naut. V. pg. 370 ff. — Das Geschenk an Lerma bekämpfen die Cortes 1608. Lafuente VIII. pg. 218. — Zollschereien: Col. de doc. ined. LXXXIII. pg. 126.

[43]) Novoa, Col. de doc. ined. LX. pg. 165. — Madrid bietet 250 000 Duc. für die Rückkehr, ib. pg. 299.

ist unwiderleglich bewiesen durch die Klagen der aragonischen Cortes [41]).

Philipp III. aber und Lerma nahmen ihre Zuflucht zum Himmel, da sie es nicht verstanden, mit irdischen Mitteln Hilfe zu schaffen. Das war der Grund der zahllosen Klosterstiftungen, mit denen Philipp III. den vermeintlichen Zorn Gottes zu versöhnen suchte. Aus solchen Gesichtspunkten entsprang der Gedanke, die Moriskos gänzlich aus dem Lande zu vertreiben. Die Bischöfe und Beichtväter, die unter Philipp III. einen nur allzugroßen Einfluß auch auf die weltliche Seite der Regierung besaßen, schmeichelten dem schwachen Könige, der Himmel werde seine ganze Fülle des Glückes und Reichtums auf Spanien herniedersenden, wenn er nur die Moriskos, dieses Gift, welches das ganze Land verpeste, von dem heiligen Boden seines Reiches verbanne. Daß alle Kolonisationsversuche Philipps II. es auch nicht im entferntesten vermocht hatten, dem Königreiche Granada die Blüte zurückzugeben, in der es gestanden bis zur Vertreibung der Moriskos, das vermochte weder den König noch seine Berater irre zu machen an der Verdienstlichkeit und Nützlichkeit des geplanten Werkes. Vergeblich wendeten sich die Grundbesitzer des Königreichs Valencia mit ihren Vorstellungen bald an Philipp III., bald an Lerma, vergeblich warnten sie, daß die Austreibung der Moriskos für alle Gegenden, wo diese zahlreicher angesessen waren, einen ähnlichen Verfall herbeiführen werde, wie man ihn im Königreiche Granada allüberall vor Augen hatte; ihre Worte verhallten spurlos vor den bigott-fanatischen Predigten der königlichen Beichtväter. Selbst das Anerbieten durch ein Donativum für ihre Untergebenen die Erlaubnis zum Bleiben zu erwirken, wies die Regierung zurück: sie ahnte wohl, daß sie eine reichere Beute bei der Beraubung der Vertriebenen machen werde [45]). Im Jahre 1572 hatte die Verteilung der granadinischen Moriskos über ganz Kastilien den christlichen Spaniern die gewerblichen Arbeiten verleidet, ihre

---

[41]) Um die Mitte des 17. Jahrhunderts bezog Aragon fast all seinen Bedarf aus Provence. Voyage d'Espagne pg. 125. Über den Verfall von Aragon. Colmeiro Econ. polit. II. pg. 203. — 1599 wird die Tuchfabrik-Ordnung für Barcelona erneuert. ib. pg. 205. Seine Fabriken 1570 Venturini f. 63.

[45]) Novoa, l. c. pg. 411 ff. Watson, Philipp III. vol. I. pg. 339—65 nach den bekannten gleichzeitigen Historikern. Vergl. auch den Excurs über Bevölkerung.

Austreibung im Jahre 1609 machte der spanischen Industrie überhaupt ein Ende. Nur wo ausländische Arbeiter, angelockt durch den hohen Tagelohn, in gröfserer Anzahl zuströmten, fristeten einzelne Fabriken ein dürftiges Dasein. Da aber die Fremden nicht länger in Spanien blieben, als nötig war, um sich einen mäfsigen Wohlstand zu begründen, da nur selten einer von ihnen im Lande sich ansässig machte, trug auch dieser Schein von Industrie nur wenig zum Wohlstande des Landes bei. Während die Regierung dem traurigen Anblicke des verödeten Landes leichtfertig den Rücken kehrte und es dem Himmel anheimstellte, für bessere Zeiten zu sorgen, begann im Volke selbst die Erkenntnis davon sich Bahn zu brechen, was dem Lande fehle und wie demselben geholfen werden müsse. In einer Denkschrift, welche die Stadt Medina del Campo im Jahre 1606 an die Regierung richtete, wird schon die Ansicht ausgesprochen, dafs die grofse Konsumtion ausländischer Artikel das Land verarmen lasse, weil es denselben nicht eigene Produkte als Zahlung gegenüberstellen könne. Es war kein weiter Schritt mehr bis zu der Erkenntnis, dafs der industrielle Niedergang des Landes die allgemeine Verarmung verschulde[46]). Als dann im Jahre 1617 die Stellung des Herzogs von Lerma ernstlich erschüttert war, da erhoben diejenigen die Stimmen schon lauter, die nur in einer gründlichen Reform des ganzen nationalen Lebens vom königlichen Hofe an bis hinab zu denen, die lieber betteln als arbeiten wollten, eine Möglichkeit des Heils für das Land erblickten. Aus diesem Reformationsdrange entsprangen die grofsen Ministerräte vom Jahre 1617 und 1620. Diese freilich vermochten noch nicht, aus den hergebrachten Geleisen herauszutreten. Ihre Vorschläge gingen nicht darüber hinaus, durch Einfuhrverbote die Reste der heimischen Industrie zu beleben und durch Entvölkerung des übervölkerten Hofes dem Lande insgesamt die Kräfte zu gute kommen zu lassen, die in einem sittenlosen Hofleben jetzt nutzlos vergeudet wurden. Allein im Anschlufs an diese Reformversuche erwuchs eine ganze Litteratur staatswissenschaftlichen Inhalts, und in ihr wurden viele Pläne entworfen und besprochen, deren Ausführung manche Schäden zu beseitigen im stande gewesen wäre. Schon das war

---

[46]) Das Memorial ist gedruckt, Col. de doc. ined. XVII. pg. 541 ff. — Die Citate bei Campomanes, Ap. IV. pg. 64 sind ganz ungenau. Im direkten Widerspruch zu dessen Behauptungen wird hier die Ansicht aufgestellt, der spanische Handel habe stets ungünstige Bilanzen für Spanien ergeben.

ein Verdienst, dafs sie mit schonungsloser Offenheit die traurige Lage des Landes allen vor Augen stellten[47]). Welch ein Unterschied zwischen dem Spanien beim Tode Karls V. und demselben Lande in den letzten Jahren seines Enkels! Von der blühenden Woll-Industrie, die bereits die Konkurrenz des Auslandes fast ganz verdrängt hatte, waren nur noch wenige unbedeutende Fabriken übrig, die nur grobe, schlechte Tuche selbst fabrizierten. Alle feineren Stoffe lieferte wieder das Ausland wie im 15. Jahrhundert, und Spanien sandte diesem die Berge seiner unvergleichlichen Schafwolle. Die Seidensteuer des Königreichs Granada brachte nicht mehr so viel ein, als unter Ferdinand und Isabella und nicht den vierten Teil des Ertrages aus den Zeiten Karls V. Von den Schiffen, die jetzt in spanischen Häfen verkehrten, waren nicht mehr die Hälfte spanisch, und aufser den Flotten nach Indien gab es kaum noch eine spanische Handelsmarine. Dagegen sandte das Ausland jährlich mehr als 500 Schiffsladungen mit allen Arten von Waren nach Spanien, und ihr Vertrieb war das eigentliche Geschäft des spanischen Handels. Philipp III. hatte guten Grund dazu, am Schlusse seiner Regentenlaufbahn in die klagenden Worte auszubrechen: Wie ganz anders wollte ich jetzt das Land regieren, wenn ich noch einmal den Thron bestiege.

Was der Ministerrat von 1617 nur schüchtern anzubahnen gewagt hatte, das schien nach der Thronbesteigung Philipps IV. auf den breitesten Grundlagen zur Ausführung gelangen zu sollen. Der Herzog von Olivarez begnügte sich nicht damit, am Hofe wieder Sparsamkeit, unter den Staatsdienern unbestechliche Redlichkeit zurückkehren zu lassen: es schien, als sollte noch einmal eine Regierung wiederkehren, der das wirtschaftliche Wohl des Landes ernstlich am Herzen lag. Da tauchten die alten Gesetze wieder auf, die alle Produkte des Auslandes nur dann in Spanien zur Konkurrenz zuliefsen, wenn sie nach Mafs, Gewicht und Beschaffenheit genau den Ansprüchen genügten, welche die Landesgesetze an die Manufakturen des Inlandes stellten. Dazu kam eine wesentliche Beschränkung der Einfuhr, da allen den Ländern,

---

[47]) Die Denkschrift des Ministerrats von 1617 teilt Navarrete als Einleitung seines Werkes mit; den von 1620 kennt man nur aus den Konjekturen von Campomanes. Letzterer teilte zuerst eine grofse Fülle von Citaten mit, seinem Beispiele sind viele andere Nationalökonomen gefolgt. Ein Verzeichnis von 375 Werken dieses Inhalts teilt Canga Arguelles, III. pg. 11—28 mit. Leider sind seine Citate unvollständig und ungenau.

mit denen Spanien nicht in freundschaftlichen Beziehungen stand, die Erlaubnis zum Handel mit Spanien entzogen ward. Selbst das Gesetz tauchte noch einmal auf, welches den Ausländern vorschrieb, den Preis für eingeführte Waren ausschliefslich in Landes-Produkten auszuführen. Am Hofe entstand nicht nur ein eigenes Konsulat, — wie denn das Konsulatswesen überhaupt auf das eifrigste begünstigt wurde, — sondern es erhob sich sogar in Madrid ein eigener Lehrstuhl für Staatswissenschaft [48]. Wäre der Erlafs dieser Gesetze verbunden gewesen mit der Einrichtung einer Staats-Industrie, wie sie die Cortes mehr als einmal von Karl V. und Philipp II. verlangt hatten, oder auch nur mit einer officiellen Unterstützung gewisser Industriezweige, vielleicht hätte das Beispiel der Regierung eine vorteilhafte Einwirkung auf die Unterthanen nicht gänzlich verfehlt. So aber mangelten in Kastilien jegliche Grundlagen für das Gebäude, zu dem die Gesetze Philipps IV. nur Bausteine sein konnten [49]. Was die capitulos de reformacion für Handel und Industrie in Kastilien waren, das waren für Aragon die Cortes von Barbastro und Calatayud im Jahre 1626. Auch hier war die traurige Lage des Landes der Gegenstand von scheinbar eingehender und sorgfältiger Fürsorge der Regierung, die mit den Landesvertretern Hand in Hand ging, um Abhilfe zu schaffen. Die Mittel, über die man sich einigte, entsprachen im ganzen den in den kastilischen Verordnungen enthaltenen: Beschränkung der Einfuhr durch Verbote, Zölle und Manufaktur-Vorschriften. Nur in einem Punkte gingen die aragonesischen Cortes über die Bestimmungen ihrer Nachbarn hinaus. Ein Gesetz der Cortes von 1626 erklärte, dafs es den Privilegien des Adels keinen Eintrag thun solle, sich an gewerblichen Unternehmungen zu beteiligen, wenn die Adligen nur nicht selbst Hand an die Arbeit legten, das Verkaufslokal nicht in ihrer Wohnung

---

[48] Das Gesetz über gleichwertige Aus- und Einfuhr wurde als cond. 14 der millones von 1623 erbeten, Colmeiro, Econ. polit. II. pg. 349, aber erst 1628 bewilligt. l. 61. tit. 18. Lib. VI. Nueva Recop. — Einfuhrverbote überhaupt: l. 62 ib., für feindliche Länder 1628—33, Lafuente VIII. pg. 326. — Kontrolle auf die Manufaktur-Gesetze 1657. Sempere, Lujo II. pg. 135, aber auch schon 1623, Uztariz, Teoria pg. 256. col. 2. — Konsulat am Hof. l. 2. tit. 13. Lib. III. Nueva Recop., überhaupt ib. 1632. — Um einen Lehrstuhl für Politik hatte besonders Moncada sich bemüht; errichtet 1625, Campomanes Ap. I. pg. XLIX.

[49] Staatsindustrie beantragt 1560, pet. 32.

hätten, sich auch nicht in demselben aufhielten: Beschränkungen, die zur Genüge beweisen, dafs die Bestimmung keinen grofsen Erfolg zu erwarten hatte[50]). Das war denn auch das Gesamtresultat der reformatorischen Gesetzgebung in Kastilien wie in Aragon. Es war dem Herzog von Olivarez überhaupt zu wenig Ernst mit seinen Reformplänen. Sie hatten für ihn den Zweck erreicht, als sie sein Ministerium in einen vollkommenen und anscheinend für ihn vorteilaften Gegensatz gebracht hatten zu dem seines Vorgängers. Nachdem er dem Volke so eine gewisse Anerkennung abgerungen hatte, dachte er so wenig mehr an die Durchführung der Reformen, dafs mit manchen Verordnungen kaum der Versuch einer praktischen Verwertung gemacht wurde. Die Hoffnungen derer, die in den capitulos de reformacion den Anbruch einer neuen Ära für das Wohl des Landes erblickten, fanden sich nach wenigen Jahren bitter enttäuscht. Das Ministerium Olivarez unterschied sich, was Handel und Gewerbe anlangte, bald nur noch dem Namen nach von dem des Herzogs von Lerma: der finanzielle Standpunkt wurde wiederum der ausschliefsliche Mafsstab für die Gesetzgebung, und das ausgesaugte und immer von neuem geprefste Land rollte weiter und weiter auf der Bahn des Verfalls. Der Sturz des allmächtigen Ministers brachte dem Lande keine Veränderung, der an seine Stelle trat, besafs weder gediegenere staatswissenschaftliche Kenntnisse, noch ein tieferes Interesse für das Wohl des Staates. Nur in dem Volke selbst erstarb die Hoffnung auf eine Besserung nicht ganz, und gab von Zeit zu Zeit Kunde von ihrem Fortleben durch die Bemühungen, dem Staate erspriefslichere Mafsregeln für Handel und Industrie abzuringen. Ein solches Aufflackern wohlmeinender Bestrebungen finden wir um die Mitte des Jahrhunderts in Sevilla. Schon unter Philipp III. kränkelnd, hatte die Blüte Sevillas unter Philipp IV. ihr gänzliches Ende erreicht. Von 3000 Seidenwebstühlen, die noch zu Anfang des 17. Jahrhunderts Beschäftigung fanden, waren jetzt kaum noch 60 im Gange, und deren Arbeiten waren so schlecht und dabei so teuer, dafs sie weder im Auslande noch in den Kolonieen Käufer fanden, höchstens in Kastilien, wo die äufseren Umstände mit denen Sevillas in Trostlosigkeit übereinstimmten, fanden seine Manufakturen Absatz. Wenn aber an

---

[50]) Colmeiro, Econ. polit. II. pg. 203. Die Gesetze wurden für eine bestimmte Zeit erlassen, 1648 nicht erneuert, wohl aber 1678, ib. pg. 350/1.

einem Orte eine Klage laut wurde, so rief sie sogleich ein hundertfaches Echo in allen Teilen des Landes wach. Wie Sevilla den Niedergang seines Handels und den Verlust seiner Seidenwebereien, so beklagten Cordoba, Toledo, Saragossa den Verlust ihrer Tuchfabriken, Andalusien den seiner Ledermanufakturen, Granada das Aussterben seiner Seidenzucht. Cuenca, Soria, Baeza, Jaen und viele andere, die um die Mitte des 16. Jahrhunderts blühende Provinzialstädte voll industriellen und kommerziellen Lebens gewesen waren, lagen verödet und von der Mehrzahl ihrer Bewohner verlassen. Von den Märkten Medinas berichtete nur noch die Erinnerung, und selbst Burgos, das Haupt des Reiches, war jetzt nur noch eine unbedeutende, altertümliche Stadt ohne Leben. Auch jetzt nahmen die reformatorischen Anläufe ein ruhmloses Ende, und als Philipp IV., der Grofse starb, war nicht eine der grofsen Hoffnungen erfüllt, zu denen die weitreichenden Pläne seiner Jugendtage berechtigt hatten [51]).

Aber wehe dem Lande, defs König ein Kind ist! Das mufste Spanien erfahren während der langen Regierung Karls II., der trotz seines heranwachsenden Alters doch bis zu seinem Tode nicht über das

---

[51]) Von den Bemühungen von 1651 geben vor allem die Discursos des Martinez de la Mata Kunde, die Campomanes im 1. u. 4. Bande des Anhangs zur Educacion popular veröffentlicht hat. — Obwohl der Seidenbau noch leidlich blühte, ging doch die Seidenweberei infolge der hohen Steuern (bis 60% des Preises war Steuerzuschlag) beständig zurück. Murcia erbaute 1614 noch 210 000 Pfd. Seide Colmeiro, Econ. polit. II. 97. Granada um 1640 250 000 Pfd. Canga V. pg. 137, Valencia u. Murcia zu Anfang des 18. Jahrhunderts noch 200 000 Pfd.: deshalb konnte der Ministerrat das Einfuhrverbot für fremde Rohseide erneuern Navarrete pg. 14. — Dennoch sank das encabezamiento der Seidenweber von Sevilla von 12 cts. im Jahre 1632 bis Ende des Jahrhunderts auf 6 cts. Ulloa. pg. 38. — Über den Niedergang des Handels von Sevilla Zuñiga f. 565, vergl. Anm. 38. — Ähnlich sank die Woll-Industrie. Die Ausfuhr ergab 1610 die enorme Steuersumme von 216 000 Duk., die 720 000 arrobas à 25. Pfd. entspricht, Lafuente XI. pg. 183, während sie 1566 nur 30 cts. = 50 000 Duc. betragen hatte, was 170 000 arrobas entspricht. Die Mehrausfuhr von 1610 bedeutet eine gleiche Minder-Verarbeitung, da die Produktion eher gesunken, als gestiegen ist. — Uztariz pg. 282 schätzt sie nur noch auf 200 000 arrobas. Die Woll-Industrie erhielt sich nach dem Dekret noch eine Zeitlang in den gröfseren Städten, namentlich scheinen Toledo und Cordoba aus dem Zusammenbruch der Industrie in den kleineren Orten Vorteil gezogen zu haben, Horozco pg. 177, Colmeiro Econ. polit. II. pg. 193 nach Martinez de la Mata. Darnach aber ging es auch mit ihnen schnell abwärts. Saragossa, das zur Zeit seiner Blüte 16 000 Webstühle besafs, hatte 1632 nur noch 4000 in Gang. ib. pg. 203.

Stadium der Kindheit hinausgelangte. In dem wüsten Treiben einander bekämpfender Parteien, welches beinahe ununterbrochen um den willenlosen Monarchen sich bewegte, fand niemand Zeit, sich ernstlich mit dem Wohle des Landes zu beschäftigen. Wohl unternahm es bald der eine, bald der andere Prätendent, durch Vorspiegelung reformatorischer Pläne die Gunst der Menge für sich zu gewinnen, aber weder Neidhardt, noch Valenzuela, noch selbst Don Juan d'Austria nahm sich mit Ernst dieses wichtigsten, aber seit lange schon allzusehr vernachlässigten Regierungsgeschäftes an. Wohl begründete Valenzuela, als er ans Staatsruder kam, einen eigenen Rat für die Handelsinteressen des Landes, wohl versammelte Juan d'Austria als Vicekönig von Aragon mehr als einmal Vertreter der Zünfte um sich, um Mafsregeln gegen den unaufhaltsam vorschreitenden Ruin des Landes zu ergreifen. Medina Celi benutzte sein kurzes Ministerium dazu, die kastilianische Industrie mit einem ähnlichen Adels-Briefe auszustatten, wie ihn 1626 die Cortes von Aragon der Industrie ihres Landes erteilt hatten. Aber entweder waren diese Mafsregeln nur berechnet, günstigen Schein zu erwecken, oder es fehlte dem guten Willen die Kraft, die Gesetze zu Thatsachen zu machen. Was aus jener trübsten Zeit Spaniens über Handel und Gewerbe verlautet, das berichtet nur von leichtfertigem Jagen nach flüchtigem Gewinn und von gewissenlosem Opfern der verbrieften Rechte[52]). Schon unter Philipp IV. hatte sich die Last der Zölle mehr als eine Bürde für den Handel, denn als eine Quelle des Reichtums für den Staat erwiesen. Zoll-Erhöhungen waren längst ein Ding der Unmöglichkeit, schon die

---

[52]) Das Gesetz, welches Fabrik-Besitz für vereinbar mit den Adelsprivilegien erklärte, ist 1682 erlassen, auto 2. tit. 12. Lib. V. Nueva Recop. — 1683 werden die Fabrikanten von Toledo, Sevilla, Granada und Valencia berufen, um neue Fabrikations-Gesetze auszuarbeiten, die im Jahre 1684 veröffentlich werden, auto 4. ib.; schon zuvor waren solche für Seiden-Weberei erlassen, 1675, auto 1. tit. 12. Lib. V. diese werden 1692 abgeändert, auto 5. ib. — Die junta de comercio y moneda ist 1669 gestiftet. Ihre Bedeutung datiert aber wesentlich von den Reorganisationen von 1681 und 1683. Eine dritte erfolgte 1691, Canga II. pg. 154. — Für die Beförderung der Einwanderung fremder Arbeiter, die nach einem Gesetz von 1679 erfolgte, giebt Larruga fast in jedem Bande Beispiele, vergl. tom. VII. pg. 210 ff. tom. XVIII. pg. 2—15, Voyage d'Espagne pg. 125,6. — In Aragon trat 1674 unter dem Vorsitz des Juan d'Austria eine Junta für Handel und Industrie zusammen, welche die Gesetze von 1626 in voller Ausdehnung wiederherstellte.

bestehenden Zölle schreckten die Ausländer von den spanischen Häfen zurück. Da man aber ihre Waren nicht entbehren konnte, suchte die Regierung neue Mittel, die Einfuhr zu ermutigen und fand sie darin, dafs sie selbst den Weg zur Umgehung der Gesetze zeigte. Zu einer prinzipiellen Herabsetzung der Zölle konnte man sich nicht entschliefsen, und von den eigenen Unterthanen, welche dieselben nicht umgehen konnten, wurden nach wie vor die vollen hohen Zollsätze erhoben. Dagegen liefs man, um den ausländischen Handel zu ermutigen, seit der Mitte des Jahrhunderts diesem in der Berechnung des Gewichtes und des Wertes der eingeführten Waren solche Begünstigungen zu Teil werden, dafs oft nicht ein Viertel des eigentlichen Steuersatzes thatsächlich erhoben wurde[53]). Als aber die Regierung selbst den Weg zum Betrug zeigte, opferte sie den letzten Rest von Autorität, den ihre Zollbeamten besessen hatten. Der Betrug nahm einen Umfang an, der jeglicher Beschreibung spottet, und die Zölle brachten dem Staate nicht mehr den dritten Teil dessen ein, was sie vor dem Nachlafsedikt getragen hatten. Zu spät lenkte die Regierung ein; durch Beseitigung des Registerzwanges hoffte sie zugleich eine Schranke des Handels und eine Versuchung zum Betrug zu beseitigen. Ersteres war gewifs eine verdienstliche That, aber den zweiten Zweck erfüllte sie nicht. Wenn es überhaupt an dem spanischen Handel noch zu ruinieren gab, so war es nun geschehen. Seit dem Zoll-Nachlafs-Edikt war der spanische Handel erdrückt und der Schmuggel der Ausländer sanktioniert[54]). Unter den Ministern Karls II. ist nur ein Mann, der sich durch ernsten Willen und strenge Gewissenhaftigkeit auszeichnete, aber eben dadurch sich den Hafs aller deren zuzog, die nur auf ihren persönlichen Vorteil, nicht aber auf das Wohl des Landes bedacht waren. Der Graf von Oropesa versuchte nicht das Unmögliche, das Land von

---

[53]) 1654 schreibt Mata de diez años aca, que es desde quando entran estas mercaderias mas rotamente. — Er behauptet, infolge davon seien die Steuern in 10 Jahren um ein Drittel gesunken, Campomanes. Ap. I. pg. 463. Ulloa datiert den Beginn der Einfuhr-Begünstigungen von zwei kgl. Verordnungen von 1661 u. 1666. pg. 72. Dasselbe Datum giebt Canga I. pg. 232 mit anderen Nebenumständen. — Am eingehendsten behandelt diesen Gegenstand Uztariz. pg. 243. col. 1. — Im Jahre 1694 erklärt die junta de comercio, eine Erhöhung der Zölle sei ein Ding der Unmöglichkeit. Canga I. pg. 250.

[54]) Für die bekannte Thatsache der Beseitigung des Registers steht mir nur eine chronologische Angabe zur Verfügung, wonach dieselbe ungefähr 1675 geschehen sein mufs. Journal du voyage d'Espagne. pg. 136.

fremder Einfuhr unabhängig zu machen und dergleichen mehr, aber er bemühte sich zu retten, was noch nicht völlig erstorben war. Seiden- und Wollenweberei suchte er überall da wieder emporzubringen, wo ein Rest dieser Industrieen eine Hoffnung auf Erfolg gestattete; wohl erkannte er, daſs die herabgekommene Kunstfertigkeit in feinen Stoffen den Kampf mit dem Auslande nicht aufnehmen könne, aber eben deshalb ermunterte und schützte er die Fabrikation der derberen und gröberen Tuche für den täglichen Gebrauch des gemeinen Mannes. Seinen Bemühungen verdankte die junta de comercio zweimal eine Umarbeitung und Erweiterung ihrer Befugnisse, deren wichtigstes eine strenge Kontrole der Einfuhr war, um daraus Vorteile für die inländische Industrie zu erspähen. Allein die mächtige Gegenpartei, die ihn 1691 zum erstenmale stürzte, nahm zu wenig Rücksicht auf die pflegebedürftigen Anfänge, die er geschaffen, und sein zweites Ministerium war zu kurz und fiel in eine Zeit, wo die Thronfolgefrage schon zu sehr jedes andere Interesse absorbierte. Seinem redlichen Willen wurde nur die eine Anerkennung zu Teil, daſs der schwache König ihn erkannte, ehrte und liebte. Beim Tode Karls II. war Spanien kaum weniger eine Leiche, als sein Monarch, und Jahrhunderte bedurfte und bedarf das Land, um sich aus dieser Krankheit zu erholen [55]).

---

[55]) Oropesas Maſsregeln sind z. T. Anm. 52 mit angeführt. Ausfuhrverbot für Seide und ordinäre Wolle, autos 6. und 7. tit. 18. Lib. VI Nueva Recop.; vergl. damit Uztariz pg. 283/4. Über seine Junta de comercio vergl. aufser dem oben Gesagten Colmeiro. Econ. polit. II. pg. 202 nach Naranjo y Romero. Antorcha.

V.
Die ständische Vertretung.

Die Tradition von der Unterdrückung der ständischen Freiheiten durch Karl V. ist der Tummelplatz für alle diejenigen, welche den Verfall Spaniens mit dem Emporkommen der habsburgischen Dynastie beginnen lassen. Selbst diejenigen, welche zu der Erkenntnis gelangt sind, daß die viel geschmähte wirtschaftliche Gesetzgebung Karls V. beständig das wahre Wohl des Landes zu fördern bemüht war, können nicht umhin, hier einzustimmen in den Chor derer, die die Freiheit Spaniens auf dem Schlachtfelde von Villalar sterben lassen. Die Einstimmigkeit der neueren spanischen Historiker hat in diesem Punkte ausnahmslos auch die Forscher anderer Länder mit sich fortgerissen, niemand aber ist darin weiter gegangen, als unser Ranke. Mit gewohnter Schärfe hat er aus den unklaren Deklamationen der spanischen Schriftsteller die logischen Konsequenzen gezogen, und das hat ihn dazu geführt, Karl V. ein vollkommenes Programm anzudichten, nach welchem er den Einfluß der Cortes zu brechen gesucht habe. Doch lassen wir ihn selbst reden: „Wenn Karl gegen seine Rebellen übrigens Gnade ergehen ließ, so war er doch entschlossen, ihre gesetzliche Macht zu brechen. Hierbei ging er ohne allen Rückhalt, ohne alle Scheu zu Werke; man findet, alles betrachtet, besonders vier entscheidende Maßregeln, die er anwandte. Nach jenem Siege der Granden, nach seiner Rückkehr, am 28. Mai 1523 berief Karl die Städte zu den Cortes ein. „Damit aber," sagt er in seinem Ausschreiben an den Corregidor von Burgos, „die Vollmacht dieser Stadt vollständig und nicht von den Vollmachten der übrigen Ciudaden und Villas verschieden sei, so habt Ihr zu sorgen, daß sie auf jeden Fall dem Entwurfe gleichlaute, welcher angeschlossen beiliegt." Genug, er unternimmt, den Städten die

Vollmachten vorzuschreiben, welche sie ihren Repräsentanten zu geben haben...... Das ist die erste Maßregel, die er ergreift."[1]) Hätte Ranke in dem Briefe an den Corregidor von Burgos nur mit Aufmerksamkeit den Satz zu Ende gelesen, den er citiert, so hätten ihn vielleicht die wenigen Worte stutzig gemacht, die noch folgen. Da heißt es nämlich — daß sie auf jeden Fall dem Entwurfe gleichlaute, welcher angeschlossen beiliegt, der in der gewöhnlichen Form gefaßt ist, ‚que es ordinaria'. So konnte aber Karl V. unmöglich von einer Maßregel sagen, die erst von ihm eingeführt, wohl gar hier zum ersten Male angewendet war. Wir finden sie denn auch schon unter Ferdinand dem Katholischen vollkommen im Gebrauch. Als dieser die Städte im Jahre 1506 zu den Cortes berief, sandte er gleichfalls eine Vorschrift für die Vollmacht mit, und das Begleitschreiben an den Corregidor von Burgos enthält nicht die geringste Andeutung, woraus man schließen könnte, daß dies etwas Neues war. Es wäre auch durchaus unwahrscheinlich, daß Ferdinand zu jener Zeit sich einen Eingriff in die Rechte Kastiliens erlaubt hätte, wo seine Autorität in diesem Lande auf das bedenklichste erschüttert war. Wenn man aus dem Akte der Vollmachts-Prüfungen einen Schluß ziehen dürfte auf das Alter der Vollmachts-Vorschriften, so ließe sich sogar bestimmt deren Gebrauch bis in die Regierung der Königin Isabella zurückverfolgen. Wie dem aber auch sei, jedenfalls ist es erwiesen, daß Karl V. mit dieser Vorschrift nur einen Gebrauch seiner Vorgänger annahm und daß es keineswegs eine von ihm erfundene Maßregel war zur Unterdrückung der ständischen Freiheiten. Die Städte wußten sich übrigens sehr wohl zu helfen; sie erteilten ihren Vertretern eine eingehende Instruktion und nahmen ihnen einen Eid ab, nichts zu bewilligen, was mit dieser unvereinbar sei, trotz der vorschriftsmäßigen unbeschränkten Vollmacht[2]).

---

[1]) Ranke, Werke Bd. 35. pg. 184/5.

[2]) Unter denen, die über die Geschichte der kastilianischen Cortes geschrieben haben, herrscht eine eigentümliche Unkenntnis über Alter und Abstammung der Gebräuche, die bei denselben üblich waren. Nur so ist es erklärlich, wie die entstellten Angaben des Martinez Marina so lange von den Gelehrten hingenommen wurden, und daß selbst diejenigen, welches es unternahmen, ihn zu berichten, in andere kaum weniger unbegreifliche Irrtümer verfielen. Das Berufungsschreiben von 1523 bei Martinez Marina III. 1. pg. 178. Die Vorschrift für die Vollmacht Cortes de Leon y de Castilla IV.

Nicht glücklicher ist Ranke mit dem zweiten Punkte des Programmes. „Nun war nur jenes andere Recht der Cortes unbequem, welches schon durch den herkömmlichen Geschäftsgang, daſs erst die Beschwerden erledigt, darauf die Abgaben gewährt wurden, auch die unbeschränkten Vollmachten beschränkte. Karl verordnete schlechthin, daſs man erst bewilligen und darnach die Beschwerden einbringen solle.... Das ist seine zweite Maſsregel; der Gebrauch, den er einführt, wird nun zum Herkommen; Herkommen aber wird allemal zum Gesetz, sobald sich der öffentliche Zustand lange nicht verändert." Hätte Ranke sich nicht darauf beschränkt, über die Gebräuche der Cortes lediglich das zwar verdienstvolle, aber im höchsten Grade tendenziöse Werk des Martinez Marina zu Rate zu ziehen, so hätte es ihm unmöglich entgehen können, was Gesetz und Herkommen über die Bewilligungen der Cortes bestimmten. Wären ihm aber wie uns die Akten der drei ersten Reichstage Karls V. zugänglich gewesen, so würde er zu seiner groſsen Verwunderung gesehen haben, daſs es nicht Karl V. war, der mit den Traditionen Kastiliens brach, sondern daſs die Cortes selbst es sind, die gegen alles Gesetz und Herkommen bestrebt sind, die königliche Prärogative einzuschränken. Ranke stützt seine Behauptung auf die Verhandlungen der Cortes von 1523, aber dieselben Vertreter, die nicht weniger als viermal an Karl V. das Ansinnen stellten, die Abstellung ihrer Beschwerden der Bewilligung des Servicio vorangehen zu lassen, sprachen es unumwunden aus, daſs sie eine Neuerung verlangten, für die in der Geschichte Kastiliens nicht ein Beispiel zu finden war. Wie in dem Streite um die Eidesleistung im Jahre 1518 steht Karl V. auf dem Boden des Rechtes und thut nicht mehr, als daſs er die Machtstellung behauptet, die seine Vorgänger errungen. Die Art und Weise, wie Karl V. die mehrfachen Petitionen der Cortes

---

pg. 288 stimmt im wesentlichen überein mit der von 1506, Col. de doc. ined. XIV. pg. 304. — Aus dem Begleitschreiben an den corregidor von Burgos, ib. pg. 297 klingt es keineswegs, als ob dies eine Neuerung wäre. Colmeiro, behauptet Introd. I. pg. 39. die Prüfung der Vollmachten sei 1515 eingeführt worden. Sie ist aber mindestens schon 1505 in Gebrauch gewesen. Zurita VI. f. 3. v. — Ebenso steht es mit dem Eid der Geheimhaltung der Verhandlungen. Auch für diesen nimmt Colmeiro l. c. pg. 49 u. Danvila, Actas V. A. pg. 20 das Jahr 1515 als Ausgangspunkt an. Martinez Marina I. pg. 273. Anm. nimmt an, er sei zuerst von den Cortes von 1505 verlangt werden. Nach Zurita l. c. war auch er schon damals gewöhnlich.

empfängt und ihnen antwortet, ist im Gegenteil der Beweis einer entgegenkommenden und versöhnlichen Haltung, wie sie Ferdinand und Isabella kaum jemals bewiesen haben[3]).

Ranke fährt fort: „Diese Entfernung alles Einflusses der Beauftragenden schien ihm (Karl V.) noch nicht hinreichend; er dachte darauf, auch die Beauftragten entweder in Furcht oder in Ergebenheit zu halten. Das Eine erreichte er, indem er keine Beratschlagung aufser in Gegenwart seines Präsidenten stattfinden liefs; dadurch wird jede seinem Interesse entgegengesetzte Äufserung für den Deputierten gefährlicher, als für ihn. Das Zweite ward durch Gnadenbezeugungen erlangt, die man entweder gewährte oder hoffen liefs, deren der Präsident selbst kein Bedenken trug, zu erwähnen.... Und dies sind nun die vier Mafsregeln, die Karl ergriff, um die Versammlungen zu unterwerfen, wie man sieht, unzweideutig und offenbar auf diesen Zweck berechnet, den er denn auch damit erreichte." Was den dritten Punkt anlangt, so ist es allerdings vollkommen richtig, dafs bei den Cortes von 1523 der Präsident Mercurino de Gattinara bei allen Sitzungen der Abgeordneten zugegen war, und ihrer Bitte, allein beraten zu dürfen, ein Verbot Karls V. entgegenhielt. Wir finden bei keinem weiteren Reichstage, weder vor noch nach diesem, eine Erwähnung einer ähnlichen Verordnung und dürfen daher wohl annehmen, dafs dies ein vereinzelter Fall war. Dafür spricht noch weiter, dafs das Gegenteil davon bestimmt unter Philipp II. der Brauch war; dieser aber, der ernstliche Eingriffe in die Befugnisse der Cortes mehr als einmal unternahm, würde wohl kaum ein Recht kampflos aufgegeben haben, das zur Erweiterung des königlichen Einflusses auf die Reichstage eine vortreffliche Handhabe bot[4]). Und end-

---

[3]) Den Streit von 1523, Cortes de Leon y de Castilla IV. pg. 359—363. Zu dem Streit 1518 vergl. Hoefler, Spanische Regesten pg. 18 f.

[4]) Cortes. IV. pg. 354 u. 358. Gattinara erklärt beide Male das Ansinnen der Cortes allein beraten zu dürfen für eine Neuerung, indem er auseinandersetzt, dafs von jeher die kgl. Beisitzer den Verhandlungen beigewohnt haben. Meiner Ansicht nach war dies eine geschickte Vermischung von zwei verschiedenen Fragen. Es war allerdings herkömmlich, dafs mindestens die vom Könige ernannten Sekretäre allen Verhandlungen der Cortes beiwohnten; dem Protest der Abgeordneten gegen deren Anwesenheit wird in mehreren Schriften über das Ceremoniell der Cortes nur eine formelle Bedeutung beigelegt. Die Versuche, bei besonders wichtigen Fragen auch diese zu entfernen, sind übrigens keineswegs selten: vergl. Actas VI pg. 513. Dagegen war die Anwesenheit des Präsidenten bei den Verhandlungen etwas

lich ist denn auch kein Grund vorhanden, in der vierten von Ranke angeführten Maßregel eine absichtliche Beeinträchtigung der städtischen Freiheiten zu sehen. Der Brauch, die Abgeordneten am Schlusse des Reichstages durch Gnadengeschenke zu belohnen, war schon alt für die Cortes, in denen einem neuen Herrscher oder einem Thronfolger gehuldigt wurde. Auf alle Reichstage hat ihn vielleicht erst Ferdinand der Katholische ausgedehnt, wenigstens gestattet uns die mangelhafte Überlieferung älterer Reichstagsakten nicht, ihn weiter als 1512 zurückzuverfolgen. Da werden mit dem servicio von 150 cuentos de maravedis weitere 4 cuentos zu Gratifikationen, nicht als Gehalt, wie Colmeiro annimmt, für die Abgeordneten bewilligt. Beweist dies auch nicht ein ehrwürdiges Alter des Herkommens, so genügt es doch, um Karl V. von dem Vorwurfe frei zu machen, daß er durch Bestechung auf die Landesvertreter einzuwirken gesucht habe [5]).

Ich denke, nach dem oben Gesagten kann man nicht mehr behaupten, daß Karl V. einen festen Plan verfolgt habe, um die ständischen Freiheiten Kastiliens zu unterdrücken, daß dies aber auch nicht das unbeabsichtigte Resultat seiner Politik gegenüber den Cortes war, zeigt ein kurzer Blick auf das Verhältnis zwischen der Regierung und der Landesvertretung in den 35 Jahren seines Regiments.

Für die Gesinnung, welche das Land seinem jugendlichen Monarchen entgegenbrachte, als dieser im Jahre 1518 zum erstenmale die Cortes um sich versammelte, ist die Ansprache bezeichnend, mit welcher sie auf die Thronrede antworteten. Da heißt es: Vor allem wollen wir Eurer Hoheit ins Gedächtnis rufen, daß sie erwählt und ernannt ist zum Regenten, das bedeutet zum Wohl-Regierenden, denn sonst könnte man sein Amt nicht regieren nennen, sondern zerstören, dann aber könnte er nimmermehr Regent genannt werden. Das Wohl-Regieren aber besteht in der Ausübung der Gerechtigkeit, die jedem das Seine zu Teil

---

Ungewöhnliches. Seine Anwesenheit beschränkte sich gewöhnlich auf die Prüfung der Vollmachten, Eröffnung der Sitzungen, Bewilligung des servicio ordinario und extraordinario und Schluß. Auch bei diesen Gelegenheiten erschien er gewöhnlich nur nach gegenseitiger Verständigung; sein Erscheinen ohne eine solche wird stets als eine Pression auf die Abgeordneten angesehen.

[5]) Colmeiro, Introd. I. pg. 42.

werden läfst und nur, der dies thut, ist ein wahrhafter Regent.... Wenn aber dies unzweifelhafte Wahrheit ist, so mufs Eure Hoheit regieren zur Ausübung der Gerechtigkeit, und dazu mufs Eure Hoheit wachen, wenn ihre Unterthanen schlafen. So will es die Regentenpflicht, denn Eure Hoheit ist in der That unser Lohndiener. Aus diesem Grunde geben Euch die Unterthanen einen Teil ihrer Früchte, ihres Gewinnes, und dienen Euch mit ihrem Körper, so oft sie gerufen werden. Dann aber möge Eure Hoheit wohl beachten, dafs sie durch einen stillschweigenden Vertrag verpflichtet ist, ihnen ihr Recht zu gewähren und zu wahren." Es ist dieselbe Rede, welche die Cortes von Ocaña im Jahre 1469 einem der erbärmlichsten Herrscher Kastiliens, Heinrich IV., dem Schwächling gehalten haben. So traten sie dem Enkel Isabellas, dem ersten Könige entgegen, der mit den spanischen Königreichen die weiten Länder des burgundischen Erbes vereinigte[6]). Es war dann nur folgerichtig, dafs sie Karl V. zumuteten, er solle ihnen erst den Eid auf ihre Privilegien schwören, ehe ihm die Cortes den Huldigungseid leisteten. Es kostete einen langen und erbitterten Kampf, bis die übermütigen Landesvertreter dahin gebracht werden konnten, von ihrer unbilligen Forderung abzustehen, und dem kastilischen Herkommen entsprechend zuerst den Eid zu schwören. Der Geist aber, der aus diesen ersten Schritten des Reichstages spricht, tritt uns noch mehr als einmal entgegen in der Urkunde der Beschwerden. In den Cortes von 1520 war die Verletzung des Herkommens zu sehr auf seiten Karls V., als dafs man sich wundern dürfte, wenn auch die Landesvertreter eine revolutionäre Sprache reden; ihre stürmischen Sitzungen gehören mehr oder weniger der Episode des kastilischen Aufstandes an und nehmen als solche eine ausnahmsweise Stellung ein. Dagegen ist das Verhalten der Cortes von Valladolid im Jahre 1523 so voll von unberechtigten Übergriffen, dafs man es aus ihrem Munde hören mufs, dafs sie während der Unruhen ausnahmslos treu zur Krone gestanden haben, um nicht zu glauben, Don Pedro Lasso de la Vega oder ein anderes hervorragendes Glied der Junta von Avila habe ihren Widerstand geleitet, ihren Anträgen die Form gegeben. Jetzt ist es Karl V., der auf dem Boden des Rechtes und des Herkommens steht, und seine Mäfsi-

---

[6]) Man vergleiche Cortes III. pg. 767. pct. I. des Reichstags von 1469 mit der Einleitung des cuaderno von 1518. ib. IV. pg. 260 ff.

gung gegen die unbilligen Forderungen der Cortes ist um so mehr anzuerkennen, als für ihn die Versuchung nahe lag, im Vollgefühle des Sieges dem Lande seine Macht fühlen zu lassen[7]. Was aber Karl V. während seines ganzen Lebens auszeichnet, die Hochachtung vor seinem einmal beschworenen Worte, das tritt hier als ehrenvoller Charakterzug in das vollste Licht. Nicht ein Titelchen von den alten Privilegien der Cortes hat er beseitigt, wohl aber hat er ihnen wenige Jahre darauf ein wertvolles neues Privilegium verliehen, die beständige Vertretung des Landes bei der Regierung durch zwei von den Cortes zu wählende Vertreter, die sog. deputados del reino, denen in der Folge ein dritter beigesellt und ein Schatzmeister und ein Anwalt mit dem nötigen Personale untergeordnet wurde[8]. Dafs aber Karl V. bereit war, dem Lande noch einen viel bedeutenderen Anteil an der Regierung einzuräumen, erfahren wir auf dem Reichstage von 1538.

[7]) Es macht einen eigentümlichen Eindruck, neben solchen Aktenstücken, wie die Verhandlungen von 1523, Colmeiro immer wieder darauf zurückkommen zu hören, dafs die comuneros die Vertreter der traditionellen Rechte sind, und Karl V. die Rechte der Cortes unterdrückt. Introd. I. pg. 34. 35. 41. 45 u. s. w. — Thatsächlich haben die Cortes wohl nie eine gröfsere Freiheit in Ausübung ihrer Rechte genossen, als unter Karl V. Obwohl der Reichstag von 1527 den Vorschlägen des Königs vollkommen unzugänglich blieb, wird ausdrücklich berichtet, dafs Karl V. die Vertreter vollkommen freundlich entliefs.

[8]) Die Reichs-Deputation war eine Nachahmung des aragonischen Instituts der deputados, eines beständig tagenden Ausschusses der Landesvertretung. Sie gingen aus dem Wunsche der Cortes hervor, die Erfüllung der gewährten Petitionen kontrolieren zu können. Cortes. IV. 1525. pet. 16. Vermutlich wurde ihnen schon beim Abschlufs des encabezamiento general ein Einflufs auf diesen wichtigen Teil der Steuern eingeräumt. Gallardo Fernandez. Rentas. I. pg. 45. Colmeiro, Introd. II. pg. 220 — l. 13. tit. 6. Lib. IX. Nueva Recop. Bei der Mangelhaftigkeit der Cortes-Akten aus der Zeit Karls V. sind wir hier vielfach auf Schlüsse angewiesen. Für die Zeit Philipps II. können wir die Einrichtung bis ins Detail verfolgen. Die drei Deputierten wurden damals nach einem bestimmten Turnus aus den Gemeinde-Beamteten der 18 Cortes-Städte gewählt. Sie fungierten anfänglich 3 Jahre, später von einem Reichstag zum andern. Sie erhielten von den gesamten Landesvertretern eine sehr eingehende Instruktion, über die sie dem nächsten Reichstage Rechenschaft ablegten. Nach den Verträgen des encabezamiento von 1575 und 1577 wuchs ihr Einflufs auf die Verteilung der Alkabala so, dafs sie darin beinahe mafsgebend waren. Die Einrichtung blieb bestehen, auch als die Cortes mehr und mehr in Verfall gerieten. Actas. I. pg. 248. II. pg. 406 etc. etc.

Die spanischen Geschichtschreiber verweilen mit Vorliebe bei den Sitzungen des Adels, der hier zum letztenmale an den sachlichen Beratungen teilnahm, und der doch nur in beschränktem Dünkel auf sein Vorrecht pochte, weder direkte noch indirekte Steuern zu entrichten, oder bei den Verhandlungen des Klerus, dessen vollkommene Abhängigkeit vom Könige sich wiederspiegelt in der bedingungslosen Unterwerfung unter sein Gebot. Von den wichtigsten Unterhandlungen, denen des dritten Standes, der schließlich doch das entscheidende Wort zu sprechen hatte, müssen wir uns aus dürftigen Andeutungen ein Bild zu machen suchen. Die Sache, um die es sich handelte, und von der im nächsten Kapitel eingehender gesprochen werden wird, war folgende. Es mußten neue Geldmittel aufgebracht werden, und Karl V. schlug dazu eine indirekte Steuer vor, die alle Stände treffen sollte. Ebenso schnell wie der Klerus dem königlichen Antrag beipflichtete, so unumwunden erklärte der Adel sich dagegen. An dem dritten Stande, an den Vertretern der Städte war es nun, wenn auch nicht das entscheidende Wort zu sprechen, so doch ein bedeutendes Gewicht für oder wider den Antrag in die Wagschale zu werfen. Daß Karl V. ihrer Entscheidung einen außerordentlichen Wert beilegte, bewiesen die Bedingungen, mit denen er die Einwilligung der Städte zu erkaufen sich bereit erklärte. Da die Reichs-Deputierten schon einen wichtigen Teil der Staatseinkünfte — die Erträge der Alkabala — unter ihrer Obhut hatten, wollte Karl V. den gesamten Staatshaushalt ihrer Aufsicht unterstellen und behielt sich zur Tilgung der Staatsschulden nur einige Steuern vor. Wenn den Abgeordneten der Städte das wahre Wohl des Landes am Herzen gelegen hätte, mit beiden Händen hätten sie zugreifen müssen, um eine so bedeutende Erweiterung ihrer Befugnisse sich nicht entgehen zu lassen. Sie hätten es um so mehr thun müssen, als sie die Dringlichkeit der Finanznot sich nicht verhehlen konnten; lehnten sie aber die alle Stände treffende sisa ab, so konnten sie sich vorhersagen, daß demnächst die Forderung neuer Mittel an die Städte allein gerichtet werden würde. Trotzdem weigerten sich die Vertreter der Städte, die sisa zu bewilligen und beharrten bei dieser Weigerung trotz aller Ermahnungen und Vorstellungen des Präsidenten und der Vertreter der Regierung[9]). Die Erklä-

---

[9]) Die hauptsächliche Quelle dafür ist noch immer Sandoval, II. pg. 270. Einiges neue Licht wird auf die Vorgänge dieses Reichstages geworfen durch

rung für diese fast selbstmörderische Abstimmung liegt in dem inneren Verfalle der Cortes. Trotz der Bemühungen Karls V., die Cortes zu einem selbständigen, kräftigen Gliede in dem Ganzen des Staates zu machen, ist allerdings die Bedeutung der Cortes im 16. Jahrhundert zurückgegangen, die Schuld daran aber tragen die Verhältnisse der Städte selbst, nicht die Regierung. Als Grund für den Verfall der städtischen Gemeinwesen hat man bisher vorwiegend den Umstand hervorgehoben, dafs sie im Laufe des 16. Jahrhunderts in ein strengeres Abhängigkeitsverhältnis zur Regierung gekommen seien. Während früher bei weitem nicht für alle Städte königliche Corregidoren ernannt wurden und diese nicht länger als zwei Jahre nacheinander in ihrer Stellung verbleiben durften, wurden sie jetzt fast in alle Städte gesandt und oft während ihrer ganzen Lebenszeit nicht abberufen, noch zur Rechenschaft gezogen. Da war es denn natürlich, dafs sie oft einen sehr bedeutenden Einflufs in den Städten gewannen und diesen nicht immer nur in gesetzmäfsiger Weise ausnutzten[10]). Weit mehr noch trug ein anderes Element zu dem Verfalle der städtischen Gemeinwesen bei, das Eindringen des niederen Adels in die städtischen Ämter. Seit der Krieg mit den Ungläubigen aufgehört hatte, war ein grofser Teil des niederen Adels, dessen Mittel mit seinen Ansprüchen in einem argen Mifsverhältnisse standen, vor die Alternative gestellt, zu hungern oder einen Erwerb zu suchen. Von der Arbeit ihrer Hände zu leben hätte sie um ihre Adelsprivilegien gebracht, der königliche Hof und die Höfe ihrer bevorzugten Standesgenossen reichten nicht aus, sie alle zu erhalten, so suchten sie als Räte der städtischen Gemeinden sich ehrenvolle und auskömmliche Stellungen zu begründen. In manchen Städten war der Adel schon längst an der städtischen Verwaltung beteiligt, dagegen weigerten sich andere Städte auf das entschiedenste, ihre alten Satzungen umzustofsen, welche den Adel von jedem Anteile an derselben ausschlossen. Darüber entspann sich ein lebhafter Kampf, den wir mit Hilfe der Reichs-

---

den Brief Karls V. an Philipp 1543 und einige Stellen in den Actas. Siehe die Anm. [6]) des folgenden Kapitels.
[10]) Es ist fast kein Reichstag unter Karl V. und in der ersten Zeit Philipps II. gehalten worden, auf dem die Petition um residencia der Corregidoren nicht erschienen wäre. Cortes de Castilla. IV. 1518. pet. 34. — 1520. pet. 15. — 1523. pet. 74. 93. 105. — 1525. pet. 27. 38. — 1528 pet. 11. 158. — 1532. pet. 32. — 1534. pet. 51. — 1537. pet. 43. etc. etc.

tagsakten von Anfang bis zu Ende zu verfolgen im stande sind. Zuerst petitionieren die Cortes nur um allgemeine Zulassung des Adels zu den städtischen Ämtern, bald darauf verlangen sie schon einen bestimmten Bruchteil aller Ämter für ihre Standesgenossen, nach der Mitte des Jahrhunderts aber wird schon um Ausschluſs der Nicht-Adeligen gebeten, ein sicheres Zeichen für den schnellen und vollständigen Erfolg, den die Agitation der Hidalgos erreicht hatte[11]). Eine Folge dieses Vorganges war die Abstimmung der städtischen Prokuradoren im Jahre 1538, und es ist ein trauriges Zeichen für die Gewissenlosigkeit der adligen Magistrats-Personen, daſs sich keine Majorität unter ihnen fand, die das Interesse derjenigen, die sie vertreten sollten, höher achtete, als ihre persönlichen Vorteile. Wie vorauszusehen war, so geschah es; als das Projekt der sisa auf unüberwindlichen Widerstand stieſs, trat Karl V. an die Städte mit der Forderung einer neuen direkten Steuer heran, und da die adligen Prokuradoren diese selbst nicht mitzuentrichten hatten, waren sie eifrig bemüht, die Einwilligung ihrer Auftraggeber dazu zu erlangen[12]). Man darf es Karl V. nicht verargen, daſs er diese Cortes voll Unwillen verabschiedete. Ebensowenig kann man sich wundern, daſs er nach solchen Erfahrungen davon abstand, den Landesvertretern einen gröſseren Anteil an der Staatsverwaltung einzuräumen. Dagegen hielt er dem Lande gewissenhaft bis an 'das Ende seiner Regierung den Eid, den er bei der Bewilligung der neuen Steuer seinen unwürdigen Vertretern geleistet hatte, weder die sisa noch irgend eine andere neue Steuer ohne die förmliche Beistimmung des zum Reichstage versammelten Landes einzuführen.

Nicht so gewissenhaft war Philipp II. Obwohl die Cortes von Kastilien vor allen anderen ständischen Versammlungen sich durch treue Ergebenheit gegen die Krone auszeichneten, besaſsen sie nach der Ansicht Philipps II. noch immer eine zu groſse Selb-

---

[11]) Cortes. IV. 1523. pet. 31. — 1525. pet. 42. — 1534. pet. 50. — 1537. pet. 71. — Colmeiro. Introd. II. pg. 220 u. 250 u. Actas. II. 1566. pet. 50. — 1570. pet. 74 u. 87. — 1573. pet. 92. — 1576. pet. 39 u. 64. vergl. VI. pg. 358. — Dazu die Gesetze 3. tit. 1. Lib. VI. u. l. 20. tit. 3. Lib. VII. Nueva Recop.

[12]) Wie die Regidoren und ihr Anhang die Steuern von sich abzuwälzen wuſsten, darüber geben die von Danvila y Collado gesammelten Akten der Gemeinden zur Geschichte des Reichstags von 1576 an mehreren Stellen interessante Aufschlüsse.

ständigkeit. Dafs er von den Vertretern der Städte ohne Mühe alles werde erreichen können, was er wünschte, darüber konnte er nach ihrem Verhalten im Jahre 1538 nicht im Zweifel sein. Es galt nun nur, den Einflufs der Städte auf ihre Vertreter soweit als möglich zu beseitigen, damit letztere der Regierung auch so weit zu Willen sein konnten, als sie gewifs gern wollten. Dem Brauche der Vollmachts-Vorschriften hatten die Städte bekanntlich damit geantwortet, dafs sie ihre Vertreter auf eine geheime Instruktion vereidigten. Liefs sich diese Vereidigung beseitigen, so war das Band zwischen den Städten und ihren Abgeordneten vollständig gelöst und das Ziel Philipps II. erreicht. Nachdem auf dem Reichstage von 1559 die Eröffnungs-Rede verlesen war, schritt der Präsident wie gewöhnlich zur Prüfung der Vollmachten. Während er aber sonst sich damit begnügt hatte, ihre Übereinstimmung mit der Vorschrift zu prüfen, verlangte er dieses Mal von jedem Abgeordneten die eidliche Versicherung, dafs er durch keine schriftliche oder mündliche Verpflichtung in der Freiheit seines Handelns beschränkt sei. Eine Anzahl Abgeordnete vermochten den verlangten Eid zu leisten, die meisten aber mufsten erklären, dafs sie durch ihre Instruktion gebunden seien. Nun liefs Philipp II. den betreffenden Städten die Weisung zukommen, ihre Vertreter von dem Eide zu entbinden, und der unkluge Eifer einzelner Korregidoren ging so weit, die Stadträte, die dem königlichen Briefe nicht sofort unbedingten Gehorsam erwiesen, einzusperren. So halb mit Überredung, halb mit Gewalt wurden diesmal die Instruktionen beseitigt, und das wiederholte sich noch mehrfach bei den nächsten Reichstagen. Allmählich wurde die königliche Forderung auf Beseitigung der Instruktion eine stets wiederkehrende Formalität, der niemand mehr Widerstand zu leisten gedachte, nie aber gelang es, die Instruktionen von vornherein gänzlich zu unterdrücken[13]. — Wenn Philipp II.

---

[13] Die Briefe, welche zwischen der Regierung, den Städten und den Corregidoren über die Lösung des Eides auf die Instruktion gewechselt wurden, sind in den ersten Bänden der Actas als Anhänge mitgeteilt. Es ist mir vollkommen unbegreiflich, wie Danvila y Collado, dessen Werk den Band V. adicional zu den Actas bildet, behaupten kann, Philipp II. habe zuerst im Jahre 1566 die Aufhebung der Instruktion verlangt, resp. den Vertretern einen Eid darüber abverlangt. Actas V. A. pg. 13. — Im Anhang zu Bd. I. der Actas findet sich bereits der Schriftwechsel der Regierung mit den Städten über diese Frage aus dem Jahre 1563, ebenso wie im Text bei

die beschränkten Freiheiten der kastilischen Cortes noch zu grofs waren, wie mufste ihm da erst das ausgebildete System von Privilegien widerstreben, mit welchem die Cortes der aragonischen Reiche ausgestattet waren? Da mufste der Regent selbst von der ersten bis zur letzten Sitzung am Ort des Reichstags weilen, mufste stets vor den Vertretern des Landes schwören, die Geldbewilligung konnte nie erfolgen, solange noch eine Klage unerledigt geblieben war, und jedem Aragonesen stand es frei, seine Klagen bis vor die versammelten Landesvertreter zu bringen. Und war all dies glücklich überwunden, dann genügte noch immer eine einzige abweichende Stimme, um alle Resultate monatelanger Beratungen wieder in Frage zu stellen. Schon Isabella die Katholische hatte eine Gelegenheit herbeigewünscht, um diese lästigen Privilegien zu beseitigen, aber weder ihr noch Karl V. hatte sich eine solche geboten. Karl V. hatte es nur dahin gebracht, dafs die Stände aller drei aragonischen Reiche gleichzeitig an einem Orte zusammentraten und ziemlich regelmäfsig alle drei Jahre ein servicio bewilligten. Erst Philipp II. fand eine Veranlassung, gegen die Privilegien wenigstens der Aragonesen einzuschreiten, als diese sich zu Gunsten des Antonio Perez dem Souverän widersetzten. Wenn ihn seine hervorragende Gerechtigkeitsliebe auch hinderte, diejenigen Vorrechte der Aragonesen anzutasten, die jedem einzelnen Unterthanen einen gröfseren Rechtsschutz gewährten, als er in den meisten anderen Staaten jener Zeit fand, so versäumte er doch keineswegs, in den ständischen Rechten alles das zu beseitigen, was die aragonischen Cortes bisher zu einer Quelle beständigen Mifsvergnügens gemacht hatte. Die Cortes von Tarazona wurden fast in ihrer vollen Dauer abgehalten, ohne dafs Philipp II. oder eine andere Person königlichen Geblütes denselben beigewohnt hätte. Nur der Schlufssitzung, dem solio, wohnte Philipp II. bei; allein auch dies hatte seine

---

der Prüfung der Vollmachten der Eid verlangt wird. Aus den Briefen von Soria geht aber hervor, dafs dort bereits bei dem vorhergehenden Reichstage von 1559—60 ein ähnlicher Streit vorging, der zur Verhaftung der Regidoren geführt hatte. Actas. I. pg. 407. — Dafs es aber damals noch etwas verhältnismäfsig Neues war, machen schon die scharfen Mafsregeln wahrscheinlich, mit denen von beiden Seiten vorgegangen wird. Noch wahrscheinlicher wird es dadurch, dafs Valladolid im Jahre 1563 einen Gesandten an den Hof schicken will, um den Brauch der geheimen Instruktion zu rechtfertigen. ib. pg. 404.

frühere Bedeutung eingebüfst, da allem Herkommen zuwider die wichtigsten Gegenstände der ständischen Beratungen schon im Laufe der Verhandlungen zu Gesetzen erhoben worden waren und die Bestätigung durch die Regierung und die Landesvertreter erhalten hatten. Endlich waren auch noch zwei wichtige Privilegien beseitigt worden, welche sonst den Cortes ein entschiedenes Übergewicht über die Regierung gesichert hatten: künftighin genügte, um einem Antrage Gesetzeskraft zu verleihen, eine Majorität in jedem der vier brazos, deren einstimmige Annahme bisher erforderlich gewesen war, und den Beschwerdestellern wurde ein bestimmter Termin für ihre Petitionen angewiesen, damit deren endlose Reihe die Verhandlungen des Reichstags nicht mehr wie bisher in endlose Länge ziehen konnte. So waren auch die Cortes von Aragon auf ein so bescheidenes Mafs von Befugnissen herabgedrückt, dafs sie der Regierung nicht mehr ernstliche Schwierigkeiten in den Weg legen konnten, denn auch hier fehlte es nie an willfährigen Werkzeugen, die es der Krone leicht machten, für ihre Anträge die erforderliche Majorität zu gewinnen[14]). Was die Cortes von Kastilien und Aragon vor dem Versinken in völlige Bedeutungslosigkeit bewahrte, das war das Recht der Geldbewilligung, und die Bedeutung dieses Rechtes wuchs um so mehr, je tiefer die Krone in ein wahres Meer von Schulden versank. Wir haben oben gesehen, wie die verhängnisvollen Gesetze Philipps II. über Bodenkultur, über Industrie und Handel alle aus dem Bedürfnisse hervorgingen, den Staatshaushalt in einigermafsen geordnetere Verhältnisse zurückzuführen. Der eigentliche Anstofs zu den verderblichen Verordnungen von 1575 war hervorgegangen aus Verhandlungen, die ähnlich wie die vom Jahre 1538 eine Tilgung der übermäfsig anschwellenden Schuldenmasse zum Zwecke hatten. Wie Karl V. damals den Landesvertretern einen Anteil an diesen Mafsregeln zugedacht hatte, so ging auch Philipp II. darauf ein, dem Lande eine Beteiligung an der Finanzordnung einzuräumen als Dank dafür, dafs es die Summen aufbringen wollte, mit denen sie ins Werk gesetzt werden sollte. Nur dafs er diesmal für sich die Weiterführung des Staatshaushalts mit den

---

[14]) Pidal, Aragon. III. pg. 169—210 teilt die Verhandlungen der Cortes von Taragona nach den Original-Urkunden ohne wesentliche Kürzungen mit. Seiner Auffassung, dafs Philipp II. das Land nicht unterdrückt habe, vermag ich mich nicht anzuschliefsen.

bisherigen Mitteln beanspruchte und es dem Lande überliefs, mit den Mitteln zugleich die Art und Weise festzustellen, wie die Masse der Staatsschulden getilgt werden sollte. Die Abgeordneten aber gaben bei dieser Gelegenheit einen neuen Beweis ihrer Unfähigkeit. In endlosen Unterhandlungen erhoben sie immer und immer wieder Prätentionen, die von vornherein für die Regierung gänzlich unannehmbar waren. Unzugänglich jeder verständigen Vorstellung gefielen sie sich darin, durch ihr Gewähren oder Verweigern Philipp II. ihre Macht fühlen zu lassen. Als aber dessen Geduld zu Ende ging, er die Unterhandlungen abbrach und die Beseitigung der drückendsten Geldnot selbst in die Hand nahm, da kannten ihre Bestürzung und ihre Reue keine Grenzen. Als es zu spät war, da endlich erklärten sie sich bereit, auf die verständigen Anträge Philipps einzugehen, da kamen sie sogar zu der Einsicht, dafs ihr erstes Verlangen den Staat, dessen Schulden sie zahlen wollten, gezwungen hätte, zur Befriedigung der laufenden Bedürfnisse neue Schulden zu machen [15]). Trotzdem mufste Philipp II. gegen das Ende seiner Regierung noch einmal seine Zuflucht zu den Cortes nehmen, und aus den Verhandlungen mit ihnen ging dann die Bewilligung der ersten Millionensteuer hervor. Damit aber schienen die Landesvertreter eine Stellung erlangt zu haben, wie sie vor ihnen wohl einige der revolutionärsten Reichstage beansprucht, noch nie aber eine solche Versammlung gesetzlich erlangt hatte. Jetzt war nicht mehr von einem stillschweigenden Vertrage die Rede, wie zur Zeit Heinrichs IV. oder auf dem ersten Reichstage Karls V., sondern eine ganze Reihe von Gesetzen wurde jetzt erlassen mit der Eingangsformel: Auf dem Wege des Kontraktes haben wir uns verpflichtet etc. etc. [16]). Aber freilich, diese Bedeutung war doch nur eine scheinbare. Schon Philipp III. war durchaus nicht gewissenhaft in der Ausführung der kontraktlichen Bedingungen, und Philipp IV. behandelte sie schon nicht mehr anders, als Karl V. und Philipp II. die gewöhnlichen Petitionen der Cortes, denen sie nach langer Überlegung die Bestätigung gewährten oder verweigerten, je nachdem

---

[15]) Actas. IV. pg. 124. Der Abbruch der Verhandlungen. ib. pg. 269. Von hoher Bedeutung ist die staatsmännisch höchst anerkennenswerte Rede, mit der Juan de Montemayor, Abgeordneter für Cuenca, den Gang der Verhandlungen kritisiert und die Gesichtspunkte für das fernere Verhalten der Cortes aufstellt. ib. pg. 277—82. Vergl. auch das folgende Kapitel.

[16]) Zum Beispiel l. 36. tit. 25. Lib. IV. Nueva Recop.

es ihnen gut dünkte. Die Sitzungen der Cortes waren schon längst herabgesunken zu einem elenden Markten, wobei die Vertreter der Städte nur so lange sich weigerten, den Vorteil ihrer Auftraggeber zu opfern, bis die ihnen selbst gebotenen Vorteile grofs genug erschienen[1]). Soll man es da beklagen, dafs Karl II.

[1]) Es ist vielleicht nur ein Zeichen von Einsichtslosigkeit, wenn die Cortes von 1544 den Antrag stellen, dafs nur nach Ablauf voller drei Jahre ein neuer Reichstag berufen werden könne. Colmeiro, Introd. II. 210. — Dagegen sind die Anträge über Geldbewilligungen ein zweifelloses Zeichen für den Verfall der Cortes. Die Bemühungen um Regelung der Diätenfrage beruhen auf verständiger Grundlage (1560 pet. 100 u. 1579 Actas V. pg. 410). Dagegen wachsen die Gratifikationen bedenklich. Ihre erste Bewilligung gehört wahrscheinlich dem Reichstage von 1558 an. Actas. I. pg. 195, doch können wir für diesen und den folgenden den Betrag derselben nicht feststellen. 1563 waren es 100 duc. Actas. I. pg. 214. — 1566 150 duc. ib. II. pg. 274. — 1570 200 duc. ib. III. pg. 144, ebenso 1573 IV. pg. 108. — Am 28. Nov. 1579 erhalten sie 125 000 mrs. V. pg. 577, am 24. Sept. 1580 300 duc. VI. pg. 402. — Ebenso votieren sich die nächsten Cortes eine doppelte Gratifikation Actas. VII. pg. 381 u. 613. Dabei mufs man aber berücksichtigen, dafs nicht nur die 4 cuentos mit dem servicio ordinario jedesmal bewilligt wurden, sondern dafs auch am Ende fast jedes Reichstags Gratifikationen verteilt wurden. Über die besonders reichen von 1573 siehe Actas. IV. pg. 564, auch VII. pg. 385. — Noch teurer wurden die Cortes dem Lande durch den stetig wachsenden Aufwand, den sie in der Teilnahme an Festlichkeiten, bei ihren Gottesdiensten u. s. w. entwickelten. Je besser die Abgeordneten sich bezahlen liefsen, desto nachlässiger wurden sie in Ausübung ihres Amtes. Seit 1566 wurde in jeder Sitzung eine Präsenzliste geführt, dennoch nahm das Unwesen des Zuspätkommens und Wegbleibens so überhand, dafs der Präsident 1579 den Vertretern drohte, ihre Auftraggeber zu benachrichtigen. Trotzdem hörte das Unwesen nicht auf. Actas. VI. pg. 486 ff. — Dieselben Abgeordneten kennzeichneten ihren Charakter dadurch, dafs sie an die Regierung den Antrag richteten, den Steuerdefraudanten ihr in Sevilla beschlagnahmtes Eigentum zurückzugeben. Actas V. pg. 504. — Neben so viel traurigen Zügen finden sich auch wieder einige Zeichen davon, dafs der Geist früherer Zeiten nicht ganz erstorben ist. In ihrer Erbitterung über die ungesetzliche Einführung neuer Steuern liefsen sich die Cortes von 1566 fünfmal mahnen, ehe sie das servicio ordinario bewilligten, und selbst da widersprachen noch 5 Vertreter. Actas. II. pg. 37 (14. Dez.) pg. 47 (20. Dez.) pg. 72 (30. Dez. 66) pg. 86 (3. Jan. 67) pg. 95 (8. Jan.). Ebenso verhielten sie sich beim servicio extraordinario. Dasselbe Schauspiel gaben die Cortes von 1576, um Herablassung des encabezamiento zu erzwingen. Actas. V. A. pg. 90. — Selbst die wenig achtenswerte Versammlung von 1579 erklärt das extraordinario erst nach Beantwortung ihrer Memorialien zu bewilligen. Dieselben erhoben auch die Forderung, dafs, solange die Cortes tagen, kein Gesetz erlassen werden soll, das ihnen nicht zuvor mitgeteilt wurde. Actas. V. pg. 424 u. VI. pg. 38.

während der 35 Jahre seiner Regierung es verschmähte, die Vertreter des Landes zu versammeln? Es war vielleicht besser, dafs so die Traditionen einer erbärmlichen Vergangenheit erst der Vergessenheit anheimfielen, ehe die Institution selbst unter neuen Verhältnissen eine neue Bedeutung erlangte.

VI.

Die Finanzen.

Wenn man bedenkt, welche Lobeserhebungen der grofsen Isabella für die Ordnung des zerrütteten Staatshaushaltes gespendet worden sind, wenn man die gewaltsamen und zum Teil ungerechten Mafsregeln in Betracht zieht, durch welche sie veräufsertes Krongut zurückerwarb, so ist man erstaunt, bei ihrem Tode eine Schuldenmasse vorzufinden, deren Verzinsung allein die Hälfte der gesamten Staatseinnahmen verschlang. Freilich hatte unter ihrer Regierung das Schatzamt noch weit trübere Zeiten gesehen. Solange der Krieg gegen Granada noch alljährlich dem Staate grofse Summen kostete, war manch liebes Mal die tiefste Ebbe in der Schatzkammer gewesen, und das jährliche Defizit schwoll zu der ansehnlichen Summe von mehr als 100 Millionen Maravedis. Damals hatten Ferdinand und Isabella bei ihren Unterthanen eine Anleihe gemacht, und es galt als ein überaus günstiges Zeichen, dafs ihre Rentenbriefe zu 10% Käufer fanden. Ja, kurz vor dem Falle Granadas war es so weit gekommen, dafs die Regierung nur noch über die kleinen, unsicheren Steuererträge verfügen konnte, während die grofsen, sicheren Eingänge in ihrem ganzen Betrage zur Schuldentilgung angewiesen waren. Da war es denn kein geringer Erfolg, dafs Isabella in den letzten zwölf friedlichen Jahren ihres Lebens dem Staate eine jährliche Rente von 30 cuentos de maravedis zurückerwarb und wenigstens die Hälfte der jährlichen Steuereinnahmen zur Deckung der laufenden Ausgaben verwendet werden konnte [1]). Nach ihrem Tode zeigte es sich erst, wie viel die Kastilianer ihr zu danken hatten. Ferdinand

---

[1]) Über die Anleihe vergl. Colmeiro, Introd. II. pg. 193 u. Pulgar. S. 379 u. 442. 1491 sind nur frei servicio y montazgo, salinas, almorifazgos.

der Katholische trachtete ausschliefslich darnach, möglichst grofse Summen in Sicherheit zu bringen, ehe ihm die unsichere kastilianische Erbschaft entrissen wurde, und eine einzige kriegerische Verwickelung genügte, den Staatshaushalt wieder in vollständige Verwirrung zu versetzen. An solchen aber fehlte es nicht lange. Schon bis zum Jahre 1509 stieg die Summe der jährlich zu zahlenden Schuldzinsen auf 180 cuentos und aller Voraussicht nach war bei Ferdinands Tode die Finanzlage noch weit ungünstiger[2]). Mit Genauigkeit anzugeben, welche Summen alljährlich vereinnahmt und verausgabt werden mufsten, sind wir freilich nicht im stande. Bei Isabellas Tode scheint das Budget mit ca. 320 cuentos beinahe im Gleichgewicht gewesen zu sein. Die steigenden Erträgnisse der kolonialen Goldwäschereien, weit mehr aber noch ein schärferes Anziehen der Steuerschraube scheinen Ferdinand in den letzten Jahren seines Lebens in stand gesetzt zu haben, beinahe 500 cuentos aufzubringen. Allein mindestens in gleichem Mafse müssen die Ausgaben und die Schulden gewachsen sein, denn Karl V. fand bei seinem Regierungsantritte die Finanzen in völliger Unordnung. Dafs diese während seiner Regierung nie gänzlich beseitigt werden konnte, das lag zunächst an den fast ununterbrochenen Kriegen, in welche Karl V. immer von neuem verwickelt wurde. Dann aber auch daran, dafs die Ausbildung des Steuersystems ganz und gar nicht Schritt zu halten vermochte mit dem Gange, den die wirtschaftliche Entwickelung des Landes unter Karl V. nahm. Das wird sich am klarsten daraus ergeben, wenn wir betrachten, in welchem Zustande Karl V. die einzelnen Faktoren des Staatshaushaltes von seinem Vorgänger übernahm und welche Veränderungen darin während seiner Regierung vorgingen.

Der älteste und bedeutendste Bestandteil der königlichen Einkünfte war die Alkabala. Vorübergehend eingeführt im Jahre 1341, um die Mittel zur Belagerung von Algesiras aufzubringen, war sie bald dauernd in allen Ländern der Krone Kastilien erhoben worden. Sie bestand in einem Prozentsatze des Preises, den bei jedem Kauf- und Tauschgeschäfte der Käufer zu ent-

---

ley 8. tit 11. Lib. IX. N. R. — Canga Arguelles II. pg. 237 behauptet, 1484 und 1487 habe das Defizit 112½ cuentos de mrs. betragen.

[2]) Für Schuldzinsen (juros) sind angesetzt im Budget von 1504 ca. 127 cuentos, 1505 ca. 135 cuentos. Col. de doc. ined. 39. S. 423. — 1509 180 cuentos nach Mariana, Hist. gen. tom. 9. S. 255.

richten hatte. Während die Höhe desselben in älterer Zeit mehrfach wechselte, war diese durch Ferdinand und Isabella in dem sogenannten cuaderno de alcabalas auf 10% festgesetzt worden. Die Erhebung der Alkabala im einzelnen hatte von jeher zu Schwierigkeiten aller Art Veranlassung gegeben: Regierung und Land waren daher übereingekommen, den Ertrag der Steuer für die einzelnen Bezirke abzuschätzen und es dann der lokalen Gesetzgebung zu überlassen, auf welche Weise sie das vereinbarte Pauschquantum aufbringen wollte; den Vertrag, der diese Verhältnisse regelte, nannte man encabezamiento, und der älteste, von dem wir Kunde erhalten, ist vom Jahre 1494. In ihrem Testamente, welches allerdings mehr ihrem Herzen als ihrem Regierungstalente Ehre macht, verordnete die Königin Isabella, das encabezamiento solle dem Lande auf ewig in dem damals vereinbarten Preise überlassen werden. Aber Ferdinand schon scheint diese Testamentsklausel nicht beachtet zu haben, denn im Jahre 1512 wurde ein neuer Vertrag über die Alkabala abgeschlossen[3]). Unter Karl V. scheint sie zuerst wieder im einzelnen erhoben worden zu sein, dagegen bemühten sich die Cortes von Anfang an, ein neues encabezamiento herbeizuführen, wie dies das Interesse des Landes erforderte. Auch Karl V. war geneigt dazu, nur wünschte er, dafs darin nicht wie bisher nur die Alkabala und der königliche Anteil an den Zehnten der Geistlichkeit inbegriffen sei, sondern dafs die Städte der Schatzkammer eine bestimmte Pauschsumme für den Ertrag aller in ihrem Kreise fälligen Steuern entrichten, die Erhebung derselben aber auf eigene Rechnung übernehmen sollten. Dann wollte er nicht nur auf die unter seiner Regierung ausgeschriebenen Steuererhöhungen, sondern überdies jährlich auf die Summe von 30000 Dukaten zu Gunsten des Landes verzichten. Allein auf diese Vorschläge, so verlockend sie erschienen, glaubten die Landesvertreter nicht eingehen zu können, und so kam es noch immer nicht zu einem allgemeinen encabezamiento; dagegen schlossen allerdings viele einzelne Bezirke mit der Regierung Ablösungsverträge, bei denen beide Teile wesentlich besser daran waren[4]). Auf die erneuten Bitten der Cortes bewilligte dann endlich im Jahre 1535 Karl V. ein allgemeines en-

---

[3]) Gallardo, Rentas. I. pg. 163 ff. — Cuaderno: tit. 17. Lib. IX. N. R. — encabezamiento: Campomanes. Ap. IV. pg. 203. Sandoval. I. S. 232. — Cortes de Leon y de Castilla. IV. pg. 239 ff.

[4]) ib. IV. S. 395. Cortes von 1523. pet. 87.

cabezamiento in der früheren Art und Weise. Für die Überlassung der Alkabala und des königlichen Zehntenanteils verpflichtete sich das Land zur jährlichen Zahlung von ungefähr 335 cuentos de maravedis, einer Summe, die gegen die Erträge unter Ferdinand dem Katholischen nur eine geringe Erhöhung aufwies und die nach dem Ausspruch der Cortes selbst nur einer Belastung von 5% auf die Kaufgeschäfte entsprach. Der Vertrag wurde zunächst nur auf 10 Jahre abgeschlossen, in der Folgezeit aber regelmäfsig unverändert verlängert, so dafs in diesem Zweige bis zum Regierungsantritt Philipps II. alles beim Alten blieb[5]).

Nächst der Alkabala bildeten die servicios die gröfste Rente der Regierung. Als aufserordentliche Steuern waren servicios schon in alten Zeiten unter verschiedenen Namen der Regierung bewilligt worden. Dann hatten Ferdinand und Isabella für die heilige Hermandad eine dauernde Steuer ganz nach Art der servicios erhoben; deren drückende Schwere war der vorzüglichste Grund, weshalb im Jahre 1495 die Hermandad eine andere Organisation erhielt. Da aber die Erträge der Steuer nur zu einem geringen Teile für die Hermandad verwendet worden waren, konnte die Regierung dieselben auch in der Folgezeit nicht entbehren. So kam es, dafs schon unter Ferdinand dem Katholischen ein servicio fast alle drei Jahre von der Regierung verlangt und von den Cortes bewilligt wurde. Der Form nach blieb das servicio immer eine aufserordentliche Steuer, deren Bewilligung von 3 zu 3 Jahren geschah; trotzdem kann man es füglich den ordentlichen Einnahmen beizählen, denn der erste Akt jedes neuzusammentretenden Reichstages war die Bewilligung dieser Steuer. Unter Ferdinand und längere Zeit noch unter Karl V. bewilligten die Cortes 150 cuentos, zahlbar in drei jährlichen Raten. Später-

---

[5]) ib. IV. S. 605. Die Angaben von Clemencin pg. 154—167 über Erträge der alcabala sind insofern falsch, als auch andere Steuern in den Summen miteinbegriffen sind. — Nach den Actas de las cortes an verschiedenen Stellen ergeben sich folgende Verträge:

1537—1546. 10 Jahr. 334 cts.
1547—1556 prolongiert auf 10 Jahr
1556—1561 desgl. auf 5 Jahr.

Vergl. ferner: Canga Arguelles I. pg. 51. — l. 4. tit. 14. Lib. VI. ley 5. tit. 6. Lib. VII. N. R. — Llorentes Angabe über die Gesamtsumme der Steuern von 1536 ist in dieser Form entschieden unrichtig. Rev. de Esp. I. pg. 334.

hin erforderten die höheren Bedürfnisse der Regierung gröfsere Summen, und der blühende Zustand des Landes ermöglichte es seinen Vertretern, dieselben zu gewähren. Damals wurde das servicio verdoppelt. Auf dem denkwürdigen Reichstage, den Karl V. im Jahre 1538 nach Toledo berief, erklärte er den Abgeordneten, die ausnahmsweise von allen drei Ständen berufen worden waren, dafs die zu verzinsende Schuldenmasse eine solche Höhe erreicht hätte, dafs das freie Einkommen des Staates nicht mehr genüge, die laufenden Bedürfnisse zu decken. Er liefs darauf den ständischen Versammlungen das Projekt zu einer Konsumtionssteuer von Fleisch unterbreiten, die von allen Konsumenten adligen wie bürgerlichen, geistlichen wie weltlichen, erhoben werden sollte, und deren Ertrag die Regierung ungefähr so hoch veranschlagte, wie den der Alkabala. Mit Hilfe dieser Steuer und mit dem servicio sollte unter Kontrolle des Landes der Staatshaushalt fortgeführt werden, während Karl V. mit Hilfe der übrigen Einkünfte in einem bestimmten Zeitraume die gesamte Schuldenmasse amortisieren wollte. Wir haben in dem vorhergehenden Kapitel gesehen, welche Beweggründe die Städte veranlafsten, das Projekt zu verwerfen. Darauf setzte Karl V. die Verhandlungen mit den Vertretern des dritten Standes allein fort. Bei dieser Gelegenheit wurden die verschiedensten Methoden in Betracht gezogen, wie der Regierung zu helfen sei, ohne das Land drückend zu belasten, auch das Projekt der Erhöhung des encabezamiento wurde damals in Betracht genommen, von der Regierung aber wieder fallen gelassen, da es auf ernstlichen Widerstand in den Cortes stiefs. Endlich einigte man sich dahin, dafs die Städte der Regierung ein zweites servicio in der Höhe von 150 cuentos auf 3 Jahre gewährten, welches zum Unterschied von dem Herkömmlichen als servicio extraordinario bezeichnet wurde. Dagegen verpflichtete Karl sich mit einem Eide, das Projekt der sisa nie wieder vorzubringen und auf alle aufserordentlichen Finanzoperationen, wie Verkäufe von Domänen, Gemeindeämtern, Adelsbriefen u. s. w. zu verzichten. Die Geringfügigkeit der neuen Bewilligung machte es Karl V. unmöglich, mit dieser neuen Steuer mehr zu erreichen, als eine notdürftige Befriedigung der unvermeidlichen Ausgaben; an eine Ordnung des Staatshaushaltes durch Beseitigung des Grundübels, der grofsen Schuldenmasse, war nicht zu denken. So konnte es denn auch nicht bei der einmaligen Bewilligung des servicio extraordinario bleiben, vielmehr wurde auch dieses zu einer regelmäfsigen Einnahme, bei der man nur alle drei Jahre die Neubewilligung vom Lande einholte⁶).

Dem Namen nach gab es in Kastilien noch eine grofse Anzahl von Steuern, die wohl für das Land belästigend waren, für den Staat aber wegen der Geringfügigkeit ihrer Erträge nur wenig in Betracht kamen. Von den dreierlei Zöllen waren die einen, die diezmos de la mar, ihm seit 1469 gänzlich entzogen, und was die puertos secos, die Grenzzölle gegen Aragon und Portugal, einbrachten, war ziemlich unbedeutend. Die almojarifazgos endlich zeichneten sich allerdings vor den erstgenannten durch reichere und beständig wachsende Erträge aus; aber auch sie brachten bis gegen das Ende der Regierung Karls V. noch nicht 100 cuentos in einem Jahre ein⁷). Die kleinen Steuern endlich, das servicio y montazgo, die Seidensteuer, die almadravas, avize, abuela und wie sie sonst noch heifsen mochten, blieben auch hinter den Zöllen noch weit zurück⁸).

Dagegen bezog die Regierung aus anderen Regalien nicht unbedeutende weitere Einkünfte. Seit dem Jahre 1509 war ihr durch päpstliche Bewilligung der Ertrag der cruzada, des Ablafshandels, zugesprochen worden, um dadurch die Mittel zum Kampfe gegen die Ungläubigen zu vermehren. Auch von dieser gilt, was von den servicios gesagt wurde; ihre Bewilligung durch den Papst erfolgte jedes Mal nur auf drei Jahre, allein sie wurde nur in den Zeiten offenkundiger Zerwürfnisse verweigert. Der Ertrag war in den ersten Jahren sehr bedeutend, sank aber unter Karl V. langsam herab; immerhin zog der Staat im Durchschnitt jährlich 75 cuentos daraus⁹).

Ähnlichen Ursprungs waren die Einkünfte aus den Ritterorden. Schon Ferdinand der Katholische war mit Bewilligung des Papstes

---

⁶) Gallardo, Rentas. III. S. 1 ff. — Colmeiro. Introd. I. S. 72 ff. Sandoval. II. S. 270. — Actas II. pg. 305. V. pg. 284. Insgesamt hat Karl V. allein von Kastilien an servicios gegen 5000 cuentos de mrs. oder ca. 16 Millionen Dukaten erhalten. Die gleiche Rechnung für Katalonien bei Bofarull. VII. S. 122 ergiebt 1 680 000 libr. cat. oder ca. 1¹/₁₀ Mill. Duk., ebensoviel gab Aragon und Valencia zusammen.

⁷) Vergl. die Zolltabellen oben Anm. 38. Kap. IV. S. 77.

⁸) Sie werden aufgezählt Cortes IV. pg. 606. 1534. pet. 86. — Vergl. Gallardo, Rentas. III. 292 ff.

⁹) Canga Arguelles. I. pg. 392. Col. de doc. ined. 81. S. 51 ff.

lebenslänglicher Grofsmeister der drei geistlichen Ritterorden Kastiliens gewesen; Adrian VI. vereinigte diese Würde für immer mit der Krone. Auch hieraus flofs der Krone eine jährliche Rente von ca. 75 cuentos zu.

Endlich begann schon unter Karl V. der spanische Kolonialbesitz zu einer Quelle beträchtlicher Reichtümer zu werden. Unter Ferdinand hatten noch in den letzten Jahren die Kolonieen nicht mehr als 50—70 000 Dukaten abgeworfen. Nach der Eroberung von Mejiko stieg der jährliche Durchschnitt ungefähr auf das Doppelte, einzelne Sendungen aber brachten schon das Drei- und Vierfache. Noch glänzender gestalteten sich die Verhältnisse nach der Eroberung von Peru. 1551 wird die Einnahme aus den Kolonieen auf 400 000 duc. veranschlagt, 1556 beträgt sie nachweislich 700 000 duc. und steigt noch immer. War aber die Einnahme an sich bedeutend, so machte sie die Regierung zu einer noch weit beträchtlicheren, indem sie in Geldverlegenheiten auch den Anteil der Privaten an den Goldsendungen aus den Kolonieen mit Beschlag belegte und diese mit Rentenanweisungen entschädigte. Die erste solche Zwangsanleihe machte wohl Karl V. bei Cortes, als er den Brautschatz konfiszierte, den dieser seiner zweiten Gemahlin sandte. Das erste Mal, dafs er das gesamte Edelmetall der Flotte für sich nahm, war im Jahre 1535, als der Zug nach Tunis ungewöhnliche Geldopfer verlangte; das ist dann in der Folgezeit noch mehrfach geschehen, bis in den ersten Jahren Philipps II. der Widerstand des Landes ein Verbot der Unsitte erzwang [10]).

Zu den Einnahmen, die man in dem Budget Karls V. als ordentliche, wenigstens als regelmäfsig wiederkehrende rechnen kann, kommen noch die servicios der aragonischen Länder. Was wir bisher erwähnten, waren ausnahmslos Einnahmen, welche den Ländern der Krone Kastilien entstammten. Über diese sind wir ziemlich gut unterrichtet, weil sie von der Regierung verwaltet wurden. Da aber in den aragonischen Landesteilen die Verwal-

---

[10]) Das Gesetz über den kgl. quinto: ley 1. tit. 10. Lib. VIII. Recop. de Indias. — Über die Goldmengen von Indien vergl. Soetbeer, pg. 51. Lexis in Conrad's Jahrbüchern. Bd. 34. S. 361 ff. — Beispielsweise 1556 261 cuentos. Lafuente VI. S. 546. — 1535 80 000 Duc. von Privaten gegen 3½% Schuldtitel aufgenommen. Col. de doc. ultramar. Bd. 42. S. 489. — Vergl. dazu Cortes 1537 pet. 103. IV. S. 671 u. 1555 pet. 110. Clemencin. pg. 294. — Herrera. Decas. V. S. 205. VI. S. 113. Verbot von 1567: ley 71. tit. 1. Lib. IX. Recop. de Indias.

tung des Staatshaushaltes ganz in der Hand des Landesausschusses war, sind über diese nur erst wenige unzusammenhängende Notizen in die Öffentlichkeit gedrungen. Ferdinand der Katholische hatte wohl als König von Aragon eine Art von Civilliste von diesem Lande bezogen, und darnach waren wohl auch die Summen berechnet, welche Karl V. als König von Aragon erhielt, solange er in diesem Lande Hof hielt. Wenn er aber in Kastilien oder gar in Deutschland weilte, konnte er durchaus auf keine ordentlichen Einkünfte aus den aragonischen Ländern rechnen. Selbst zu den Kriegen, deren Vorteile auch ihnen zu gute kamen, zahlten sie keine Beisteuer. Das Einzige, was Karl V. von ihnen erreichte, war, daß ihm die Cortes der drei Länder alle drei Jahre, wenn er persönlich ihre Reichstage abhielt, ein servicio von 600 000 Dukaten bewilligten. Davon brachte Katalonien als das reichste die Hälfte auf, Valencia aber nur 100 000 Dukaten [11]).

Unter den außerordentlichen Hilfsmitteln, durch welche Karl V. seine Einkünfte zu erhöhen suchte, verdienen in erster Linie die juros genannt zu werden. Es waren dies zeitliche, lebenslängliche oder auch erbliche Rentenanweisungen, die von den Erträgen bestimmter dazu angewiesener Steuern bezahlt wurden. Als Gnadengeschenke wurden solche juros schon in alter Zeit verliehen, Heinrich IV. hat damit sogar arge Verschwendung getrieben. Wahrscheinlich sind sie aber auch schon zu seiner Zeit als Finanz-Operation benutzt worden. Gewiß ist dies unter Ferdinand und Isabella geschehen. Der Käufer einer solchen Rente zahlte den 10—14fachen Betrag derselben als Kapital an den Staat, erhielt aber dafür das Recht, seine Rente von den Steuerpächtern sich auszahlen zu lassen, ohne daß das Geld erst in die Staatskassen gelangte. Solange die juros in dieser Weise pünktlich bezahlt wurden, war alles gut; wenn aber die Finanznot dringend wurde, hielt die Regierung manchmal die Zahlungen ganz oder teilweise zurück. Das diente natürlich einesteils dazu, die juros unter den Nominalwert herabzudrücken, andererseits ermöglichte es die Spekulation, die schlechten juros billig aufzukaufen, dem Staate aber sie zum Nennwerte als Zahlung zu leisten, ein Mittel, wodurch die Staatsgläubiger unter Philipp II. den Staatsschatz in immer tiefere Bedrängnis stürzten. Auch Karl V. hat durch den Verkauf solcher Rentenbriefe große

---

[11]) Bofarull. VII. S. 122.

Summen in die Staatskasse fliefsen lassen, und da er überall durch die Gewissenhaftigkeit bekannt war, mit der er seinen finanziellen Verpflichtungen nachkam, konnte er den Zinsfufs der Rentenbriefe von 10 % auf 7 1/2 % herabsetzen; dafs diese dennoch dem Staate wesentlich mehr kosteten, kam daher, dafs sie meist zur Deckung schwebender, höher verzinster Schulden verwandt wurden, wobei die Gläubiger sich den Unterschied des Zinsfufses natürlich in Kapital vergüten liefsen. Welche Summen auf diese Weise flüssig gemacht worden sind, können wir freilich auch nicht annähernd ermitteln. Nur so viel steht fest, dafs Karl V. nicht einmal die zehnprozentigen Anweisungen von Ferdinand und Isabella, geschweige denn die von ihm selbst unter günstigeren Bedingungen in Kurs gesetzten juros jemals wieder einlösen konnte [12]).

Juros aber waren nicht das Einzige, was verkauft wurde; bald waren es Legitimationen natürlicher Kinder, bald Adelsbriefe, bald neugeschaffene Stellen in den Gemeinderäten, bald Bildung selbständiger Gerichtsbezirke, was zur Füllung des Staatssäckels für Geld feil war. Selbst den Eid, den Karl V. den Cortes von 1538 geleistet hatte, scheint er nach dieser Richtung nicht allzu gewissenhaft gehalten zu haben. Natürlich mufste die in Spanien ganz besonders reiche Geistlichkeit nicht minder dazu beitragen, der Leere des Staatsschatzes zu begegnen. Zum Bau des Ebrokanales bewilligte Clemens VII. in Aragon dem Könige den gleichen Anteil an dem Zehnten, wie er ihn von alters her in Kastilien besafs; ein anderes Mal gestattete er ihm den Verkauf von Gütern der Ritterorden, dann wieder von solchen der Kirchen und Klöster in beträchtlichen Beträgen. Überdies mufste hauptsächlich die Geistlichkeit die sogenannten donativos oder freiwilligen Spenden aufbringen. Ein Erzbischof von Toledo erhielt diese Pfründe nur unter der Bedingung, dafs er von ihren reichen Einkünften jährlich 35 000 Dukaten an die Krone abtrete [13]).

---

[12]) Fast der ganze Ertrag des encabezamiento war auf diese Weise veräufsert, und zwar begann dies sofort nach Abschlufs des Vertrags. Actas. III. pg. 124.

[13]) Ein Verzeichnis der arbitrios giebt Canga Arguelles. I. pg. 205. Doch ist dies mit Vorsicht zu benutzen, da Canga häufig die Münzsorten (maravedis und reales) verwechselt und sehr flüchtig ist. Teilweise waren solche Verkäufe gesetzlich geregelt. Vergl. tit. 20 u. 21. Lib. VIII. Recop. de Indias. Vergl. ferner l. 12. tit. 2. Lib. VI. l. 14. tit. 3. l. 11. tit. 7. Lib. VII. N. R. — Die kgl. Bibl. zu Dresden besitzt die Abschrift der Ur-

Die Kontributionen und Anleihen, die Karl bald in Italien, bald in England, bald in Portugal machte, können wir wohl übergehen, da sie mehr seiner internationalen als der spanischen Finanzpolitik angehören.

Was mit all diesen ordentlichen und aufserordentlichen Hilfsmitteln im Durchschnitt jährlich vom Lande aufgebracht wurde, können wir nur ungefähr abschätzen. In den ersten Jahren seiner Regierung waren es gewifs nicht mehr als fünf- bis sechshundert cuentos de maravedis oder ca. 1½ Million Dukaten, und auch bis in die letzten Jahre seines Lebens hat wohl nie die Staatseinnahme eines Jahres die Summe von 1000 cuentos erreicht[14]). Das ist um so bedeutungsvoller, als gerade in dieser Zeit der Geldwert in Spanien mit ungewöhnlicher Schnelligkeit sank. Man kann nachweisen, dafs für Spanien der Wert des Geldes von 1502 bis 1552 gerade auf ⅓ herabgesunken ist. Wendet man dies auf das Budget der Einnahmen unter Karl V. an, so zeigt es sich, dafs die Steuerlast, welche er dem Lande aufbürdete, nicht nur nicht gestiegen, sondern sogar um ein Drittel erleichtert worden ist[15]). Wenn auch die Cortes nie die Unklugheit begingen, dies offen zu erklären, so haben sie es doch indirekt wiederholt anerkannt während der Verhandlungen, die zwischen ihnen und Philipp II. über die Erhöhung der Alkabala gepflogen wurden.

Wenn es wenigstens ungefähr möglich war, die Staatseinnahmen in der Zeit Karls V. zu ermitteln, so fehlt es uns dagegen fast ganz an Anhaltepunkten, um das Budget der Ausgaben für dieselbe Zeit aufzustellen. Wir wissen nur so viel, dafs infolge der beständigen Kriege das Extraordinarium bei weitem die ordentlichen Ausgaben überwog. Auch so aber verschlangen Heer und Flotte die gröfsten Summen im Ordinarium. Während Ferdinand für das Heer 80—100 cuentos, für die Flotte aber überhaupt

---

kunde, durch welche der Ort Barajas von der Gerichtsbarkeit von Huete eximiert wird vom Jahre 1553; Karls V. Eid ist von 1538. v. s Anm. 6.

[14]) Die venet. Gesandten geben folgende Summen an: 1526 1 Million Duc., 1532 1½ Million, 1546 1 800 000 Duc., 1551 2¾ Mill. Letzteres ist unbedingt übertrieben, wie sich an den einzelnen Posten nachweisen läfst. Als Gegenstück giebt Llorente 1536 nur 412 cuentos, 1553 500 cuentos. Rev. de Esp. I. pg. 334 und eine Rechnung der contaduria von 1557 nur ca. 350 cuentos. Lafuente VII. S. 27.

[15]) Vergl. den Exkurs über die Preise.

keinen besonderen Posten in sein Budget aufgenommen hatte, verausgabte Karl V. jährlich über 150 cuentos für beide. — Die Cortes klagen wohl oft genug über den teuren Hofhalt Karls V. im Vergleich mit dem, was seine Vorgänger zu diesem Zwecke verbrauchten; sie vergafsen aber, dafs gerade hier die Geldentwertung am unmittelbarsten fühlbar werden mufste, dafs also die Verdoppelung des Aufwandes, welche thatsächlich eintrat, durchaus noch kein ungünstiges Verhältnis darstellte. Vielleicht hat Philipp II. aufser den religiösen Neigungen seines Vaters keinen Charakterzug so unbedingt geerbt, wie dessen Sparsamkeit; trotzdem aber verdoppelten sich unter ihm die Kosten des Hofhaltes noch einmal [16]).

Alle venetianischen Gesandtschaftsberichte stimmen darin überein, dafs die ordentlichen Ausgaben bei weitem nicht die gesamte regelmäfsige Einnahme aufzehrten, dafs aber die fortwährenden aufserordentlichen Erfordernisse selbst mit den oben erwähnten Finanz-Operationen kaum befriedigt werden konnten. Es darf uns daher nicht wundern, dafs beim Tode Karls V. auch die Staatsschuld nicht unbedeutend angewachsen war. Die Berichte über deren Höhe um die Mitte des Jahrhunderts weichen freilich sehr stark voneinander ab; auffallenderweise aber sind die zuverlässigsten Angaben gleichzeitig die niedrigsten. Nach diesen mufs man die Staatsschuld, die Philipp II. von seinem Vater übernahm, abgesehen von den erblichen und lebenslänglichen juros, auf ca. 20 Millionen Dukaten schätzen [17]).

Die ersten Jahre Philipps II. stellten aber ganz besonders hohe Anforderungen an den Staatssäckel. Der Krieg gegen Frankreich kostete enorme Summen, und da Italien und die Niederlande finanziell erschöpft waren, fiel mehr als sonst die Last des Krieges auf Kastilien. Zunächst suchte Philipp das so entstehende Defizit mit den üblichen Verkäufen zu beseitigen [18]). Allein wenn man

---

[16]) 1525 betrugen die Ausgaben nach Contarini ca. 700 000 Duc. im Ordinarium, 1551 etwas über 1 Mill. nach Cavalli. Albéri. IV. S. 12 u. 197.

[17]) So rechnet Philipp II. selbst. Weifs VI. S. 156 ff. Novoa citiert einen unauffindbaren Brief Karls V. an seinen Sohn, worin er die Staatsschuld auf 60 Mill. escudos angiebt. Col. de doc. ined. 61. S. 413. — Woher Beer, Welthandel. I. S. 147 Anm. die 35 Mill. Duc. als Schuld Karls V. hat, vermag ich nicht zu ergründen. Die juros im Budget von 1557 bei Lafuente VI. S. 27 ergeben ca. 50 Millionen Dukaten.

[18]) Über die Ausdehnung der Verkäufe kann man sich nach den folgenden Citaten eine Vorstellung machen. Cortes v. 1560 pet. 5. 1563. pet. 6—16. 30. 31. 57

auch in den nächsten Jahren damit fortfuhr, so liefs es doch Philipp II. keineswegs an Eröffnung dauernder neuer Einnahmequellen fehlen. Im Jahre 1558 wurde die Alkabala, diese drückendste aller Steuern, auch in den Kolonieen eingeführt. Anfänglich sollte sie nur in der Höhe von 2% erhoben werden, je drückender aber die Geldnot wurde, um so mehr wurde sie erhöht [19]).

Ähnlich erging es mit einer anderen, in demselben Jahre neueingeführten Steuer. Philipp II. belegte nämlich die auszuführende Wolle mit einem hohen Zolle. Anfänglich genofs die Ausfuhr nach den Niederlanden noch einige Begünstigung, als sich aber die Stimmung gegen diese verschärfte, je mehr der Aufstand daselbst einen ernsteren Charakter annahm, wurden sie mit den anderen Ländern gleichgestellt. Der Zoll stieg von 1558 bis 66 von 1 auf 4 duc. für den Ballen und brachte dem Staatssäckel 30 cuentos ein [20]). Einen Schritt von weit gröfserer Tragweite unternahm Philipp II. in dem folgenden Jahre, indem er das System der Kronmonopole einführte. Die Veranlassung dazu war die Entdeckung von Silber- und Quecksilberminen in Spanien, und da dies letztere gerade jetzt, wo man die Methode der Gold- und Silbergewinnung durch Legierung mit Quecksilber kennen lernte, eine ganz besondere Bedeutung gewann, wurden alle Minen von Quecksilber, von Gold und von Silber als Monopole erklärt [21]). In demselben Jahre, 1559 kaufte auch Philipp II. die sogenannten diezmos de la mar, d. i. die Zölle in den nördlichen Häfen Spaniens vom Condestable zurück, in dessen Familie sie über ein Jahrhundert sich vererbt hatten, um durch strengere Steuererhebung

— 1566 pet. 5. 6. 24. — 1571 pet. 5. 6. 24. 26. — 1573 pet. 4. 5. 41. — 1576 pet. 2. 4. 19. 29. 46. 56. — 1579 pet. 6. 7. 95. — 1583 pet. 3. 5. 41. 42. 68. 69. u. s. w. Ferner: Actas. II. pg. 145. 164. — III. S. 39. 62. 159. — IV. S. 126. 208. — V. S. 562. — VI. S. 613. — VII. S. 208. 211. 330. 466. 521. 618. 725 u. s. w. — Vergl. l. 14. 22. 23. tit. 3. Lib. VII. N. R. — Geistliche Güter: Canga Arguelles. II. S. 285.

[19]) Schon Karl V. soll die Absicht gehabt haben. Herrera. Decas. V. S. 203. — Das Gesetz von 1558 ley 1. tit. 13. Lib. VIII. Recop. de Indias. Vergl. Canga Arguelles. I. S. 56.

[20]) Pragm. 1. 2 u. 3. ley 1. tit. 32. Lib. IX. N. R.

[21]) Monopolisiert waren damals: Gold, Silber, Quecksilber, Salz, Spielkarten. ley 4. tit. 13. Lib. VI. N. R. und ley 1. 13. 15. tit. 23. Lib. VIII. Recop. de Indias. — Salz allein bringt 1566 150 cuentos Venturini, die Silbermine von Guadalcanal 1560 506 000 rls. Canga Arguelles. I. S. 383.

sich gröfsere Einnahmen zu verschaffen[22]). Alle diese Mafsregeln aber waren von untergeordneter Bedeutung neben denen der nächstfolgenden Jahre. Alle die oben erwähnten Neuerungen hatte Philipp II. auf Grund seiner königlichen Machtvollkommenheit vorgenommen, ohne die Bewilligung durch die Cortes einzuholen. Da er aber dazu teils wirklich berechtigt war, teils das Land das dringende Bedürfnis anerkannte, teils endlich die neuen Lasten nicht allgemein bedrückende waren, blieb es bei gelegentlichen unbedeutenden Protesten[23]). Nur so war es möglich, dafs sich Philipp II. im Jahre 1561 an die Cortes mit dem Ansinnen wenden konnte, der Regierung neue Mittel zur Verfügung zu stellen, da sie mit den bisherigen nicht im stande sei, ihrer Aufgabe zu genügen. Philipp II. hatte eine Erhöhung der Alkabala ins Auge gefafst, und es waren allerdings Gründe genug vorhanden, eine solche berechtigt erscheinen zu lassen. Das Land zahlte noch immer dieselbe Abfindungssumme, über die es sich 1534 mit Karl V. geeinigt hatte unter Zugrundelegung eines Steuersatzes von 5%. Nun war aber nach dem Buchstaben des Gesetzes der normale Steuersatz der doppelte, überdies war seit 1534 nicht nur Handel und Wohlstand im Lande schnell zu einer hohen Blüte gelangt, sondern überdies war der Wert des Geldes nicht unbedeutend gesunken, so dafs die Summe des laufenden encabezamiento höchstens noch einem Steuersatze von 2—3% entsprach. Wenn es auch Aufgabe der Regierung war, dem Lande die Steuerlast so leicht als möglich zu machen, so war es doch nicht weniger die Verpflichtung des Landes, der Regierung die notwendigen Geldmittel zur Verfügung zu stellen, solange man ihr nicht einen Mifsbrauch derselben vorwerfen konnte. So kam denn auch verhältnismäfsig schnell eine Einigung dahin zustande, dafs das Land in die Erhöhung der Ablösungssumme für die Alkabala um 37%, d. h. auf 450 cuentos willigte, während Philipp II. sich eidlich verpflichtete, mit den Veräufserungen aller Art Einhalt zu thun und keine neuen Steuern ohne Bewilligung der Cortes zu erlassen[24]). Bereicherte schon dies die Regierung jährlich um beinahe hundert cuentos, so wurde ihr fast gleichzeitig auf anderem Gebiete eine noch ergiebigere Einnahmequelle eröffnet. Philipp II. hatte sich

---

[22]) Cabrera. I. S. 168.
[23]) Actas. II. S. 38. 286. — III. S. 37 ff. u. s. w.
[24]) ib. I. S. 160 u. II. S. 305.

an den Papst gewendet mit der Bitte, ihm zum Zwecke des Kampfes gegen die Ungläubigen eine Steuer auf den reichen Klerus Kastiliens zu bewilligen. Für den Türkenkrieg aber glaubte Pius V. keine zu grossen Opfer bringen zu können, und so bewilligte er im Jahre 1561 dem Könige eine jährliche Unterstützung von 420 000 Dukaten zur Ausrüstung der Mittelmeerflotte[25].

Ein venetianischer Gesandter berechnet, dass Philipp II. bis 1563 seine ordentlichen Einnahmen um 800 000 Dukaten vermehrt habe. Dennoch brachte das Jahr 1564 abermals eine bedeutende Neubelastung des Landes. Nachdem der Weg der Staatsmonopole einmal betreten war, lag es nahe, dieselben auf weitere Artikel auszudehnen, deren bedeutender Verbrauch mit Sicherheit hohe Einnahmen in Aussicht stellte. Solche Gesichtspunkte waren maßgebend für die im Jahre 1564 erfolgte Einführung des Salzmonopols. In vielen Landesteilen war das Salz von alters her Regal, aber teils im Gnadenwege veräußert, teils verpachtet. Alles dies wurde jetzt rückgängig gemacht und durch Verallgemeinerung des Monopols abermals eine Rente von 150 cuentos gewonnen. Seine ungesetzliche Einführung verursachte eine ungeheure Opposition, die, wenn sie auch schließlich erlag, doch auch für die Regierung manche Unannehmlichkeiten mit sich brachte[26]. Philipp II. war unklug genug, diesem Verfassungsbruche binnen kurzem einen zweiten folgen zu lassen, der dem Staate weit weniger einbrachte, in seiner Bedrückung aber nicht viel weniger fühlbar war. Im Jahre 1566 wurden die Zollsätze der almojarifazgos für Aus- und Einfuhr fast ausnahmslos verdoppelt; gleichzeitig aber wurde auch in allen Häfen eine strengere Erhebung der Zölle angeordnet, was wesentliche Belästigungen, besonders in den Binnenhäfen, zur Folge hatte[27]. Es war natürlich, dass unter diesen Umständen von den Cortes kaum die herkömmlichen, geschweige denn neue Bewilligungen zu erlangen waren. Aber auch in dem geistlichen Stande regte sich eine bedenkliche Opposition. Philipp II. hatte im Jahre 1567 eine neue Bewilligung geistlichen Einkommens vom Papste erlangt. Es war dies gewiss nicht mehr als billig. Schon lange vor dem Re-

---

[25] Canga Arguelles. IV. S. 146.
[26] Vergl. Anm. 21.
[27] l. 1. tit. 22. Lib. IX. N. R. u. l. 1. tit. 15. Lib. VIII. Recop. de Indias.

gierungsantritte Philipps II. klagten die Cortes, daſs der Klerus im Besitze von der Hälfte des gesamten spanischen Bodens sei. Dabei aber vermehrten sich die Liegenschaften beständig, und ungerecht war es, daſs der weltliche Stand die stetig wachsenden Lasten für alle die Bezirke mitaufbringen muſste, die in geistliche Hände übergingen. Selbst das Projekt, den Kirchen und Klöstern ihren ganzen Grundbesitz abzunehmen und sie dafür auf Staatskosten zu unterhalten, tauchte wohl hin und wieder auf, allein seine Durchführbarkeit erschien doch allzu zweifelhaft. Die Abgabe aber, welche der Papst unter dem Namen des escusado im Jahre 1567 bewilligte, bestand darin, daſs der Zehnte von dem einträglichsten Hause jedes Zehntbezirkes nicht der Geistlichkeit, sondern der Krone zu gute kommen sollte. Aber dies Mal gehorchte der Klerus nur zögernd dem päpstlichen Gebote, und erst als der Krieg der heiligen Liga allgemein zu neuen Opfern begeisterte, konnte die Krone ihr Recht zur Geltung bringen [28]). Der Krieg gegen die Moriskos in Granada brachte zuerst der Regierung nicht unbedeutende Ausfälle in ihren Einnahmen. Allein auch hier griff Philipp II. zu, um dies zu ersetzen, und wenn dies nicht ganz geschah, ist es nur dem Umstande zuzuschreiben, daſs die renta de poblacion den Kolonisten in eine geradezu unerträgliche Lage versetzte [29]).

Von seinem Regierungsantritte bis zum Jahre 1573 hatte Philipp II. die Staatseinnahmen beinahe verdoppelt, und man müſste glauben, daſs er damit den Staatsschatz mindestens in gute Ordnung gebracht hätte. Nichts aber entsprach der Wirklichkeit weniger, als diese Annahme. Das Bild, welches die Regierung vor den Cortes von 1571 und 1573 entrollte, ist eines der trostlosesten. Die ordentlichen Einnahmen des Staates waren schon für die nächsten fünf Jahre vorausverwendet, die situierte Schuld hatte die bedenkliche Höhe von 35 Millionen Dukaten erlangt, ohne die lebenslänglichen Renten; daneben stand aber noch eine schwebende Schuld von ungefähr 7 Millionen Dukaten, der man keine Einkünfte mehr hatte anweisen können. So könnte es nicht fortgehen, erklärten die Vertreter der Regierung, dem Lande aber solle es überlassen bleiben, die gelindesten Mittel zur Beseitigung dieses Krebsschadens aufzusuchen. Es war dies nicht

---

[28]) Canga Arguelles, III. S. 192.
[29]) Gallardo, Rentas, III. S. 272.

der erste Versuch, den Philipp II. machte, um dem Übel die Axt an die Wurzel zu legen. Schon im Jahre 1563 hatte er versucht, die Cortes zur Tilgung der Staatsschulden zu bewegen. Damals waren seine Wünsche noch sehr bescheiden: er wollte im Wege einer niedrig zu verzinsenden Anleihe vom Lande die Mittel bewilligt haben, um wenigstens die kostspieligsten Schulden, die 10prozentigen juros, einlösen zu können. Allein selbst dazu waren die Cortes nicht zu bewegen gewesen[30]). Wie die Not gestiegen war, so waren auch die Anforderungen Philipps II. im Jahre 1571 schon bedeutend höher geworden. Jetzt handelte es sich nicht mehr um die Beseitigung einzelner, besonders drückender Schulden, sondern das Land sollte die Ablösung der gesamten Staatsschuldenmasse übernehmen. Die Regierung unterbreitete dem Reichstage einen vollständigen Entwurf dazu. Derselbe beruhte im wesentlichen auf dem Prinzipe, daß das Land die bestehenden Steuern nach ihrem gegenwärtigen Reinertrage vom Staate pachten, dann aber im Wege ständischer Verwaltung sie in der Weise erhöhen sollte, daß für die zur Ablösung der Schulden nötige Zeit etwa ein Mehrertrag von 1 Million Dukaten erzielt werde. Dazu könnte dann noch eine neue Steuer, etwa auf Papier, ausgeschrieben werden, die eine weitere halbe Million abwerfen müßte. Das würde doch einen Anfang ermöglichen. Da aber alle frei werdenden Eingänge dem Lande zu gute kommen sollten, würde diese Methode mit wachsender Geschwindigkeit und in absehbarer Frist im stande sein, das Schuldkapital zu tilgen. Die Regierung verpflichtete sich, als Gegenleistung sich auf 30 Jahre mit dem jetzigen Reinertrag der Steuern zu begnügen und keine neue Veräußerung von Staatseinkünften vorzunehmen[3]). Es ist ein untrügliches Zeichen für den großen Wohlstand und die günstige Finanzlage des Landes, daß die Cortes von 1573 die Durchführung der Schuldentilgung in dieser oder einer ähnlichen Weise durchaus nicht für undurchführbar hielten. Sogleich nach Eröffnung des Reichstages wurde eine Kommission damit beauftragt, von der wirklichen Finanzlage der Regierung genaue Kenntnis zu nehmen und darnach sich mit dieser über einen Modus der Schuldentilgung zu einigen. Der Kommission lagen zu diesem Zwecke verschiedene Projekte vor, allein von vornherein wurde nur das Eine

---

[30]) Actas. I. S 169 ff. 181 ff. IV. S. 284. VI. S. 339 ff.
[31]) Actas. III. S. 311—326.

ernstlich in Betracht genommen, welches schon vor zwei Jahren berücksichtigt worden war. Nach kurzer Zeit schon konnte die Kommission den Entwurf eines Vertrages in 13 Artikeln vorlegen, nach welchem die Schuldentilgung geregelt werden sollte. Darin verlangte sie für das Land vollkommen unabhängige Verwaltung des Tilgungsfonds und Überlassung aller frei werdenden Einkünfte zu demselben. Ferner sollte ihm die Regierung Alkabala und Salzmonopol in den augenblicklichen Erträgen auf immer überlassen, alle neu eingeführten Steuern abschaffen, keine Verkäufe mehr vornehmen und überdies dem Lande eine neue Steuer von den encomiendas der Kolonieen zum Zwecke der Schuldentilgung überlassen. Endlich sollte in allen streitigen Punkten das Ministerium der Justiz die entscheidende Behörde sein. Die Antwort der Regierung verlangte nur eine wesentliche Änderung: die Belassung der neuen Steuern bis nach geschehener Schuldentilgung; als aber die Landesvertreter darauf nicht eingehen zu können glaubten, wurde den Städten, als der ausschlaggebenden Instanz, der Stand der Verhandlungen bekannt gegeben. Vor deren Weisheit aber sank all das mühsam Geschaffene wieder in den Staub. Nicht zwei von ihnen stimmten in ihren Ansichten über das Projekt überein, vielmehr verlangten sie so undenkbare Dinge, daſs man den Antrag dahin formulieren muſste, es möge die Schuldenmasse auf die Bezirke repartiert, der Tilgungsmodus aber diesen überlassen werden[32]). Da riſs Philipps Geduld. Am 1. Sept. 1574 brach er die Verhandlungen ab und am 15. teilte er den Cortes ein Dekret mit, durch welches die Zahlung der Schuldzinsen suspendiert wurde, um mit den Staats-Gläubigern Abrechnung zu halten. Am 20. September folgte ihm der Antrag, die Abfindungssumme für die Alkabala um 2½ Million Dukaten zu erhöhen. Und das Wunderbarste in der ganzen Angelegenheit war, daſs die Cortes, die sich so lange nicht entschlieſsen konnten, unter der Garantie ständischer Verwaltung in eine Erhöhung der Steuern zu willigen, jetzt weit weniger Schwierigkeiten machten, eine fast gleiche Summe der Regierung ohne die geringste Garantie zur Verfügung zu stellen. Es blieb freilich kein Geheimnis, auf welche Weise die Sinnesänderung bei den Abgeordneten bewirkt wurde, sicher aber durfte Philipp II. sich sagen, daſs das Geld

---

[32]) ib. IV. S. 91. Erster Vertragsentwurf: S. 124 ff. — Zweiter: S. 151 ff. Am 22. Dez. 1573 Circular an die Städte S. 171 ff. Unterdes werden die Verhandlungen der Cortes über das desempeño fortgesetzt. Vergl.

wohl angewendet war, mit dem er die Stimmen der Vertreter gekauft hatte[33]). Die Manipulationen des Jahres 1574 brachten Philipp II. den doppelten Vorteil, dafs sie ihn von einer bedeutenden Schuldenlast befreiten und ihm gleichzeitig bedeutende neue Einnahmen zur Verfügung stellten. Dagegen brachten sie den Nachteil mit sich — und das war von der Regierung weit unterschätzt worden —, dafs sie ihren Kredit im In- und Auslande ruinierten. Karl V. hatte bis an sein Lebensende durch pünktliche Erfüllung seiner Verpflichtungen den Kredit Spaniens unangetastet erhalten. Die ersten Erschütterungen erlitt derselbe in den ersten kriegerischen Jahren Philipps II. Einmal im Jahre 1557 und dann 1560 nochmals war er nicht im stande, zu den versprochenen Terminen Zahlung zu leisten, so dafs sich, aufser den Genuesen, fast alle Finanzmächte von den spanischen Geldgeschäften zurückzogen. Auf das Dekret von 1574 entzogen ihm aber auch diese den Kredit, und die Folge davon war, dafs Philipp II. unmittelbar nach diesen anscheinend so günstigen Finanzoperationen in der schlimmsten Verlegenheit war von allen, die ihn betroffen. Damals konnte er nach fünfwöchentlichem Suchen keinen Bankier finden, der seine Wechsel für die Niederlande annahm[34]). Nun kam aber hinzu, dafs bei weitem die Mehrzahl der kastilischen Städte dem neuen encabezamiento die Eintreibung der Alkabala im einzelnen vorzogen, und diese ergab nirgends so viel, als angesetzt war, sondern oft nur die Hälfte, manchmal nur ein Drittel. Vergebens bemühten sich die Corregidoren, die Städte zur Annahme des encabezamiento zu bestimmen, und selbst, nachdem auf dem Reichstag von 1576 eine Million Dukaten von der Erhöhung nachgelassen worden war, bedurfte es

---

S. 178 ff. 221 ff. — Schon 1559 hatten die Inhaber der encomiendas 8 Mill. Duk. geboten, wenn ihnen diese als Eigentum überlassen würden. Alberi, VIII. S. 344; jetzt sollte dies gegen eine dauernde Steuer geschehen. Actas. IV. S. 102 u. 206.

[33]) ib. IV. S. 282—311. Die Erhöhung der Alkabala betrug 937½ cuentos: davon sollten 270 cts. auf die verpachtete, 266 cts. auf die im encabezamiento begriffene alcabala entfallen. Brot und Wein, die bisher frei waren, sollten mit 330 cts. und die tercias mit 70 cts. belastet werden. ib. S. 299. Navarrete S. 10 behauptet, Philipp II. hätte in Verbindung damit alle Steuerfreiheiten widerrufen. — Über das Dekret vom 15. Sept. Actas. IV. S. 411. — Schon am 2. Aug. 1574 war in den Cortes der Antrag gestellt. ib. S. 236 u. 277. — Die Liste der Gratifikationen. ib. S. 562—66.

[34]) Alberi XII. S. 39. Moncada S. 53. Actas V. S. 508.

vieles Zuredens und grofser Versprechungen, um wenigstens bis auf vier die Kreisstädte zur Annahme des neuen Ablösungsvertrages zu gewinnen[35]). Ebenso mufste Philipp II. mit dem Dekret verfahren. Ursprünglich sollte den Gläubigern auf neunzehn Jahre eine Rente von 12% zur Tilgung und Verzinsung ihrer Vorschüsse angewiesen werden. Da aber Philipp nirgends Geld fand, mufste er suchen, die Genuesen wieder für sich zu gewinnen, gegen die das Dekret in erster Linie gerichtet gewesen war. So kam es zu dem ersten Vertrage del medio general. Dieses allgemeine Rettungsmittel bestand darin, dafs den bevorzugten Gläubigern — nicht allen — für ihre alten Schuldtitel neue ausgestellt wurden, und zwar bis zu einem gewissen Betrage Anweisungen auf die sicheren Einnahmen aus dem Salzmonopol — diese gaben nur $3^1/_3$% —, im Restbetrage solche auf die unsicheren Steuern geistlicher Unterthanen, die allerdings zum Ausgleich der Unsicherheit $7^1/_2$% gaben. Als aber die Genuesen die Geldmacht wieder in den Händen hatten, wufsten sie sich nicht nur für die Schäden, die sie durch das Dekret erlitten hatten, zu entschädigen, sondern sie wirtschafteten nun auf das nichtswürdigste in dem Bewufstsein, dafs das Damoklesschwert eines neuen Dekrets beständig über ihrem Haupte schwebte. Diese Umstände machen es begreiflich, dafs Philipp II. aus dem alten Finanzunwesen nicht herauskam. Es dauerte nur kurze Zeit, da war der Mehrertrag der Alkabala, wie fast alle älteren Steuern durch Verkauf von juros auf Jahre hin vorausverausgabt, während die Staatskasse nach wie vor in Bedrängnis blieb[36]). Da kam es nun freilich im höchsten Grade ungelegen, dafs das Land auf dem Reichstage von 1579 erklärte, die Alkabala müsse herabgesetzt werden, wenn anders der Wohlstand der Nation nicht vollkommen vernichtet werden sollte. Die Wahrheit dieser Behauptung sprach sich selbst für den Staatssäckel nur zu deutlich aus in dem Rückgang aller

---

[35]) Die Bemühungen um das Eintreten in das encabezamiento. Canga Arguelles I. S. 22. Actas. V. Adicional. S. 25 u. 184. Es traten nicht bei: Granada, Cordoba, Avila und Toro. Cuenca entschlofs sich erst nachträglich. ib. S. 620. Nachlafs: Actas. V. S. 155.

[36]) Über das medio general sind die Nachrichten nicht ganz klar. Vergl. Actas. VII. S. 19. V. S. 105. Das was Canga Arguelles IV. S. 31 darüber angiebt, ist völlig ungenau. Obwohl die Cortes um Unveräufserlichkeit des crecimiento baten, Actas. IV. S. 311, war doch schon 1583 ein Teil, ib. VII. S. 233, 1590 alles verkauft. ib. XI. S. 35.

der Steuern, die Handel und Industrie des Landes aufzubringen hatten. Trotzdem konnte der Staatshaushalt auch nicht eine Einnahme entbehren; kämpfte er doch mit Hilfe der gegenwärtigen einen beständigen Krieg gegen alle möglichen Verlegenheiten. Die Regierung hoffte mit Hilfe der Mehlsteuer dem Lande die erbetene Herabsetzung der Alkabala gewähren und gleichzeitig sich selbst eine neue Einnahmequelle eröffnen zu können. Aber das leuchtete auch den Beschränktesten unter den Abgeordneten ein, dafs ein Nachlafs von $1^1/_2$ Million und eine Neu-Belastung von circa 3 Millionen Dukaten dem Lande unmöglich zur Erleichterung dienen könne. Neben diesem Projekte wurden noch eine ganze Reihe anderer in Erwägung gezogen, da aber die Regierung nur mit Gewinn in die Herabsetzung der Alkabala willigen wollte, das Land dagegen keine neuen Opfer bringen konnte, wurde der Ablösungsvertrag fort und fort auf kurze Termine verlängert, bis gegen das Jahr 1590[37]). Wenn schon bis dahin der Wohlstand des Landes schwer geschädigt war, so war doch die Unordnung im Staatshaushalte noch viel ärger angewachsen. Bei der ungünstigen Finanzlage hatte es schon ganz besonderer Anstrengungen bedurft, um die unüberwindliche Armada auszurüsten, deren Kosten Philipp II. den Cortes gegenüber auf 10 Millionen Dukaten angab. Als aber die Flotte halb vernichtet heimkehrte und die Rachepläne der Engländer neue Rüstungen unvermeidlich machten, da stand Philipp II. vor dem Bankerott, wenn das Land nicht half. Das eröffnete er einer Kommission der Cortes, die er zu sich ins Escorial berief, indem er gleichzeitig, wie um sich vor ihnen zu rechtfertigen, den Bericht Medina Sidonias ihnen übergab. Dann bat er erst mündlich, dann in einem ganz von seiner Hand geschriebenen Briefe an die Cortes um die Unterstützung des Landes. Die Notwendigkeit neuer Geldbewilligungen wurde mit aufopfernder Bereitwilligkeit nach ganz kurzen Verhandlungen von den Cortes anerkannt, dagegen stellten sie, wie ihre Vorgänger in den Jahren 1573 und 1579 die Bedingung, dafs es den einzelnen Gemeinden überlassen werden sollte, die Mittel ausfindig zu machen, wodurch in jedem einzelnen Bezirke mit möglichster Schonung der nötige Betrag aufgebracht werden könnte. Beinahe ein Vierteljahr lang zog Philipp II. seine Entscheidung über diesen

---

[37]) Die Alkabala-Verträge, in denen bis zum Tode Philipps keine Änderung mehr eintrat, folgen sich:

Punkt hinaus; eines nach dem andern ließ er die Cortes die verschiedenen anderen in Vorschlag gebrachten Mittel in Erwägung ziehen. Den früheren Reichstagen gegenüber hatte er sich immer geweigert, diesem Antrage zuzustimmen, sei es, daſs er darin einen Eingriff in seine Prärogative sah, sei es, daſs ihm diese Maſsregel zu sehr im Widerspruch mit seiner centralisierenden Politik schien. Endlich aber überwog die finanzielle Not alle Bedenken, am 17. Januar 1589 gewährte er den Cortes seine Einwilligung zu ihrer Forderung, und bereits am 18. Februar erließen diese ein Circularschreiben an die Städte, worin sie ihnen anempfahlen, in eine einmalige Abgabe von 8 Millionen Dukaten zu willigen. Obwohl nun Philipp II. nicht nur durch die Corregidoren, sondern selbst von der Kanzel herab und in den Beichtstühlen für die Bewilligung arbeiten ließ, waren doch bis zum Juni erst von 9 Städten Einwilligungen eingetroffen, und auch diese nur bedingt. Ja selbst, als am 4. April 1590 der Vertrag über die neue Steuer ratifiziert wurde, fehlten noch immer die Einwilligungen von Granada, Segovia und Soria. Freilich war die Last, die dem Lande aufgebürdet wurde, drückend genug, trotz ihrer Verteilung auf 6 Jahre, denn an eine Herabsetzung auch nur der drückendsten alten Steuern konnte nicht gedacht werden, weil, wie Philipp II. auf die bezüglichen Bitten der Cortes erklären muſste, die ganzen Erträge der alten Steuern in der Form von juros veräuſsert waren. Aus demselben Grunde muſste auch das encabezamiento von neuem in demselben Betrage prolongiert werden, und zwar dieses Mal auf sechs Jahre, obwohl

---

Prolongation des alten Vertrags auf 5 Jahre: 1557—1561 334 cuentos
Vertrag auf 15 Jahre, 34 % erhöht: 1562 - 1576 458 „
Vor Ablauf Verdreifachung auf 10 Jahre: 1575—1584 1395½ „
Erlaſs von 1 Mill. Duk. und Vertrag auf 4 Jahre: 1578—81 1018½ „
prolongiert auf 2 Jahre: 1582—83 1018½ „
 desgl. auf 3 Jahre: 1584—86 1018½ „
 desgl. auf 1 Jahr: 1587 1018½ „
 desgl auf 2 Jahre: 1588—89 1018½ „
 desgl. auf 6 Jahre incl. 15 cts. für Gehaltserhöhungen:
  1590—1595 1033½ „

Zur Herabsetzung der alcabala waren sechs Mittel vorgeschlagen: Zwangsanleihe bei den Unterthanen, Papiersteuer, Münzverschlechterung, Steuer auf Mitgiften und Schenkungen, Mehlsteuer, Kopfsteuer (servicio extraordinario). Die Verhandlungen darüber Actas. VI. S. 276—340. Schuldentilgungsprojekt: ib. S. 341 ff.

nicht wenige von den Cortes-Städten die Herabsetzung der Alkabala zur Bedingung gemacht hatten bei der Bewilligung der 8 Millionen. Trotzdem waren die letzten Jahre der Regierung Philipps II. nicht weniger voll von finanziellen Bedrängnissen als die früheren. Um einigermafsen Luft zu schaffen, erliefs Philipp II. sogar im Jahre 1595 ein zweites Dekret. Jetzt erwartete man freilich schon davon nicht mehr eine Schuldentilgung, sondern es war eine finanzielle Operation, dazu bestimmt, von den Gläubigern des Staates unter Androhung des gänzlichen Verlustes ihrer Forderungen günstigere Bedingungen zu erpressen. Die letzte finanzielle Mafsregel Philipps II. war die Verlängerung der Millionensteuer. Nach Ablauf der ersten 6 Jahre schlofs das Land einen neuen Vertrag mit der Regierung, wodurch letztere auf 4 Jahre je 500 cuentos erheben durfte [38]. Philipp II. sollten davon nur noch die beiden ersten zu gute kommen, man kann es aber gern glauben, wenn Philipp III. den Cortes von 1598 erklärte, dafs der Ertrag der ganzen Zeit in diesen verausgabt worden war [39]. Der Hauptfehler in der Finanz-Verwaltung Philipps II. lag darin, dafs er beständig die Erträge der folgenden Jahre vorwegnahm. Wenn eine neue Steuer eingeführt wurde, begnügte sich Philipp II. nicht mit dem Zuwachs ihres jährlichen Ertrages, sondern er wies sie entweder zur Tilgung schwebender Schulden auf Jahre hinaus seinen Gläubigern zu oder er verkaufte so viel als möglich Anweisungen (juros) auf dieselbe. Dadurch aber fügte er dem Staate einen doppelten Nachteil zu. Der augenblickliche Überflufs wurde keineswegs immer mit gewissenhafter Sparsamkeit verwaltet, wenn aber dann das Kapital verbraucht war, blieb oft genug dem Staate von den neuen Steuern nicht viel mehr als die Verwaltungskosten. Die notwendige Folge dieses gewissenlosen Systemes war, dafs die Regierung beständig darauf bedacht sein mufste, neue Steuern zu schaffen, ohne dafs diese je im stande waren, das Danaidenfafs des Staatsschatzes zu füllen.

---

[38]) Actas. X. S. 239 ff. 287 ff. Cirkular. S. 435 ff. XI. S. 321 ff. Vor Veröffentlichung dieser Bände wufste man nur dürftige Andeutungen über den Ursprung der Millionensteuer. Gallardo Fernandez. I. S. 47 ff. Tomas Gonzalez. Censo. S. 366—86.

[39]) Cabrera. IV. S. 263 bezog sich nur auf Geldgeschäfte seit 1575. Ihm folgte ein medio general, dessen Text Canga Arguelles. I. S. 12 mitteilt. Vergl. ib. IV. S. 31. Millones: Gallardo Fernandez. I. S. 47 u. 192 ff. Andere Manipulationen: Cabrera. IV. S. 93. Canga Arguelles. I. S. 205 ff. (führt 21 arbitrios an, aber ungenau.)

In dem Budget der Ausgaben war noch immer das unberechenbare Extraordinarium der höchste Posten. Auch Philipp II. sah nur wenig Jahre des Friedens, er litt aber gleichzeitig unter der erdrückenden Last der unerschwinglich anwachsenden Staatsschuld. Unter seiner Regierung rächte sich die verhältnismäfsige Schonung, welche Karl V. den spanischen Reichen hatte zu teil werden lassen. Die italienischen Besitzungen ergaben nicht nur keine Überschüsse mehr, sondern schon damals mufsten ihre notwendigen Bedürfnisse hin und wieder von Spanien aus befriedigt werden. Die Niederlande, deren solider Reichtum unter Karl V. die beständige Zuflucht der Regierung gewesen waren, erforderten in den letzten Jahrzehnten Philipps II. kolossale Summen, und dennoch war die Aussicht auf ihre Rückeroberung eine so geringe, dafs die strenggläubigen spanischen Cortes schon 1579 vorschlugen, Philipp II. sollte sie statt mit Waffengewalt mit Duldung an sich fesseln, um nicht für die Rückgewinnung eines Gliedes seine ganze Monarchie zu opfern.

Dabei schwebte ein wahrer Unstern über den Unternehmungen Philipps II. Als er 1563 gegen Algier ziehen wollte, sank ein grofser Teil seiner Flotte bei Herradura. Die Flotte gegen England wurde erst in Cadiz, dann bei Calais vernichtet, und die dritte Flotte kam nie zum Auslaufen. Es ist bekannt, dafs wie die Millionensteuer durch die unüberwindliche Armada, so das escusado durch den Kampf der Liga bei Lepanto nötig wurde[40]).

Nächst den kriegerischen Bedürfnissen war die Verzinsung der Staatsschuld der hervorragendste Posten der Ausgaben. Er wuchs unter der Regierung Philipps II. in geradezu erschreckender Weise. Schon vor dem Erlafs des ersten Dekrets verschlang die Verzinsung der Staatsschuld die enorme Summe von 2 200 000 Dukaten, d. h. mehr als den dritten Teil aller Einnahmen. Das stieg aber bis gegen das Ende Philipps II. fast auf das Dreifache, so dafs endlich mehr als zwei Drittel der ordentlichen Einkünfte dem Staate nicht mehr zu gute kamen. Zur Befriedigung der regelmäfsigen Ausgaben und zur Deckung eines mäfsigen Extraordinariums — abgesehen von den Kosten der Kriege — wurde eine freie Einnahme von vier Millionen Dukaten als unerläfslich angesehen. Man nahm an, dafs der Hofhalt des Königs und der königlichen Familie ungefähr 600 000 Dukaten erfordere, 800 000

---

[40]) Alberi. XII. S. 7 u. 37. Actas. IV. S. 241.

Dukaten waren für Heer und Flotte angesetzt und 200—300 000 Dukaten für Civilbeamtete. Dazu kamen vielleicht noch 200 000 Dukaten in kleinen Posten, so dafs ein Extraordinarium ebenfalls von 2 Millionen übrig blieb. Das genügte aber freilich weder für die beständigen kriegerischen Verwickelungen, noch für das ausgebreitete System von Unterstützungen, welches Philipp II. einführte[41]).

In dem Budget der Ausgaben hat Philipp II. eine Neuerung versucht, die, wenn sie durchgeführt worden wäre, ihm nicht wenig Anerkennung eingebracht haben würde. Bei der unseligen Finanzwirtschaft war es nur allzuoft vorgekommen, dafs die Regierung die fälligen Gehälter bei Hofe, im Heere u. s. w. nicht rechtzeitig auszahlen konnte. Schon 1560 schuldete Philipp II. auf diese Weise ungefähr $2^1/_2$ Million Dukaten, d. h. durchschnittlich den Betrag zweier Jahre. Der Übelstand zog mehr als andere die Aufmerksamkeit der Cortes auf sich, so dafs sie verlangten, es sollten die Erträge bestimmter Steuern zu diesem Zwecke angewiesen und unveräufserlich gemacht werden. Philipp II. willfahrtete ihnen und konsignierte die Einnahmen aus dem Salzmonopol dazu, aber das Unglück war, dafs er an diesen Bestimmungen nicht unerschütterlich festhielt. Im Jahre 1575 sollten solche Renten zur Konsignation verwendet werden, welche durch das Dekret frei wurden, aber auch diese wurden in dringenden Fällen wieder in Anspruch genommen, so dafs die Mafsregel nur eine vorübergehende Bedeutung hatte[42]).

Um einen vollständigen Überblick über die Finanzpolitik Philipps II. zu gewinnen, müssen wir noch kurz die Gesamtsumme des ordentlichen Budgets zusammenstellen. Im Jahre 1559 betrugen die Einnahmen 5 Millionen Dukaten gegen eine Ausgabensumme von 6 Millionen, wobei aber die Kosten des französischen Krieges inbegriffen sind. Für das folgende Jahr hat Philipp II. selbst allein in den ordentlichen Ausgaben ein Defizit von ungefähr hundert Tausend Dukaten ausgerechnet, ohne Rücksicht auf Rückstände und Schuldzinsen. Seine Räte freilich berechneten mit den üblichen Finanz-Operationen fast einen gleichen

---

[41]) Actas. IV. S. 133. — Über die Kosten des Hofhaltes stellt Canga Arguelles. II. S. 49 Vergleichszahlen auf, die zu den bekannten Budgets keineswegs stimmen. S. u.

[42]) Actas. II. S. 414. pet. 3 von 1566. — V. S. 104 u. V. Adicional. S. 56. —

Überschuſs. Das Budget für 1563 ergiebt allerdings mit den bedeutend vermehrten Einnahmen einen Überschuſs von 46 000 Dukaten, was aber zur Deckung des Extraordinariums bei weitem nicht ausreichte. Anscheinend war im Jahre 1566 die Lage des kastilischen Staatshaushaltes eine weit günstigere. Gegen eine Ausgabensumme von ca. 4 Millionen stand eine Gesamteinnahme von mindestens $5\frac{1}{4}$ Million Dukaten. Bis 1573 stiegen die Einnahmen auf $5\frac{2}{3}$ Million. Dann aber, mit Hilfe der Maſsregeln von 1574 nahm das Wachstum schnellere Schritte an. Leider aber fehlen uns gerade für jene Zeit genauere Angaben. Wir hören nur noch so viel, daſs in den letzten 5 Jahren Philipps II. die jährlichen Ausgaben nicht weniger als $12\frac{1}{2}$ Million escudos betragen haben sollen [13]).

---

[13]) Wir besitzen für die Regierungszeit Philipps II. 16 venetianische Gesandtschaftsberichte, von denen aber nur die von 1563 (Paolo Tiepolo) und 1572 (Antonio Tiepolo) in den Finanzangaben genauer und (besonders der erstere) zuverlässig sind. 1563 balanziert das Budget mit 4 600 000 Dukaten. Für 1560/61 hat Philipp II. eigenhändig eine Art Budget aufgestellt. Weiſs VI. 156 ff. Für dieselbe Zeit teilt Lafuente VI. 553 ff. einen anderen Anschlag mit. Beide enthalten nur die freien Einnahmen. Lafuentes Citat aus Canga VII. 517 für 1577 ist unverständlich, und bei Canga habe ich es nicht finden können. Ebensowenig habe ich die Quellen von Colmeiro, Econ. II. 558 und Sanz. Rev. de Esp. IX. S. 494 für das nämliche Jahr entdecken können. Vielleicht ist es Laet, der S. 386 ff. ein sehr ausführliches aber unzuverlässiges Budget für 1578 mitteilt. Es ist dasselbe, welches von Philippson u. a. für 1626 citiert wird, weil Laets Werk in diesem Jahre gedruckt ist. In Venturinis Reisewerk, welches handschriftlich auf der Dresdener Bibliothek ist, habe ich ein bisher noch unbekanntes Budget von 1566 gefunden, fol. 147 ff., welches sich dadurch als zuverlässig erweist, daſs es die spanischen Namen u. Münzsorten neben den ital. enthält. Ich übergebe es hiermit der Öffentlichkeit:

Einnahmen.

encabezamiento general	450 cuentos	oder	1 200 000 duc.
alcabalas que no entran	21	„	56 000 „
almojarifazgo mayor	132	„	352 000 „
— de Indias.	35	„	93 333 „
servicio ordinario	150	„	400 000 „
saca de lanas	30	„	80 000 „
seda de Granada	13	„	141 333 „ (sic!)
puertos secos	26	„	69 333 „
— de Portugal	27	„	72 000 „
Summa:	884 cuentos	oder	2 464 000 duc.

Auch über die Höhe der Staatsschuld beim Tode Philipps II. sind die Angaben sehr verschieden. Daſs sie bei seiner Thronbesteigung ungefähr 20 Millionen, 1573 ca. 34 Millionen betragen

	Transport:	884	cuentos	od.	2 464 000	duc.
diezmos de la mar		$37^{1}/_{2}$	„		100 000	„
servicio y montazgo		$15^{3}/_{4}$	„		42 000	„
falda de Granada		18	„		48 000	„
minas		30	„		80 000	„
Behetrias, moneda forera		$2^{1}/_{2}$	„		6 666	„
tercias de Canaria, Tenerifa, Palma Gibraltar		$23^{3}/_{4}$	„		63 253	„
cruzada		140	„		373 333	„
subsidio		124	„		330 666	„
maestrazgos		130	„		348 000	„
salinas		150	„		400 000	„
Indias oro y plata		150	„		400 000	„
Navarra		15	„		40 000	„
Aragon. Cataluña, Valencia		150	„		400 000	„
almaden		30	„		80 000	„
alcan ceres y seriesuos (?)		4	„		16 666	„
crudamiento (?) de Aranjuez		10	„		26 666	„
6 y 11 al millar		8	„		21 333	„
penas		37	„		98 666	„
	Summa: ca.	2000	cuentos	od.	5 336 250	duc.

Ausgaben.

juros perpetuos y de por vida	755·195 000	mrs.	= 2 013 833	duc.
— de maestrazgos	15	cuentos	= 4 000	„
gente ordinaria de caballos y archeros	75	„	200 000	„
casa del Rey	$112^{1}/_{2}$	„	300 000	„
— de la reyna	45	„	120 000	„
— del principe	30	„	80 000	„
— de D. Juan d'Austria	7	„	18 666	„
presidios de Berberia	80	„	213 333	„
fronteras de Pamplona y Fuenterabia	15	„	40 000	„
— de Perpiñan, Salsas y Rosas	30	„	80 000	„
consejos de Castilla	18	„	40 000	„
salario de corregidores	4	„	10 666	„
intereses de cambio	45	„	120 000	„
galeras	78	„	208 000	„
Navarra consejos y gente	13	„	34 666	„
correos	$7^{1}/_{2}$	„	20 000	„
Summa:	1 230	cuentos.	= 3 503 164	duc.

hat, ist oben erwähnt worden. Darnach erscheint die Versicherung keineswegs unglaublich, dafs er seinem Nachfolger 100 Millionen Dukaten Schulden hinterlassen habe[44]).

Die Regierung Philipps III. brachte dem Lande endlich das Einzige, wovon noch eine Rettung zu erhoffen war, nämlich eine Reihe von Friedensjahren. Der Vertrag von Vervins, so wenig ehrenvoll er für Spanien war, beseitigte seinen ältesten und gefährlichsten Feind, Frankreich. Die Abtretung der Niederlande an die Infantin Isabella und ihren Gemahl, den Erzherzog Albert, liefs auch hier wenigstens eine bedeutende Einschränkung der Ansprüche an die Staatskasse erwarten. Und wenn auch der Friede mit England noch bis zum Tode Elisabeths auf sich warten liefs, so war doch der Krieg auch hier in eine Periode des Stillstandes getreten. Aber es war, als hätte das Schicksal den Spaniern nur deshalb einen friedliebenden Herrscher gegeben, um ihnen zu zeigen, dafs es für sie überhaupt keine Rettung mehr gebe. Während das Land von dem Regierungswechsel und von dem Frieden eine Erleichterung der Lasten erwartete, unter denen es seit Jahren ein kaum menschenwürdiges Dasein fristete, konnte ihm Philipp III. nicht nur keine Steuernachlässe gewähren, sondern er mufste vielmehr noch die Mittel neu zu schaffen suchen, mit

	Transport:	1 230	cuentos =	3 503 164 duc
pan y agua de los caballeros de las tres ordenes		18	„	48 000 „
Alemaña		11¼	„	30 000 „
guardias del mar oceano		4	„	10 666 „
fabrica de bosques y casas reales		37½	„	100 000 „
presidios de Ibiza y Menorca		7½	„	20 000 „
vireyes consejos y ministros de Aragon		37½	„	100 000 „
	Summa:	1 445 945 000	mrs. =	3 855 853 duc. (sic!)

Im Mskr. fehlt der Posten für casa del rey im Text und span. Münze, dagegen zeigt die Dukatenrechnung und die Summen, dafs das Budget in der obigen Weise ergänzt werden mufs. — Vollkommen unglaubwürdig ist das von Contarini S. 9 ff. aufgestellte Budget von 1593.

[44]) So Novoa, Col. de doc. ined. 61. S. 413. — Canga Arguelles, II. S. 237 rechnet für die Regierung Philipps II. und III. ein durchschnittliches jährliches Defizit von 75 259 650 rls. — Philipp II. rechnet 1560 20 Mill. Duk. Schulden, s. o. 1573: 35—36 Mill. Duk. u. 111 cts. juros perpetuos u. 70 cts. juros de por vida. Actas. IV. S. 91. Dazu 6½ Mill. Duk. schwebende Schuld. ib. V. S. 339. Colmeiros Angabe, Econ. II. S. 558, dafs Philipp II. 1592 seine Schulden auf 13 Mill. Duk. angegeben habe, mufs darnach auf einer Verwechselung beruhen.

denen er die Regierung fortführen sollte, denn Philipp II. hatte durchschnittlich alle Staatseinkünfte auf 4 Jahre vorausverbraucht¹⁵). Wenn nicht der Friede einige Ersparnisse ermöglicht hätte, wenn die Genuesen sich nicht hätten bereit finden lassen, dem jungen Monarchen eine sehr beträchtliche Anleihe zu gewähren, so hätte der Herzog von Lerma schon in den ersten Jahren einen neuen Bankerott erklären müssen. So aber gelang es wenigstens, denselben so lange aufzuschieben, bis man von dem Lande eine neue Millionensteuer verlangen konnte. Freilich mufste man sich mühselig genug behelfen. Die Vermählung Philipps III., zu welcher die Cortes von Kastilien 400 000 Dukaten bewilligten, kostete weit über das Doppelte, und wenn auch die Cortes von Valencia und Katalonien, welche Philipp III. auf seiner Hochzeitsreise abhielt, das Defizit deckten, so genügten doch weder ihre Bewilligungen, noch die neuen Steuern, welche die Valencianer sich auferlegen liefsen, noch endlich die bedeutenden Summen, welche die Indienflotten jener Jahre glücklich nach Sevilla führten, um die Staatsmaschine in regelmäfsigem Gange zu erhalten¹⁶). Endlich im Jahre 1600 konnte man von den kastilianischen Cortes eine neue Millionensteuer verlangen, und durch die Vorspiegelung, dafs man die Staatsschuld regeln, durch die eidliche Versprechung, dafs man mit Verkäufen von Ämtern und Domänen aufhören wolle, liefs die Loyalität der Kastilianer sich bewegen, 18 Millionen, zahlbar in 6 Jahren, zu bewilligen¹⁷). Wenn aber die Cortes glaubten, durch dieses Opfer das künftige Wohl des Landes erkauft zu haben, so hatten sie sich selbst betrogen. Schon in den Zeiten der Not hatte sich der Herzog von Lerma nichts weniger als uneigennützig gezeigt, nun aber augenblicklicher Überflufs eintrat, bewies er sich auf das Äufserste gewissenlos. Die Summen, mit denen Karl V. und Philipp II. die Ehre Spaniens auf zahllosen Schlachtfeldern aufrecht erhalten hatten, dienten jetzt nur dazu, eines schwachen Monarchen thörichte Launen zu befriedigen, eines habgierigen Günstlings unergründliche Taschen zu füllen und seine Anhänger und Parteigänger auf Kosten des Staates in reiche

---

⁴⁵) Col. de doc. ined. 61. S. 412.
⁴⁶) Lafuente VIII. S. 149 ff. zählt die Einnahmen auf, welche Philipp III. in seinen ersten Regierungsjahren hatte. Seine Quelle sind die Relaciones von Cabrera.
⁴⁷) Gallardo Fernandez. I. S. 47. Martinez Marina. Teoria. III. 1. S. 197.

Männer zu verwandeln. Man hielt nicht nur nicht ein mit Domänenverkäufen, sondern Lerma selbst schoß dem Staate nur dazu Geld vor, um unter diesem Deckmantel in allen Teilen Spaniens königliche Ortschaften in seinen Besitz zu bringen. Für Geld wurden nicht nur unendliche überzählige Staats- und Gemeinde-Ämter verschachert, sondern man verkaufte schon bei Lebzeiten des derzeitigen Inhabers die nächste und übernächste Vakanz derselben Stelle[48]). Für eine so grundlos leichtfertige Wirtschaft genügten natürlich die großartigsten Hilfsmittel nicht, und so sah sich Lerma nur allzubald wieder in der Lage, auf die Eröffnung neuer Einnahmen bedacht zu sein. Jähen Schrecken verbreitete im Jahre 1601 ein königliches Dekret, welches verordnete, alles Silberzeug in öffentlichem wie im Privatbesitz zu inventarisieren; aber so bedrohlich wurde der Widerstand dagegen, daß man alle darauf gerichteten Absichten wieder aufgeben mußte. Nicht besser erging es mit dem Plane, den „neuen Christen", den Nachkommen getaufter Juden und Morisken, gegen ein immenses Donativum die gleichen Rechte einzuräumen, welche die „alten Christen" unverfälschten Blutes genossen. Beide Male war es vor allem die Geistlichkeit, welche durch nachdrücklichen Widerstand das Projekt zu Falle brachte[49]). Aber auch der weltliche Stand blieb ungefügig; so oft auch die Mehlsteuer als das gelindeste und beste Mittel, dem Staate zu helfen, angepriesen wurde, immer wieder wurde von den Cortes jegliche neue Steuer als unannehmbar erklärt[50]). Da verfiel Lerma auf das unglückselige Mittel, den Geldvorrat des Landes dadurch zu erhöhen, daß er den Wert des Kupfers verdoppelte. Der Staat machte freilich mit der Umprägung augenblicklich ein Geschäft, dessen Gewinn nach Millionen zählte, aber binnen kurzem folgte die Rache, indem das Kupfer des Auslandes nach Spanien strömte, in falschen Münzen

---

[48]) Navarrete S. 15 behauptet, die Kosten des Hofhaltes seien um $^2/_3$ gestiegen, ebenso darnach Sempere, Lujo II. S. 116. Nach Lafuente VIII. S. 218 wäre das Verhältnis noch viel ungünstiger. Vergl. Canga Arguelles. II. S. 49. — 1613 wurden auf einmal 100 Steuereinnehmerstellen verkauft. Navarrete S. 18. Vergl. dazu die Bedingungen der millones von 1601 und 1609 und l. 25—29 tit. 3 und l. 8 tit. 5. Lib. VII. und l. 36 tit. 25. Lib. IV. N. Rec. — Nach Moncada S. 69 waren 1619 fast alle Steuern verpfändet. — Über Lermas Eigennutz s. Cabrera. Rel. S. 309. 333. 336 u. s. f.

[49]) Gil Gonzalez Davila. S. 77 ff. u. 93.

[50]) Moncada. S. 93. Cabrera de Cordoba. Rel. S. 60 ff. Zeballos f. 114.

gegen Silber eingewechselt wurde und so bis fast auf den letzten Real das Silber aus dem Lande zog[51]). Da war es denn freilich nicht zu verwundern, dafs die Vertreter der Regierung im Jahre 1607 einen schweren Stand gegenüber den Cortes hatten, von denen sie eine unveränderte Verlängerung der Millionen auf weitere 6 Jahre erlangen sollten. Man hatte nichts unversucht gelassen, den Erfolg zu sichern; Lerma selbst und mehrere seiner Anhänger waren unter den Vertretern, grofse Belohnungen waren den gefügigen Abgeordneten versprochen, und doch mufste man sich schliefslich mit der Bewilligung von $17\frac{1}{2}$ Millionen in sieben Jahren zufrieden geben[52]). Um den Verlust einigermafsen zu ersetzen, glaubte Lerma nichts Besseres thun zu können, als ein drittes Dekret zu erlassen, welches mit einem Strich eine Schuld von 12 Millionen derartig beseitigte, dafs die Gläubiger zufrieden sein mufsten, ihr reduziertes Kapital und einen mäfsigen Zins in 19 Jahresraten zurückzuerhalten. Und da es dem Herzog weit weniger auf die Rechtlichkeit als auf die Ergiebigkeit seiner Mafsnahmen ankam, so glaubte er auch damit dem Staate einen wesentlichen Dienst zu leisten, dafs er vom Jahre 1608 ab nur noch 5% für die juros auszahlen liefs, gleichviel, ob diese zu 5, $7\frac{1}{2}$ oder 10% erworben waren[53]). Das Land hätte all dies vielleicht ertragen, wenn damit endlich nur einigermafsen die laufenden Bedürfnisse hätten befriedigt werden können. Allein während der Hofhalt jährlich nicht weniger als 1 300 000 Dukaten verschlang, während Lerma selbst eine nach Millionen zählende Rente bezog, schmachteten nach wie vor die Subalternbeamten, die Soldaten und Matrosen jahrelang ohne ihren Sold, geschweige denn ihre Rückstände zu erhalten. Was nicht in glänzenden Festlichkeiten verprafst, was nicht an unwürdige Diener verschleudert wurde, das wanderte in die Hände der Geldleute, ohne die Lerma nicht existieren

---

[51]) ib. S. 196. Gil Gonzalez Davila. S. 88 ff.

[52]) Cabrera S. 299 u. 311. Gallardo Fernandez. I. S. 50. Lafuente VIII. S. 218.

[53]) Cabrera S. 319—21. In welchem Verhältnis das Dekret mit der Schuld von 12 Mill. steht, welche die Cortes 1607 übernehmen, ist mir nicht klar, die Gleichheit der Summe macht aber einen Zusammenhang wahrscheinlich. Vergl. Gallardo Fernandez I. S. 51 u. III. S. 5. Canga Arguelles. IV. S. 114. Lafuente VIII. S. 219. — Sicher hängt damit zusammen die junta del medio general. Canga Arguelles. IV. S. 31 und Campomanes IV. S. 375. Vergl. dazu Cabrera. Rel. S. 311. 503. — Zinsreduktion: 1. 12. tit. 15. Lib. V. N. Rec.

konnte und denen er völlig freie Hand zur Einkassierung ihrer Forderungen liefs, solange sie für ihn stets offene Hände hatten. Schon im Jahre 1608 bezog die Regierung bei einer Steuerlast von 15½ Millionen nur 3⅓ Million für ihre Bedürfnisse, 12 Millionen waren teils verpfändet, teils dauernd veräufsert, und trotz des Dekrets wurden die Verhältnisse von Jahr zu Jahr ungünstiger[54]). Von Jahr zu Jahr aber wurde auch die Opposition drohender, die sich gegen Lerma vereinigte, und als auch am Hofe seine Gunst wankend zu werden begann, da mufste der Herzog zur Kirche seine Zuflucht nehmen, um vor seinen irdischen Richtern Sicherheit zu finden.

Man kann nicht sagen, dafs die grofse Junta von 1617 für die Finanzwirtschaft eine wesentliche Bedeutung habe. Immerhin aber brachte die Entfernung des Günstlingsregiments und die Ersparnisse, die man in allen Zweigen zu machen suchte, so viel ein, dafs die Regierung erst im Jahre 1619, also vier Jahre nach Ablauf der letzten Bewilligung um eine neue Millionensteuer nachsuchen mufste, die ihr denn auch in der Höhe von 18 Millionen, zahlbar in 9 Jahren, bewilligt wurde[55]).

Darüber starb Philipp III., zerfallen mit sich selbst, entfremdet denen, die ihm am nächsten gestanden und kaum beweint von seinen Unterthanen, um die er sich so gut wie nie bekümmert hatte.

Die finanzielle Geschichte der Regierung Philipps IV. zerfällt in zwei so gründlich verschiedene Teile, dafs man kaum glauben möchte, dafs derselbe Monarch und zum grofsen Teil dieselben Berater das Steuer des Staatsschiffes lenkten. Die erste Periode, die etwa 10 Jahre umfafst, ist voll von den Verbesserungsplänen, die uns schon oben in den capitulos de reformacion entgegen getreten sind. Mochte Olivarez zu beschränkt oder zu leichtfertig sein, um auf wirtschaftlichem Gebiete erspriefsliches Neues durchzuführen, auf dem Gebiete der Finanzen ist ihm das Land entschiedenen Dank schuldig. Hier blieb es nicht bei vielverheifsenden Worten, hier erfolgten tiefeinschneidende Thaten, die endlich

---

[54]) Lafuente IX. S. 183 teilt ein Budget von 1610 mit, wonach Philipp III. von einer Gesamteinnahme von 15½ Mill. Duk. nur über 3⅓ Mill. freie Verfügung hatte. — Campomanes Ap. 1. S. 218 citiert eine Denkschrift von 1619, in welcher ein Rückgang der indirekten Steuern um ein Drittel ihres Betrags behauptet wird.

[55]) Gallardo Fernandez. 1. S. 52.

ernstliche Aussichten auf eine Besserung hoffen ließen. Die bekannte Thatsache, daſs alle spanischen Gouverneure persönlich sich bereicherten, während in den Staats- und Provinzialkassen nie das Geld für die nötigsten Bedürfnisse zu finden war, sollte durch ein Gesetz beseitigt werden, welches das Vermögen der Regierenden beim Antritt und beim Abschied aus ihrem Amte einem gerichtlichen Inventar unterwarf. Mit einem Federstriche reduzierte Philipp IV. die Stellen in den Gemeinderäten, die nur zu Finanz-Operationen der Regierung verwendet worden waren, auf ein Drittel, wodurch eine bedeutende Erleichterung der Gemeindelasten herbeigeführt wurde. Aber er forderte nicht nur von anderen Ehrenhaftigkeit und Sparsamkeit, er übte sie auch selbst. Die Reformation der Civil- und Hofbeamteten wirbelte freilich schwere Wolken feindseliger Schmähungen gegen den ersten Minister auf, es war aber doch ein Resultat, dem selbst die Feinde ihre Anerkennung nicht versagen konnten, daſs die Kosten des Hofhaltes fast auf die Hälfte von dem heruntergebracht wurden, was unter Philipp III. unerläſslich erschienen war[56]). Mit diesen Ersparnissen konnte endlich im Ernst an eine Herabsetzung der Steuern gedacht werden. Die beiden drückendsten, die Alkabala und die Millionensteuer wurden zuerst reformiert. Bei ersterer war die Sache sehr einfach, man setzte das encabezamiento, wie es das Land so oft verlangt hatte, wieder auf den Standpunkt von 1561 herab, wonach 456 cuentos jährlich — gegen 1033 unter Philipp III. aufgebracht werden muſsten. Schwieriger gestaltete sich die Sache bei der Millionensteuer. Da erst 1618 eine Bewilligung auf 9 Jahre erfolgt war, so ließ sich an dem guten Rechte Philipps IV. an diese Steuer gar nicht zweifeln. Aber da sie vom Lande als eine so schwere Last empfunden wurde, ließ er sogleich Beratungen darüber anstellen, wodurch dieselbe ersetzt werden könne. Im Jahre 1623 war man mit einem Projekt zu stande gekommen, wonach durch eine Art von Leihbanken das Geld zur Ablösung der Millionensteuer aufgebracht werden sollte; allein praktische Versuche überzeugten bald genug die Regierung wie die Landesvertreter von der Undurchführbarkeit des Vorschlags.

---

[56]) Cespedes. I. S. 167. — l. 25. tit. 21. Lib. V. u. l. 31. tit. 3. Lib. VII. Desgl. l. 40. tit. 25. Lib. IV. N. Rec. — Canga Arguelles. II. S. 49. — Über ein neues Schuldentilgungsprojekt berichtet Novoa. Col. de doc. ined. 61. S. 445.

Darüber schliefen auch die Verhandlungen einigermafsen ein, ja im Jahre 1626 bewilligten sogar die Cortes eine weitere Steuer von 12 Millionen, zahlbar in 6 Jahren. Aber Philipp IV. war deshalb keineswegs unzugänglich für weitere Ersatzvorschläge. Diese führten denn endlich im Jahre 1631 zur Beseitigung der Millionensteuer, und zwar sollte eine beträchtliche Steigerung der Salzpreise den Ausfall decken. Aber auch dieser Versuch mifslang. Die Regierung erlangte auf diesem Wege nicht diejenigen Summen, die sie bedurfte, und das Land, welches jetzt durch die Steuer auf einen einzigen Artikel aufbringen sollte, was sich sonst auf drei bis vier verteilte, empfand durchaus keine Erleichterung[57]).

Unterdessen waren aber Verhältnisse eingetreten, die eine vollständige Änderung in dem Finanzsystem der Regierung nötig machten. Von Anfang seiner Regierung an hatte Philipp IV. dem deutschen Zweige des habsburgischen Hauses bedeutende Unterstützungen zu teil werden lassen, um den Religionskrieg mit Erfolg fortzuführen. Jetzt aber zogen die italienischen Verhältnisse Spanien selbst mit in den Weltbrand hinein, den man den dreifsigjährigen Krieg nennt. Philipp IV. hatte in den ersten Jahren die Steuerlast bis auf $8^{1}/_{2}$ Million Dukaten erleichtert, mit einer so geringen Summe aber vermochte er keine Kriege zu führen. Das Land entschlofs sich denn auch verhältnismäfsig leicht, im Jahre 1632 die Millionensteuer, und zwar 24 Millionen in 6 Jahren wieder zu bewilligen. Aber das reichte nicht weit, und Schlag auf Schlag folgten nun neue schwere Lasten, die das Land nicht mehr tragen konnte. Wenn die Steuer in ihren Erträgen die Ansätze nicht mehr erreichte, so wurde immer wieder eine neue geschaffen, wurden donativos verlangt, Anleihen gemacht, Ämter verkauft, das Gold der Privaten beschlagnahmt, die juros zurückgehalten, kurz und gut, der Gesichtspunkt wurde zum leitenden gemacht, dafs die Erhaltung des Staates der Unterthanen höchste Pflicht sei, der sie ihren letzten Heller opfern mufsten. Je länger aber der Krieg dauerte, um so ärger wurden die Bedrängnisse. Das Jahr 1640 brachte den Verlust von Portugal und Catalonien, der westfälische Friede brachte gegen Frankreich nur eine kurze Waffenruhe und erst 1659 erfolgte dort ein Vertrag, der Dauer versprach. Dieser schweren Zeit entstammen die zahllosen von

---

[57]) Zeballos f. 114 v. — Campomanes Ap. IV. S. 336 ff. Gallardo Fernandez. I. S. 53—56.

Philipp IV. neueingeführten Steuern: die 4 Zuschlags-Prozente der Alkabala, das Stempelpapier, die media annata, die Monopole auf Zucker, Chokolade, Branntwein, Tabak, endlich die immer neuverlangten Millionen, mit den quiebras, — einer Steuer zur Deckung der Ausfälle — die Unterhaltungsgelder für ganze Regimenter, die das Land übernahm und endlich die fast beständige Einziehung der Hälfte der juros. Schon 1646 berechnete das Land, dafs Philipp IV. an ordentlichen und aufserordentlichen Finanz-Operationen seit seinem Regierungsantritte mehr als 509 Millionen Dukaten allein aus Kastilien gezogen habe, eine Summe, die sich bis zu seinem Tode gewifs noch um mehr als die Hälfte erhöht hat[58]). Natürlich sank bei einer so furchtbaren Not der Kredit der Regierung ungeheuer. Zweimal mufste Philipp IV. seine Zuflucht dazu nehmen, sich durch ein Dekret der drückendsten Schulden zu entledigen, zweimal hat er durch Münzveränderungen grofse Summen den Staatskassen zugeführt, endlich waren die juros nach und nach auf 50, zuletzt auf 25% ihres Wertes herabgedrückt worden[59]). Da war es denn freilich begreiflich, dafs ein Finanzmann den Plan aufs Tapet bringen konnte, die Staatsschuld dadurch zu tilgen, dafs man denjenigen zuerst befriedige, der seine Anweisungen zum billigsten Preise abgebe. Er war überzeugt, mit 10 Millionen escudos einen Nominalbetrag von 80—100 Mill. leichtlich tilgen zu können, was freilich noch immer nicht die Hälfte der gesamten Staatsschuld ausmachte[60]).

Philipp IV. starb, ohne auch nur auf einem Punkte den Anfang mit einer Wiederherstellung der Ordnung gemacht zu haben. War es da der Junta, die er der Königin Regentin zur Seite gestellt hatte, zu verdenken, wenn sie um jeden Preis Frieden zu schliefsen trachtete? So erlangte Portugal 1668 die lange verweigerte Anerkennung seiner Unabhängigkeit, und damit hörte

---

[58]) Canga Arguelles. I. S. 205 ff. giebt 32 arbitrios aus der Regierung Philipps IV. an. Vergl. die Liste der vom Lande neu bewilligten Steuern in Cortes de Castilla. Catalogo S. 84—88 u. Lafuente VIII. S. 547. — Sehr interessant sind die Ausführungen der Cortes von 1649 bei Gallardo Fernandez I. 192—240.

[59]) 1656 u. 1662 Bankerott. Voyage d'Espagne, S. 71—73 und Canga Arguelles. IV. S. 114 ff. Auch Karl II. hat dies zweimal gethan, 1678 und 1694 ib. — juros: Lafuente IX. S. 11 u. 215.

[60]) Bei Campomanes Ap. I. S. 217—227.

wenigstens auf der iberischen Halbinsel der Krieg auf. Gern hätte die Regentin sich und ihrem mifsliebigen Berater, dem P. Neidhardt, die Menge günstig gestimmt durch Erlafs einiger der drückendsten Steuern, aber seit man wieder für den Hofhalt allein 1½ Millionen Dukaten brauchte, war an Nachlässe nicht zu denken[61]). Die finanzielle Regierung der Jahre 1668—1684 hat überhaupt viel Ähnlichkeit mit dem Finanzprogramm Philipps III., aber wie jenem ein Olivarez, so folgte auf die leichtfertigen Neidtharts, Valenzuelas u. s. w. der Reformator in der unscheinbaren Gestalt des Grafen von Oropesa. Man hatte nur zu oft die Erfahrung gemacht, dafs jede Neubelastung des Landes neue Steuerausfälle brachte, so versuchte Oropesa den umgekehrten Weg. Von den 27 Millionen Dukaten, welche das Einnahmebudget von Kastilien dem Ansatze nach betragen sollte, strich er einfach ungefähr 5 Millionen weg, d. h. die Erträge aller der Steuern, welche seit dem Jahre 1656 eingeführt worden waren. Freilich blieb dadurch dem Staate nur eine freie Einnahme von 320 000 Dukaten, während man gewohnt war, 9 Millionen als das Minimum der Ausgaben anzusehen. Allein auch da suchte Oropesa einzugreifen. Durch Beseitigung überzähliger Beamteter, durch Ersparnisse am Hof und im Heere suchte er das Ausgabenbudget zu verringern, während er herausrechnete, dafs die freie Einnahme des Staates auf 4 700 000 Dukaten gebracht werden könne. Wenn man freilich die 4 Millionen, welche selbst bei ihrem niedrigen Kurse noch an juros zu zahlen waren, nicht zurückgehalten hätte, so wäre auch Oropesas Budget wenig hinter den neun Millionen zurückgeblieben. Aber so viel er auch Juntas abordnete, so viel diese Hilfsmittel vorschlugen, es liefs sich unmöglich mehr Abhilfe schaffen. Oropesa hatte nur sich selbst und seine Mitarbeiter mifsliebig gemacht, dann mufste er doch seinem Werke den Rücken kehren, ohne dafs er etwas anderes herbeigeführt hatte, als eine momentane Erleichterung[62]). So wankte mit dem schwächlichen, kindischen Monarchen der Staat

---

[61]) Über die Verschwendung unter Karl II. unterrichtet am besten die Ruhmredigkeit von Nuñez de Castro, Solo Madrid es corte S. 177. — Vergl. die Denkschrift in Relation des differents u. l. S. 131—204, bes. S. 177 ff. u. II. S. 88—93.

[62]) Vergl. Montaltos Briefe von 1685—88. Col. de doc. ined. Bd. 79, bes. 340 f. 368 f. 392 f. 401. 442.

seinem Untergange entgegen, der noch vor einem Jahrhundert dem Weltall Gesetze gab. Ihn konnte nur ein völliger Bruch mit der Vergangenheit, nur eine Revolution retten, die aber riſs die habsburgische Dynastie endgiltig hinweg, der Spanien ein Jahrhundert unerreichter Gröſse und ein zweites Jahrhundert unerreichter Erniedrigung verdankte.

EXKURS I.

Bevölkerung.

Obwohl das Problem der Bevölkerung Spaniens im 16. und 17. Jahrhundert bereits mehrfach auf das Eingehendste untersucht worden ist, herrscht doch darüber noch ein ziemliches Dunkel, ja man mufs sagen, dafs gerade der Umstand, dafs viel, aber mit vorgefafsten Meinungen darüber geschrieben worden ist, die Frage noch weit verwickelter gemacht hat, als sie eigentlich ist. Ich glaube von den Resultaten von Moreau de Jonnèse, Statistique de l'Espagne pg. 29 ff., von Block, Bevölkerung Spaniens und Portugals, pg. 4 von Conrad, Liebigs Ansicht von der Bodenerschöpfung, pg. 51 ff. von Wirminghaus, Zwei spanische Merkantilisten pg. 43—48 in dem Folgenden absehen zu dürfen, da sie keine originalen Materialien benutzt, sondern ihre Berechnungen und Folgerungen lediglich auf dem aufgebaut haben, was von spanischen Forschern über diesen Gegenstand geschrieben worden ist. Von deren Arbeiten kommen die folgenden vier in Betracht. Clemencin, Memorias de la Real Academia VI. pg. 239—242 und 601—3 giebt nur Angaben für die Regierungszeit Ferdinands und Isabellas, die aber als Ausgangspunkt aller Berechnungen unentbehrlich sind. Gonzalez, Censo de poblacion en el siglo XVI. giebt einen vollständigen Census vom Jahre 1594 mit beständigen Vergleichszahlen von 1530 und vielen Parallel-Angaben von 1646 und 1694. In seinen Schlufsrechnungen rekonstruiert er auch den Census von 1541, ohne jedoch dessen detaillierte Zahlen zu kennen. Diese teilt Lafuente, Hist. des España. VII. pg. 70 mit. Endlich müssen wir, da eine Gesamtangabe für das Ende des 17. Jahrhunderts fehlt, die Bevölkerungstabelle von Uztariz, Teoria y practica pg. 35 vom Jahre 1723 als Ersatz dafür mitberücksichtigen. Das gesamte Material, mit Ausnahme von den Vergleichszahlen von Gonzalez und der Tabelle von Lafuente hat Colmeiro, Economia politica II. pg. 3—16 benutzt, aber in einer Weise, die eine neue Bearbeitung dieses Materials sehr wünschenswert erscheinen ließ. Die spanischen Forscher sind nämlich zu dem Resultate gelangt, daß die Bevölkerung Spaniens ihr Maximum unter Ferdinand und Isabella erreicht habe, im 16. Jahrhundert aber wesentlich niedriger gewesen sei. Colmeiro stellt sogar die kühne Hypothese auf, die Bevölkerung sei im 16. Jahrhundert gesunken, im 17. dagegen langsam wieder gestiegen.

Betrachten wir nun das statistische Material etwas näher. Nach dem sog. Census von 1482 (Clemencins Angabe für 1492 beruht auf einem Irrtum des Schreibers) berechnet*) Gonzalez die Bevölkerung von Kastilien auf 7 900 000 Seelen, welche Summe Colmeiro für die gesamte spanische Halbinsel (ohne Portugal) auf 10 Millionen abrundet. Die Basis dieser Berechnung ist ein Entwurf zur Bildung eines stehenden Heeres von Alonso de Quintanilla, welchen Clemencin pg. 901 und Gonzalez Censo pg. 94 mitteilt. Ob er 1482 oder 1492 abgefaßt ist, hat insofern wenig zu bedeuten, als er ausdrücklich auf die Bevölkerung Granadas keine Rücksicht nimmt. Wenn Colmeiro Econ. polit. I. pg. 238 schreibt: En efecto, per mandado de dichos reyes hizo Alonso de Quintanilla el recuento general de los vecinos de las diversas provincias de los reinos de Castilla en el año 1482, y del informe elevado a conocimiento de los soberanos resulta, que habia 1 500 000 fuegos, so legt er allerdings die Worte des Textes etwas frei aus, denn von einer Volkszählung im Jahre 1482 ist keine Rede; wie die runde Summe zeigt, handelt es sich hier um eine Abschätzung, was gleich durch die folgende Schätzung des Verhältnisses der Kron-Unterthanen zu denen der Feudalherren bestätigt wird. Daß aber Schätzungen stets bedeutenden Irrtümern unterworfen sind, davon geben die Schriften des 17. Jhrts. zahllose Beispiele an die Hand, von denen weiterhin die Rede sein wird. Es handelt sich nun darum, zu forschen, ob irgend welches Material vorhanden ist, um die Schätzung Quintanillas zu kontrollieren. Das ist nun allerdings vorhanden in der Urkunde der heil. Hermandad von Torre de Laguna, auf welcher Clemencin seine ursprüngliche Be-

---

*) Die technischen Ausdrücke: Zählung, Berechnung, Schätzung sind in dem Sinne angewandt von Jastrow, Volkszahl. S. 7 ff.

völkerungsschätzung aufgebaut hat, die aber von seinen Nachfolgern vernachlässigt worden ist, weil sie zu wenig mit ihren Annahmen und Wünschen vereinbar war. Diese Urkunde, ley 1 tit. 13 Lib. VIII. Nueva Recopilacion, besagt nämlich, daſs die Steuer für die Hermandad im Betrage von 180 mrs. pro Kopf der Bevölkerung im Jahre 1485 32 cuentos eingetragen habe. Das setzt 177 777 Steuerzahler oder 888 885 Seelen voraus. Nun war zwar damals noch nicht, wohl aber bei Aufhebung der Hermandad im Jahre 1495 dieselbe über Kronvasallen und Feudalvasallen des ganzen Landes ausgedehnt. Vor ihrer Aufhebung aber soll die Steuer 100 cuentos eingebracht haben, Verdesoto bei Clemencin pg. 138, und das würde 555 554 Steuerzahler oder 2 777 770 Seelen voraussetzen. Abgerundet und ungenau, wie die Angaben sind, lassen sie eine Berechnung der Gesamtbevölkerung nicht zu, wohl aber sind sie geeignet, die unerwartet hohe Angabe des Alonso de Quintanilla verdächtig erscheinen zu lassen. Dazu aber kommt noch ein zweites Element, welches einer Schätzung von 8 bis 10 Millionen Einwohner für das Jahr 1482 widerspricht. Wie wir weiterhin sehen werden, nimmt die Bevölkerung Spaniens nicht im ganzen Verlaufe des 16. Jahrhunderts ab, wie Colmeiros Behauptung wahrscheinlich machen will, sondern wir finden von den ältesten Angaben für das Jahr 1530 bis zu denen von 1594 eine beständige Zunahme. Darnach müfste also, die Richtigkeit der Schätzung des Alonso de Quintanilla vorausgesetzt, die Abnahme der Bevölkerung in der Zeit von 1482 bis 1530 erfolgt und eine sehr schnelle gewesen sein. Die Spanier versuchen dies mit der Auswanderung von Moriskos und der Vertreibung der Juden zu erklären. Erstere kommt nicht in Betracht, da Quintanilla Granada unberücksichtigt läſst. Angenommen, die zweite Ursache sei durch den Bevölkerungszuwachs Granadas noch nicht gedeckt worden, so würde sie immerhin für Kastilien und Aragon nur eine Abnahme von 160—180 000 Personen erklären, wie Colmeiro selbst berechnet. Economia polit. I. pg. 249/50. Da Gonzalez aber bis 1541 die allgemeine Abnahme auf 909 738 Seelen berechnet, sie bis 1530 aber sogar noch mindestens 142 599 Steuerzahler d. h. 712 995 Seelen mehr betragen müfste, so kommen selbst diese 180 000 Seelen nur wenig in Betracht. Für die Erklärung dieser enormen Abnahme bliebe nur das national-ökonomische Gesetz übrig, daſs die Ab- und Zunahme der Bevölkerung in direktem Verhältnis steht zur Ab- und Zunahme des nationalen Wohlstandes,

d. h. der Möglichkeit der Existenz. Auf diese Weise wird die Behauptung einer so zahlreichen Bevölkerung für das Jahr 1482, mit der die Spanier den blühenden Zustand ihres Landes unter Ferdinand und Isabella beweisen wollen, zu einer schneidigen Waffe gegen eben diese Folgerung, da nur ein überaus trauriger wirtschaftlicher Zustand ein so rapides Abnehmen der Bevölkerung in den unmittelbar folgenden Jahren erklärlich machen würde. Ich glaube deshalb dem Andenken der grofsen Isabella weit gröfsere Ehre anzuthun, wenn ich annehme, dafs die Bevölkerung von Kastilien um das Jahr 1480 nicht viel über 3 Millionen Seelen betragen haben wird. Das nähert sich bis auf eine leicht verständliche Differenz den Angaben der Hermandad-Urkunde und Verdesotos und läfst einen ziemlichen Spielraum für eine gedeihliche Entwickelung des Landes infolge der guten Anfänge, die unter Isabellas Händen auf allen Gebieten mit der Pflege des nationalen Wohlstandes gemacht wurden. Rechnet man dazu die Bevölkerung von Aragon, die nach dem Census von 1495 53 238 vecinos oder 266 190 Seelen ergab (Gonzalez, Censo 126—137), die von Valencia, die nach Cangas sich widersprechenden Angaben im Jahre 1510 54 908 oder 54 555 vecinos d. h. 274 540 oder 272 775 Seelen betragen haben soll, endlich noch für Katalonien, Navarra, und die baskischen Provinzen und die Inseln weitere 700 000 Seelen, d. h. ungefähr so viel, als spätere Census nachweisen, so ergiebt sich für die Zeit vor dem Emporkommen der Habsburger annähernd eine Bevölkerung von $4\frac{1}{4}$ Mill. für die gesamte spanische Halbinsel.

Was nun den Census von 1530 anlangt, so kennen wir denselben lediglich aus den Vergleichungszahlen, die Gonzalez seinen Angaben für das Jahr 1594 beigefügt hat. Von den 18 Kreisen, in die Kastilien im 16. Jahrhundert nach den 18 Städten eingeteilt war, welche in den Cortes Sitz und Stimme hatten, umfassen die Angaben von Gonzalez nur 16, es fehlen Murcia und Granada, und wir wollen es gern glauben, dafs das Resultat dieser Zählung niedriger war, als die Wirklichkeit, nur dürfen wir nicht vergessen, dafs die Vorwürfe, die gegen diesen erhoben werden, auf jeden spanischen Census des 16. Jahrhunderts ihre Anwendung finden. Es handelte sich bei allen diesen um die Verteilung von Steuern, das Interesse der Bevölkerung erforderte es also stets, die möglichst niedrige Zahl anzugeben. Ebenso zählen in diesen Registern immer nur die Steuerzahler, und es ist ein ganz vergebliches Bemühen, ermitteln zu wollen, ob man deren Zahl mit

4½, mit 5 oder mit 6 multiplizieren soll, um die Seelenzahl zu ermitteln, noch falscher aber ist es, für manche Provinzen diese, für andere jene Multiplikationszahl zu wählen, wie es Uztariz gethan. Für uns ist es unmöglich, die Fehler der alten Statistiken mit unserem unzureichenden Materiale zu korrigieren, da aber der Unterschied der Genauigkeit nur von der zunehmenden Übung der zählenden Behörde bedingt ist, können wir wohl, ohne wesentliche Irrtümer zu begehen, die Zahlen so zu Grunde legen, wie sie überliefert worden sind. Um aber für die verschiedenen Zeiten und Landschaften annähernd die Seelenzahl zu ermitteln, müssen wir die gegebenen Zahlen stets nach demselben Systeme behandeln. Ich habe also bei allen Rechnungen für einen Steuerzahler 5 Seelen gerechnet. Die Zahl der vecinos in den 16 Bezirken betrug nach Gonzalez im Jahre 1530 686 641, was einer Seelenzahl von 3 433 205 Menschen entspricht. Darnach hätten wir also in dem halben Jahrhundert seit 1482 eine Zunahme von ungefähr einer halben Million, oder eine jährliche Zunahme von 10 000 Seelen. Da annähernd gleichzeitige Angaben für die anderen Länder der Halbinsel fehlen, müssen wir uns auf dieses Resultat beschränken.

Um den Census von 1541 recht zu verstehen, genügt allerdings die von Lafuente mitgeteilte Tabelle durchaus nicht. Was zunächst das Äußere anlangt, so unterscheidet sie sich von den statistischen Angaben bei Gonzalez dadurch, daß sie nur die Zahlen für die 18 Reichskreise giebt, während Gonzalez für 1530 und 1594 seine Zahlen nach den 40 Bezirken gruppiert. Da die Anordnung derselben in keinem ersichtlichen Verhältnis steht zu der Einteilung in 18 Kreise, ist die Vergleichung der Angaben unmöglich, wenn man das Dokument Lafuentes nicht in den Zusammenhang zurückbringt, aus dem es offenbar durch Unordnungen im Archive von Simancas herausgerissen worden ist. Als nämlich im Jahre 1590 die Millionensteuer ausgeschrieben werden sollte, legte man derselben die Volkszählung von 1541 bis auf weiteres zu Grunde, wie wir aus den Dokumenten erfahren, welche Gonzalez Censo pg. 366—86 mitteilt. Darnach bildet die Tabelle Lafuentes die Beilage 4 zu dem repartimiento por mayor; der Beilagen waren im ganzen 6, doch finden sie sich sämtlich nicht bei Gonzalez. Das repartimiento por mayor giebt aber an, aus welchen Bezirken sich jeder der 18 Kreise zusammensetzt, und ermöglicht so eine fortgehende und sichere Vergleichung der drei Volkszählungen von 1530, 1541 und 1594. Überdies giebt es die Mittel an die Hand, die Angaben des Uztariz mit den anderen in Beziehung zu bringen, zu dessen Zeit die Zahl der Kreise auf 22 erhöht worden war.

Eine zweite wichtige Erklärung der Tabelle von Lafuente giebt das repartimiento por menor. Die Tabelle zeigt nämlich in der ersten Reihe die Zahl der pecheros, der Steuerzahler, in der zweiten die der hidalgos, der von den Steuern Befreiten. Nun hatte es mich schon gewundert, daſs die Zahlen der zweiten Reihe einmal mit der der ersten übereinstimmten, an anderen den zehnten Teil derselben betrugen u. s. w. Dafür giebt das repartimiento por menor die Erklärung. Die Zahlen für die Privilegierten beruhen allerdings nicht auf Zählung, sondern sind nach einem für jede Provinz abgeschätzten Verhältnisse berechnet. Dasselbe Verfahren hat Gonzalez auf den Census von 1594 angewendet, er ist aber nicht so gewissenhaft gewesen, seiner Tabelle eine Bemerkung darüber beizufügen, ja er hat sogar den Schein zu erwecken gesucht, als seien dies nur Angaben für 18 von den 40 Bezirken, während thatsächlich die 40 Bezirke auf die 18 Kreise zurückgeführt sind.

Nach diesen Vorbemerkungen betrachten wir die Resultate der Tabelle. Sie ergiebt 781 582 pecheros und 108 358 hidalgos, zusammen also 889 940 vecinos oder 4 449 700 Seelen. Das ist insofern auffallend, als die Beilage 6 zum repartimiento por mayor die Gesamtbevölkerung, die bei der Verteilung der millones in Betracht kommt, auf 1 169 203 vecinos angiebt. Ich glaube nicht zu irren, wenn ich den Unterschied von 279 263 vecinos auf die Einwohnerschaft der baskischen Provinzen und auf die Geistlichkeit rechne, da beide zur Leistung der Steuer herangezogen werden. Da Gonzalez nur die Summe der Beilage 6 gekannt hat, glaubte er derselben erstens 208 157 Seelen für die baskischen Provinzen, 225 000 für den Adel Asturiens, 541 790 für den Adel Kastiliens und 169 300 Seelen für die Geistlichkeit hinzufügen zu müssen. Alle diese Personen sind aber, wie aus dem Obigen hervorgeht, bereits unter den 1 169 203 vecinos mitgezählt, und dürfen wir daher für das Jahr 1541 in Kastilien eine Bevölkerung von 5 846 015 Seelen annehmen. Vergleichen wir nun dieses Resultat mit dem von 1530, natürlich indem wir in dem Census von 1541 jene Zusätze und auſserdem die Bevölkerung von Granada und Murcia unberücksichtigt lassen, so ergiebt sich eine Gesamtzunahme von 142 299 vecinos oder 711 495 Seelen, d. h. jährlich 12 855 vecinos = 64 275 Seelen. Auch wenn man annimmt, daſs ein Teil dieser Zunahme auf eine strengere Kontrolle bei der Zählung zurückzuführen ist, so bleibt dennoch ein starker Zuwachs der Bevölkerung unverkennbar, ein neuer Beweis dafür, daſs der wirtschaftliche Wohlstand des Landes unter Karl V. andauerte.

Für eine nicht wesentlich spätere Zeit, d. h. für das Jahr 1553 teilt Gonzalez genaue Angaben der Bevölkerung von Katalonien und Navarra mit. Darnach betrug erstere 65 394 vecinos oder 326 970 Seelen, letztere 30 833 vecinos oder 154 165 Seelen. Aus derselben Quelle stammen die Angaben, daſs Guipuscoa um 1559 69 665 Seelen, Alava aber 56 925 Seelen gezählt habe. pg. 122 u. 125. 157 u. 170. Behält man nun für Aragon und Valencia, wo gleichzeitige Angaben fehlen, nur die Zahlen von 1495 resp. 1509 bei, so ergiebt sich um die Mitte des 16. Jahrhunderts für die ganze Halbinsel eine Bevölkerung von 6 774 838 Seelen, d. h. eine Zunahme um ca. $2^{1}/_{2}$ Million.

Wie wenig die Schätzungen, selbst wenn sie von geübten Beamteten der Regierung ausgehen, einen sicheren Anhalt für die Bevölkerungsstatistik liefern, dafür gleich hier ein Beispiel. Bei dem Projekte, die Schulden der Regierung auf dem Wege einer Anleihe bei dem gesamten Volke zu tilgen, wurde im Jahre 1579 die Bevölkerung Kastiliens auf $8 \times 600 000$ Seelen, also 4 800 000 Seelen geschätzt, was hinter der Wahrheit fast genau um 1 Mill. zurückbleibt. Actas. VI. pg. 347.

Wir kommen nun zu dem letzten Census des 16. Jahrhunderts, dem von 1594, der bei Verteilung der Millionensteuer den Notbehelf von 1590 ersetzen sollte. Seine detaillierten Zählungen füllen die ersten 90 Seiten des Werkes von Gonzalez. Da sich einige Additionsfehler eingeschlichen, berichtigt derselbe auf pg. 387 die Summen der 40 partidos und diese Angaben muſs man der Berechnung zu Grunde legen. Es stellt sich dabei für Kastilien eine Bevölkerung von 1 340 320 vecinos oder 6 701 600 Seelen heraus. Hierzu fügt Gonzalez mit Recht 41 631 vecinos gleich 208 155 Seelen für die baskischen Provinzen und 169 300 Seelen für die Geistlichkeit, dagegen müssen meiner Ansicht nach auch hier die 225 000 Adligen in Asturien gestrichen werden. Das so berichtigte Gesamtresultat ergiebt 7 079 057 Seelen. Zur Vergleichung mit dem Census von 1541 berücksichtige ich nur die sicheren Zahlen für die 18 Kreise. Darnach beträgt die Zunahme insgesamt 450 320 vecinos oder 2 251 600 Seelen, d. h. jährlich 8 496 vecinos = 42 480 Seelen.

Da wir für naheliegende Zeiten auch neue Zählungen für Aragon und Valencia besitzen, können wir für die Gesamtbevölkerung der spanischen Halbinsel auch für das Ende des 16. Jahrhunderts ein annähernd sicheres Resultat aufstellen. Nach der Zählung von 1603 besafs Aragon 70 985 vecinos = 354 920 Seelen. Gonzalez pg. 137. Valencia aber zählte 1609 97 372 vecinos gleich 486 860 Seelen. Allerdings müssen wir für Katalonien und Navarra zu den Zahlen von 1553 unsere Zuflucht nehmen. Darnach beträgt die Gesamtbevölkerung der Halbinsel um 1600 8 401 972 Seelen oder $2^{1}/_{3}$ Million mehr als um 1550.

Der Census von 1594 stellt zwar für uns die höchste statistisch nachweisbare Angabe für die Bevölkerung Spaniens dar, er giebt uns aber aller Wahrscheinlichkeit nach nicht den höchsten Stand der Bevölkerung an. Im Jahre 1594 waren schon fast zwanzig Jahre verflossen, seit die verfehlten Gesetze Philipps II. Handel und Industrie ruiniert hatten. Der Aufstand der Moriskos hatte einen Bürgerkrieg heraufbeschworen, in welchem, wenn auch nicht 600 000 Einwohner, wie Gallardo Fernandez, Rentas. III. pg. 271 behauptet, so doch mindestens 152 912 Seelen, wie Gonzalez, Censo pg. 119 berechnet, das Land verliefsen. Schon 1571 klagen die Cortes (pet. 68) über Entvölkerung Andalusiens. Im Jahre 1583 raffte die Pest allein in Malaga den dritten Teil der Bevölkerung, nämlich ca. 12 000 Seelen dahin. Actas. VII. pg. 415. Die folgenden Hungerjahre waren gewifs auch wenig geeignet, einen Überschufs der Geburten gegen die Todesfälle hervorzubringen. Eine Bestätigung meiner Annahme finde ich auch in folgenden Momenten. Noch die Cortes von 1571 (pet. 14 u. 79) betonen für die Gesamtheit Kastiliens eine Fülle der Bevölkerung im Vergleich mit den früheren Zeiten: allein bei der Verteilung der Millionensteuer 1590 spricht durchaus ein anderer, minder hoffnungsvoller Ton aus den amtlichen Berichten. Und kurze Zeit darnach, schon im Jahre 1600 beginnen die Klagen über die Abnahme der Bevölkerung, die unmöglich einen Sinn haben könnten, wenn erst 6 Jahre seit dem Höhepunkte verflossen wären. Moncada pg. 45. Endlich spricht auch folgendes dafür, dafs die Bevölkerung bis 1594 schon wieder im Abnehmen war. Für eine Anzahl von Städten in Galizien, Asturien etc. teilt Gonzalez zum Vergleich ihre Einwohnerzahl im Jahre 1557 mit, und diese ist ausnahmslos höher als im Jahre 1594. Censo pg. 37. — Wir kommen also auch mit der Bevölkerungsstatistik annähernd zu demselben Resultate, wie in den voranstehenden Abschnitten, dafs der Höhepunkt für den Wohlstand Spaniens um das Jahr 1560 zu suchen ist.

Für das 17. Jahrhundert fehlt es durchaus an einer statistischen Angabe über die gesamte Bevölkerung Spaniens, und wenn wir auch dafür mit einer grofsen Anzahl von Schätzungen entschädigt werden, die unabhängig voneinander gemacht sind, so zeigen doch deren grofse Verschiedenheiten deutlich genug, dafs man ihnen kein zu grofses Gewicht beilegen darf. Es giebt allerdings unter diesen eine Anzahl, die sich den Resultaten des Census von 1594 nähert und deshalb wohl mehr Vertrauen verdient, als die anderen stärker abweichenden; aber auch mit ihrer Hilfe ist es nicht möglich, sich eine Vorstellung von der Bewegung der Bevölkerung zu machen. Annähernd richtig schätzt der contador Serna bei Moncada pg. 75 die Bevölkerung von Kastilien (denn obwohl an der Stelle steht: von Spanien, kann nach dem Zusammenhange nur Kastilien gemeint sein) auf 6 Millionen Seelen. Wir wollen auch gern glauben, dafs Moncada selbst der Wahrheit sehr nahekommt, wenn er die Einwohnerzahl der 15 777 Orte des encabezamiento general auf 5 Millionen angiebt. pg. 95. Dagegen sind zweifellos einerseits die Schätzungen von Soranzo (1598 8 Millionen in Kastilien. Barozzi u. Berchet. I. pg. 69) von Arbelay (1612 in Kastilien 8 Millionen. Canga III. pg. 275) und von Ordoñez (1614 9 Millionen in Kastilien ib. IV. pg. 350) zu hoch, andererseits die von Contarini (1593 3 Millionen in Kastilien pg. 9), von Zeballos (1624 4 Millionen Arte real. f. 115) und von Zapata (1610 3 Millionen bei Moncada pg. 94) zu niedrig. Charakteristisch für den Anfang des 17. Jahrhunderts sind die Klagen über Entvölkerung, und wenn auch manche Übertreibung und mancher Mifsgriff mit unterläuft bei den Versuchen, dieselbe zu erklären, so mufs man doch der jungen national-ökonomischen Schule die Gerechtigkeit widerfahren lassen, dafs sie die wahren Wurzeln des Übels keineswegs verkannt hat. Der Einflufs der Auswanderung, sei es nach Amerika, sei es nach den Militärstationen, die Spanien ja in allen seinen Vasallenstaaten besafs, ist von Navarrete pg. 58 gewifs überschätzt worden. Auch seine Zahlen für die vertriebenen Juden und Moriskos sind viel zu hoch pg. 50 (Canga IV. pg. 14 citiert Navarrete, aber seine Unzuverlässigkeit in Zahlenangaben zeigt sich auch da. Aus den 2 Mill. Juden und 3 Mill. Moriskos macht er 5 Mill. für die Juden allein!). Dagegen ist es eine Thatsache, deren z. B. die Cortes von 1646 gedenken (Nuñez, Solo Madrid pg. 126), dafs viele Familien Andalusiens und gewifs auch anderer Bezirke nach den Kolonieen auswanderten, um dem enormen Steuerdrucke zu entfliehen, der auf dem Mutterlande lastete. Man kann also Uztariz nicht ganz beistimmen, wenn er behauptet, dafs dieser Abgang nicht wesentlich sei. Teoria pg. 19—22. Über den zweiten Faktor, die Vertreibung der Morisken von 1609 sich ein richtiges Urteil zu bilden, ist ungeheuer schwer. Selbst die Berichte gut unterrichteter Gewährsmänner weichen hier um grofse Zahlen ab. Übertrieben sind die Angaben von Giustinian (800 000 Seelen Barozzi u. Berchet II. pg. 66) von Pellicer y Ossau (600 000 bei Canga IV. pg. 259), auch die von Novoa, dessen detaillierte Zahlen, verbunden mit der Glaubwürdigkeit seiner sonstigen Berichte schwer ins Gewicht fallen (524 018. Col. de doc. ined. LX. pg. 411 ff.), selbst Moncada mit 400 000 Seelen ist wohl zu hoch (p. 45). Dagegen sind wieder die Berichte von Gil Gonzalez Davila (71 618 Seelen, wenn Canga IV. pg. 259 recht berichtet) und von Gonzalez (Censo pg. 111 99 419 Personen) so niedrig, dafs die Übertreibung bei der Mehrzahl der Zeitgenossen unbegreiflich wird. Wie dem auch sei, sicher war der Verlust so bedeutend, dafs er nicht, wie manche Schriftsteller behaupten, durch eine ähnlich starke Einwanderung provençalischer und italienischer Arbeiter ausgeglichen werden konnte. Die eigentlichen Gründe der Entvölkerung waren aber mehr innerlicher Natur. Der gesamte Grundbesitz Spaniens war nach und nach in den Händen des Adels und der Geistlichkeit zu ungeheuren Komplexen vereinigt worden, neben denen für kleine Grundbesitzer kein Raum und keine Möglichkeit der Existenz blieb. Das hatte zunächst, solange die Industrie noch blühte, wohl nur die Folge, dafs die Bevölkerung sich vom Lande zurück in die grofsen Städte zog. So besafsen denn auch Toledo, Valladolid, und am längsten Sevilla eine aufserordentlich zahlreiche Einwohnerschaft. Ihnen gesellten sich später Madrid und Granada bei. Compomanes. II. pg. CXCII. — Caro, Sevilla f. 47 v. — Diese Bevölkerung aber nahm mit rasender Schnelligkeit ab, als die Existenzbedingungen sich verschlechterten. Die Zahl der Eheschliefsungen soll unter der Regierung Philipps III. auf die Hälfte gegen früher herabgesunken sein. Moncada pg. 50. — In demselben Mafse aber, wie die arbeitende Bevölkerung abnahm, wurde der Andrang gröfser in allen den Lebenszweigen, die dem Müfsiggange ein notdürftiges Durchkommen ermöglichten. Der Andrang zum geistlichen Stande wurde ein so ungeheuerlicher, dafs die Junta von 1617 ernstlich ermahnte, die Bedingungen dazu zu erschweren, und Navarrete, selbst ein Geistlicher, findet das ganz in der Ordnung (pg. 16). Der geistliche Stand wurde aber noch auf eine andere Weise dem Lande gefährlich, indem er durch sein reiches Almosengeben die Landstreicherei und Bettelei im Lande unterstützte. Obwohl von seinem Regierungsantritte beginnend, Karl V. dem Armenwesen die eingehendste Sorgfalt gewidmet hatte, obwohl ihn und seine Nachfolger eine Reihe von einsichtsvollen Menschenfreunden in diesen Bemühungen unterstützt hatten, war es doch nicht möglich gewesen, dem Überhandnehmen der Bettler zu steuern. Es lag zu tief in der Natur der Spanier, die elendeste Existenz zu bevorzugen, die ihren Unabhängigkeitssinn befriedigte, vor jeder noch so aussichtsvollen Beschäftigung, die sie zwang, sich bestimmten, anstrengenden Arbeiten zu unterziehen. Verboten den Geistlichen ihre Gelübde, zur Vermehrung der Nation beizutragen, so verbot vielen anderen ihre soziale Stellung, ihre finanzielle Lage, sich zu vermählen. Das war nicht nur bei den Bettlern der Fall, sondern auch bei der Mehrzahl derer, die im Gefolge der grofsen Herren als Diener, Lakaien oder auch nur als ihr Gefolge lebten. Denn je geringer die Aussichten auf einen genügenden Unterhalt wurden, desto mehr drängten sich Personen aller Alter und aller Stände um die wenigen, immens begüterten Granden, die oft Hunderte von Faullenzern kärglich besoldeten, um mit einem grofsen Gefolge zu prunken. Mit diesen nahe verwandt waren die kleinen Adligen, die, aus bürgerlichem Stande entsprossen, es ermöglicht hatten, zu der Zeit, wo Handel und Gewerbe ein schnelles Reichwerden noch ermöglichten, so viel an juros und anderen Schatztiteln zusammenzubringen, dafs sie ein Majorat gründen konnten. Befreite sie das damit verbundene Adels-Privileg von den drückendsten Steuern, so reichte doch bei den allermeisten die Rente nicht hin, einen Hausstand zu begründen. Nun war aber in der zweiten Hälfte des 16. Jahrhunderts ein grofser Teil der Landeseinkünfte in Gestalt von juros eben wegen der Gunst, deren sich diese im Volke erfreuten, von der Regierung veräufsert worden, so dafs deren wiederholte Reduktionen die Existenzbedingungen einer ganzen Bevölkerungsklasse ruinierten. So gab es der Momente nur zu viele, die zum Cölibat hindrängten, und es wird uns denn auch vielfach bezeugt, dafs dies zu Anfang des 17. Jahrhunderts weit häufiger war, als die Ehe. Die Regierung erkannte einzelne dieser Übelstände sehr bald. Gegen die Vereinigung des Grundbesitzes in den Händen der Geistlichkeit wurde schon vor dem Regierungsantritte Karls V. geeifert. Seit aber die Geistlichkeit beinahe ebenso ergiebige Steuern entrichtete, wie der Laienstand, schwand auf seiten der Regierung das Interesse, eine Mafsregel in Angriff zu nehmen, die eine Verletzung der Rechte nicht nur der Geistlichkeit, sondern auch aller derer involvierte, welche ihre Güter der Geistlichkeit zugedacht hatten. Dagegen suchte schon Karl V. dem Grofsgrundbesitz des Adels entgegenzuarbeiten, indem er die Vereinigung von zwei Majoraten in einer Hand verbot, wenn eins derselben mehr als 2 cuentos Rente abwarf. ley 7. tit. 7. Lib. V. Nueva Recop. vom Jahre 1534. Auch das Unwesen der zahllosen Dienerschaft blieb nicht unbemerkt. Schon 1560 klagen die Cortes (pet. 94), dafs dadurch dem Ackerbau eine grofse Anzahl gesunder und kräftiger Arme entzogen werde, die anderweitig viel nützlicher beschäftigt werden könnte. Die Wiederholung derselben Klage auf dem folgenden Reichstage hatte denn auch ein erstes Gesetz zur Folge, welches die Zahl der Dienerschaft beschränkte. 1563. pet. 6 u. ley 1. tit. 20. Lib. VI. — Aber eine systematische Bemühung um die Erhöhung der Bevölkerung begann doch erst mit den capitulos de reformacion von 1623. Jetzt bewilligte ein Gesetz denen, die sich verheirateten, für die beiden ersten Jahre Freiheit von allen Steuern, und auf weitere vier Jahre durften sie wenigstens nicht zu den Kommunal-Abgaben herangezogen werden. 1. 14. tit. 1. Lib. V. Damit verbunden wurde ein strenges Auswanderungsverbot, zu dessen Kontrolle in den grofsen Städten genaue Register über Ab- und Zuzug angeordnet wurden; da die Bevölkerung der drei gröfsten Städte: Madrid, Granada und Sevilla als mehr als genügend angesehen wurde, durfte dahin niemand ohne besondere Erlaubnis seinen Wohnsitz verlegen, vor allem aber durfte am Hofe und in der Residenz sich niemand aufhalten, der nicht eine dringende Veranlassung dazu nachweisen konnte. Die Granden und Adligen waren keineswegs von dieser Vorschrift ausgenommen, man wünschte und verordnete vielmehr deren Entfernung vom Hofe, noch zu dem anderen Zwecke, dafs ihre Anwesenheit auf ihren Stammsitzen den dortigen Bewohnern Verdienst gewähren und Ackerbau, Handel und Gewerbe in den Provinzen wieder beleben solle. Natürlich suchte die Regierung auch das Faullenzertum der Diener zu beschränken. Selbst der mächtigste Grande durfte nicht mehr als insgesamt 18 Personen zu seinem Dienste halten, und als man versuchte, das Gesetz zu umgehen, indem man die Dienerschaft als Gefolge der Frauen erscheinen liefs, ward auch diesen ein beschränktes Mafs von Dienerschaft vorgeschrieben. l. 1 u. 7. tit. 20. Lib. VI. — l. 66. tit. 4. Lib. II Nueva Recop. Philipp IV. ging dem Lande mit gutem Beispiele voran, indem er zunächst die Hof-Dienerschaft, die unter seinem Vater und Lerma unsinnig vermehrt worden war, auf ein bescheideneres Mafs reduzierte. Diese Verordnung zog dem Herzog von Olivarez die unversöhnliche Feindschaft des Matias de Novoa zu, und dieser verdanken wir eine Unzahl charakteristischer Notizen in dessen Schriften, die uns keiner von den Lobrednern Philipps IV. überliefert hat.

Ob diese Mafsregeln ihren Zweck erfüllten, können wir leider nicht kontrolieren. Es ist nicht unbezeichnend, dafs nach Philipp II. die Regierung es nie wieder dazu brachte, eine ordentliche Volkszählung durchzusetzen. Man war eben zu sehr mit allen möglichen wichtigen Dingen beschäftigt, so dafs man sich um das Ergehen des Volkes nicht bekümmern konnte. Ein Schlufs auf die Bewegung der Bevölkerung Kastiliens ist uns, abgesehen von den oben besprochenen allgemeinen Gesichtspunkten, nur dadurch gestattet, dafs für eine beträchtliche Anzahl von Städten und Ortschaften Einwohnerzahlen aus den Jahren 1646 und 1694 durch Gonzalez bekannt gegeben worden sind. Einzelne von diesen sind schon früher, z. B. von Martinez de Mata verwertet worden. Campomanes I. pg. 453. — Zuletzt hat Colmeiro, Econ. polit. II. pg. 15 für 10 der gröfsten Städte Kastiliens die Einwohnerzahlen für 1530, 1594, 1646 und 1694 zu einer Tabelle zusammengestellt, und wenn er auch aus dieser den richtigen Schlufs gezogen hat, dafs im 16. Jahrhundert ein verhältnismäfsiges Wohlleben in den Städten geherrscht haben mufs, hat ihn dies doch nicht vermocht, seine eigentümliche Hypothese zurückzunehmen, dafs nämlich die Bevölkerung im 16. Jahrhundert ab- und im 17. zugenommen habe. Ich selbst habe eine ähnliche Tabelle für die vierfache Zahl von Städten angelegt, und die Resultate, die sich für das 17. Jahrhundert daraus ergeben, sind folgende: Mit Ausnahme der eigentlichen Grofsstädte, besonders der grofsen Städte Andalusiens zeigen alle Städte in der ersten Hälfte des 17. Jahrhunderts eine wahrhaft erschreckende Abnahme. Sie haben fast ausnahmslos die Hälfte, viele aber drei Viertel und mehr von der Einwohnerzahl von 1594 verloren. Besonders hart betroffen sind, wie schon Colmeiro richtig bemerkt hat, die Binnenstädte, und von diesen wieder die des Nordens mehr als die andalusischen. Weniger klar ist das Verhältnis von 1646 bis 1694. Während die Grofsstädte, sowie eine Anzahl von Städten des eigentlichen Kastiliens und Estremaduras in jener Periode von ihrer Einwohnerzahl verlieren, zeigt die überwiegende Mehrzahl der mittleren und kleineren Orte eine geringe Zunahme. Freilich bleiben sie mit Ausnahme von Murcia, Cartagena und Cordoba hinter der Einwohnerzahl von 1594 und zum Teil noch sehr beträchtlich zurück, doch ist bei einzelnen der Zuwachs recht bedeutend. Burgos z. B. hat seine Einwohnerzahl verdreifacht, ebenso Cartagena, Cuenca hat sie wenigstens verdoppelt. Der Gesamteindruck ist der einer langsamen Besserung.

Es bleibt uns nur noch übrig, an der Hand des Census, den Uztariz mitteilt, uns ein ungefähres Bild von dem Zustande der Bevölkerung beim Aussterben der Habsburger zu machen. Der Schätzung von Alvarez Osorio irgend eine Bedeutung beizumessen, ist unmöglich. Wer um das Jahr 1686 die Bevölkerung Kastiliens auf 14 Millionen Seelen schätzen konnte, wer in irgend welcher Zeit auf der Halbinsel 78 Millionen Menschen leben lassen wollte, der bewies, dafs er davon nichts verstand, und unbegreiflich ist es mir, wie ein so einsichtsvoller Mann wie Campomanes den Schriften Osorios, die ganz dieser einen Probe entsprechen, eine hohe Bedeutung beimessen konnte. Campomanes Ap. I. pg. 21. Der Census bei Uztariz, der im wesentlichen auf Zahlen des Jahres 1723 beruht, stimmt im ganzen auffallend überein mit dem, was wir aus den Zahlen von 1646 und 1694 schliefsen mufsten. Von den 18 Kreisen zeigen 15 eine bedeutende Abnahme, nur drei, Madrid, das seine Gröfse dem Hofe verdankte, Granada und Murcia zeigen eine, bei der letzteren übrigens unbedeutende Zunahme. Ich habe natürlich bei der Berechnung nur diejenigen Zahlen zu Grunde gelegt, welche Uztariz den Akten entnommen hat. Die Künstlichkeiten, mit denen er eine nicht unwesentlich höhere Bevölkerungszahl herausgerechnet hat, lassen sich mit demselben Rechte auch auf die früheren Census anwenden; einzelne Posten sind aber gänzlich unzulässig. Das so berichtigte Resultat ergiebt eine Bevölkerung für Kastilien von 840 632 vecinos oder 4 203 160 Seelen. Das ist gegen das Jahr 1594 eine Abnahme von 499 688 vecinos = 2 498 440 Seelen oder jährlich 3873,5 vecinos = 19 367,5 Seelen. Selbst hinter dem Census von 1541 bleibt der von 1723 um 246 740 Seelen zurück.

Wenn wir die Bevölkerung der anderen Reiche mit in Betracht ziehen, so müssen wir zunächst nachtragen, daſs das Königreich Aragon seine Maximal-Bevölkerung, soweit unser statistisches Material es ermöglicht, dieselbe zu fixieren, um das Jahr 1650 erreicht hat. Damals betrug dieselbe nach Dormer bei Canga Arguelles I. pg. 194 77 981 vecinos oder 389 905 Seelen gegen 70 985 vecinos oder 354 925 Seelen im Jahre 1603. Im Jahre 1717 aber war diese Zahl schon wieder gesunken auf 75 244 vecinos = 376 220 Seelen. Dagegen ist die Einwohnerzahl Kataloniens in demselben Jahre um ein reichliches Drittel höher als im Jahre 1553, nämlich 103 360 vecinos = 519 800 Seelen gegen 65 394 vecinos = 326 970 Seelen. Für Valencia, wo wir den Census von 1609 mit dem von 1714 vergleichen müssen, ist das Verhältnis beinahe umgekehrt, hier beträgt sie jetzt 63 770 vecinos = 318 850 Seelen gegen 97 372 vecinos oder 486 860 Seelen. Auch die baskischen Provinzen sind von 1614—1714 gesunken und zwar von 40 263 vecinos = 201 315 Seelen auf 35 987 vecinos = 179 935 Seelen. Navarra hinwiederum weist fast in demselben Verhältnis eine Steigerung auf gegen den letzten Census von 1553: hier sind es 35 987 vecinos = 179 935 Seelen gegen 30 833 vecinos oder 154 165 Seelen.

Das Gesamtresultat ist natürlich ein wesentlich niedrigeres: die Zunahme in einzelnen Ländern ist wohl in den meisten Fällen nur eine Folge davon, daſs uns hier nicht Angaben aus so epochemachenden Jahren zu Gebote stehen, als in Kastilien: sie ist aber zu gering, um den groſsen Verlust des Hauptlandes auszugleichen. Die Gesamtbevölkerung der Halbinsel betrug also im Jahre 1723 5 777 900 Seelen oder beinahe 3 Millionen weniger als im Jahre 1594 und fast genau eine Million weniger als 1541. —

Zum Schluſs gebe ich zum Vergleich in einer Tabelle die Bevölkerung der 18 Kreise Kastiliens für die Jahre 1530, 1541, 1594 und 1723.

	1530	1541	1594	1723
Burgos	83 442	63 684	96 166	49 282
Soria	29 126	32 763	38 234	18 068
Valladolid	43 749	43 787	55 605	26 939
Leon	28 788	59 360	97 110	59 080
Zamora	31 398	86 278	146 021	120 016
Toro	37 117	41 230	51 352	20 106
Salamanca	122 980	133 120	176 708	79 737
Avila	28 321	31 153	37 756	10 061
Segovia	31 878	33 795	41 413	16 687
Guadalajara	24 034	26 257	37 901	16 974
Madrid	12 399	13 312	31 932	37 680
Toledo	53 943	80 957	147 749	42 987
Murcia	—	19 260	28 470	30 494
Cuenca	29 740	33 341	65 368	40 603
Sevilla	73 522	80 357	114 738	81 844
Cordoba	31 735	34 379	46 209	39 202
Jaen	24 469	35 167	55 684	30 175
Granada	—	41 800	71 904	78 728
Sa. vecinos:	686 641	889 940	1 340 320	840 632
Seelen:	3 433 205	4 449 900	6 701 600	4 203 160

EXKURS II.

Preise.

Zum Verständnis des folgenden Abschnitts mufs vorausgeschickt werden, dafs die Münzen, welche den statistischen Angaben des 16. und 17. Jahrhunderts zu Grunde gelegt werden, die folgenden sind 1. der maravedi, die eigentliche Münzeinheit, ungefähr im Werte von einem Pfennig ($^{11}/_{17}$) wie sie die oberdeutschen Reichstädte im 16. Jahrhundert ausprägten. Über sein Verhältnis zu den verschiedenen Landesmünzen der Zeit gewährt Harrisse. Colombiniana (Paris 1887) interessante Anhaltspunkte. 34 maravedis bildeten den real, die Einheitsmünze des täglichen Verkehrs, etwa 2 alten Groschen entsprechend. 10 realen bildeten den escudo, der unter Philipp II. neben dem Dukaten (à 11 reales) die internationale Rechnungsmünze wird. Vergl. die ausführlicheren Angaben von Clemencin S. 507—56 und Lexis S. 376—380.

Als Konsequenz der Untersuchungen von Soetbeer und Lexis, und in Übereinstimmung mit diesen, hat Wirminghaus (S. 42) die Behauptung aufgestellt, dafs während der ersten Hälfte des 16. Jahrhunderts die amerikanische Edelmetalleinfuhr keinen Einflufs auf die europäischen Preisverhältnisse ausgeübt habe. Das ist in dieser Allgemeinheit nicht ganz richtig. Es mag sein, dafs das übrige Europa wenig oder nicht beeinflufst wurde, sicher ist aber, dafs in Spanien die amerikanischen Zuflüsse schon vor dieser Zeit eine vollständige Preisrevolution hervorriefen. Der erste der dies entdeckt hat, ist Sancho de Moncada, der in seiner 1619 gedruckten Conservacion de monarquias pg. 54 die Behauptung aufstellt, dafs zu seiner Zeit mit 6 Realen bezahlt würde, was vor der Entdeckung Amerikas nur $^1/_4$ Real gekostet habe. Wissenschaftlich hat zuerst Clemencin in einem der Anhänge zur Lobrede der Königin Isabella den Gang der Preissteigerung nachzuweisen gesucht, indem er die Getreidetaxen der Jahre 1503, 1558 und 1632 zu Grunde gelegt hat. Darnach würde sich eine Entwertung des Geldes von 1503—58 auf $^1/_3$, von 1558 bis 1632 weiter bis auf $^1/_5$ seines ursprünglichen Wertes ergeben. Die zweite Hälfte dieser Berechnung hat insofern nur einen geringen Wert, als die Steigerung der Getreidepreise im Ausgange des 16. Jahrhunderts weit mehr durch das Darniederliegen des Ackerbaues bedingt wurde, als durch eine allgemeine Entwertung der Edelmetalle. Dagegen sind, wie ich oben nachgewiesen zu haben hoffe, die Verhältnisse des Ackerbaus in der ersten Hälfte des Jahrhunderts nicht nur normale, sondern sogar günstige, so dafs also diese Zahlen eine sehr gewichtige Bedeutung haben. Trotzdem können sie natürlich allein nicht entscheiden. Es wird sich also darum handeln, nachzuweisen, dafs sich ein gleiches oder ähnliches Steigen der Preise auch auf den anderen Gebieten zeigt, wo wir rechnungsmäfsige Belege zu Vergleichungen herbeiziehen können. Was zunächst die Preise anderer Lebensmittel anlangt, so habe ich aus den Rechnungen über die Flottenausrüstung des Magalhaens, der unüberwindlichen Armada, aus den Rechnungen über die Baukosten des Escurial und über eine Aushebung im Jahre 1594, wie sie bei Navarrete IV. pg. 170, Fernandez Duro, Armada I. pg. 275, Lafuente VIII. pg. 523 und Morel Fatio pg. 224 gegeben sind, die folgende Tabelle von Normalpreisen zusammengestellt, zu der ich nur bemerke, dafs ein quintal = 10 arrobas à 25 Pfd. ist.

	1519	1565	1586	1594
Schiffszwieback quintal:	170 mrs.		16—18 rls.	1½ duc.
Speiseöl arroba:	124 „	12 rls.	9 „	12—14 rls.
Essig arroba:	18—20 „		4 „	4 „
Speck quintal:	770 „		70 „	50 „
Eine Kuh:	2000 „	13—15 duc.		
Ein Schwein:	400 „	4 „		

Es zeigt sich dabei, dafs von 1519 bis 1565 die Preise für Schiffszwieback, Öl, Speck sich wirklich ebenfalls ungefähr verdreifacht haben, ebenso der Preis eines Schweines; Essig ist auf das Sechsfache gestiegen, und nur Rindfleisch hat sich blofs verdoppelt. Hierdurch erhält also Clemencins Ansicht in ihrem wertvollsten Teile eine unbedingte Bestätigung. Wenn auch nicht in gleicher

Weise durch Ziffern, wird doch die ungeheure Preisrevolution schon vor 1550 in den Cortes-Akten wiederholt zur Sprache gebracht. Das erste Mal erwähnen die Deputierten diesen Gegenstand schon im Jahre 1528, wo sie die Bitte um irgend eine Prohibitivmaſsregel damit begründen, daſs die Preise seit kurzem auf das Doppelte gestiegen seien. Viel bezeichnender aber ist ein anderer, wenn auch beträchtlich späterer Vorgang, der wiederum mit der Clemencinschen Behauptung einer dreifachen Preiserhöhung auf das beste übereinstimmt. Auf den Reichstagen von 1555 und 1558 geht aus der Mitte der Cortes der Antrag hervor, die Grenze für das Bagatell-Prozeſsverfahren, die bis dahin auf 6000 mrs. festgestellt war, so zu ändern, daſs künftig das Klageobjekt mindestens einen Wert von 20 000 mrs. haben müsse, um nicht als Bagatellsache behandelt zu werden. (Colmeiro Introd. II. pg. 248 und 1558 pet. 55.) Ein weiteres Zeichen für das schnelle Sinken des Geldwertes ist die Agitation, die die Cortes unternehmen für die Gehaltserhöhung der Mitglieder der königlichen Räte. Man ist zunächst geneigt, darin eine eigensüchtige Handlungsweise zu suchen, da die Deputierten sonst nur gegen sich selbst freigebig sind. Dagegen finde ich keine Andeutung, daſs königliche Ratsmitglieder als Prokuradoren in den betr. Reichstagen gesessen haben. Es muſs also ein wirklicher, dringender Notstand gewesen sein, der die Deputierten bewog, im Jahre 1555 in dieser Angelegenheit die Initiative zu ergreifen, ein Vorgang, der sich bei den Cortes von 1558 wiederholte und schlieſslich 1560 damit endete, daſs die Cortes über die anderen Steuern 6 cuentos bewilligten, um endlich die Gehaltserhöhung durchzusetzen, die im allgemeinen einer Verdoppelung der Gehälter nahe kam. Aber 20 Jahre später erkannten die Cortes bereits wieder in derselben Angelegenheit einen Notstand an, und nach mehrfachen Verhandlungen bewilligten sie vom Jahre 1583 ab neuerlich 15 cuentos zu demselben Zwecke, wodurch die Gehalte abermals um die Hälfte vermehrt, also gegen den Zustand vor 1560 beinahe verdreifacht wurden. Actas VIII. pg. 588 ff. 596 f. 601. 654 etc. Wenn auch dies letztere für die Frage, die uns hier beschäftigt, nicht direkt von Bedeutung ist, so geht doch aus den Erklärungen von 1555 eine neue und, wie ich meine, ganz besonders beweiskräftige Bestärkung der Clemencinschen Behauptung hervor. Darnach müssen wir also in Bezug auf den Geldentwertungs-Prozeſs für Spanien eine besondere, von dem übrigen Europa unterschiedene

Stellung annehmen. Erklärlich wird diese immerhin dadurch, daſs die Strenge der Gesetze gegen die Edelmetallausfuhr deren Abfluſs aus Spanien gewiſs so lange wenigstens annähernd verhindern konnte, als Spanien mit seinen dringendsten Lebensbedürfnissen vom Auslande unabhängig war und die Nachfrage des kolonialen Handels noch mit seinen eigenen Industrieprodukten decken konnte. Das war aber der Fall mindestens bis in die sechziger Jahre des 16. Jahrhunderts, so daſs also auch aus der Theorie von Soetbeer und Lexis eine indirekte Anerkennung davon abgeleitet werden kann, daſs nicht Karl V. den Ruin Spaniens veranlaſst hat, sondern daſs im Gegenteil seine Regierung nach jeder Richtung hin der Höhepunkt Spaniens gewesen ist. Aus derselben Thatsache läſst sich aber noch eine andere Folgerung ziehen, die für die Beurteilung der Finanzgeschichte Karls V. eine ganz besondere Bedeutung gewinnt. Wenn bis zum Tode Karls V. die Preise in allen Verhältnissen des Lebens sich verdreifachten, so folgt daraus, daſs der Steuerzahler, der 1558 dieselbe Summe entrichtete, wie am Anfange des Jahrhunderts, thatsächlich nur den dritten Teil so schwer belastet war als erst, oder daſs bei einer verhältnismäſsig gleichen Belastung das Budget beim Tode Karls V. dreimal so groſs hätte sein müssen, als beim Tode Isabellas. Das ist aber, wie wir oben gesehen haben, nicht der Fall, mithin auch die Klage, daſs Karl V. das Land mit übermäſsigen Steuern belastet habe, gewiſs nicht begründet. Anders ist die Sache allerdings in Bezug auf die Regierung Philipps II., dessen enorme Steuererhöhungen weit über die Grenzen hinausgehen, die durch die Entwertung des Geldes als selbstverständlich erscheinen würden.

EXKURS III.

Ausländer.

Neben den Klagen über die Geldausfuhr und in Verbindung mit ihnen tritt immer in den Petitionen der Cortes die Behauptung auf, das Land werde von den Fremden ausgesaugt. Diese Klage gehört ebensowenig erst der Zeit an, wo Spaniens Könige einer ausländischen Dynastie angehörten, als wie der Handel der Ausländer erst mit diesen in Spanien einzog. Schon vor der Zeit, wo die Juden, nominell aus religiösen Gründen, thatsächlich aber wegen ihrer Herrschaft in allen Zweigen des geschäftlichen Lebens vertrieben wurden, waren die Ausländer neben ihnen bemüht, den Mangel an Unternehmungsgeist und die geringe Neigung der Spanier zu kaufmännischen Geschäften zu ihrem eigenen Vorteil gründlich auszubeuten. Der Handel der Italiener und Südfranzosen nach der spanischen Ostküste ist so alt, als deren Rückeroberung aus der Gewalt der Sarrazenen. Schon im 13. Jahrhundert finden wir sie in der Stellung von vertragsmäfsig geschützten Handelsfreunden. Capmany, Memorias II. pg. 35. Frühzeitig schon scheinen die Genuesen es den anderen zuvorgethan zu haben, wenigstens gelang es diesen in Verbindung mit den Pisanern im Jahre 1265, die übrigen Italiener, namentlich die Lombarden, Florentiner und Lucchesen vom Handel mit Katalonien auszuschliefsen. Capmany l. c. pg. 31. ein kostbares Privileg, welches sie sich von jedem neuen Regenten bestätigen liefsen. Auch in Sevilla genossen die Genuesen schon seit dem Jahre 1251 grofse Freiheiten, anfänglich waren sie sogar entschieden die Meistbegünstigten. Erst im Jahre 1284 erlangten es die Katalonier auch nur mit den Genuesen gleichgestellt zu werden. Col. de doc. ultr. Bd. 38 pg. 5 ff. Capmany l. c. pg. 46. —

Wenn auch der Handel der Hansestädte nach dem Norden Spaniens nicht ganz dem entsprach, was Hirsch, Danziger Handelsgeschichte S. 86 ff. von ihm glauben machen will, so war dagegen der Handel der Oberdeutschen nach den Ländern der spanischen Halbinsel früh schon ein sehr ausgedehnter*). Schon im ersten Drittel des 15. Jahrhunderts hatten deutsche Häuser von Köln, Constanz, Regensburg, Augsburg ihre ständigen Vertreter in Barcelona. Capmany l. c. Bd. IV. Apendice pg. 18 ff.

Als dann um die Mitte des Jahrhunderts Valencia an die Stelle Barcelonas trat, siedelten sich auch dort deutsche Händler an, ja im Jahre 1494 fand Hieronimus Monetarius nicht nur in den erstgenannten Städten, sondern selbst in Alicante Deutsche als Handelsherrn angesessen, f. 116. r. 122 v. 130 r. — Es ist unter diesen Umständen leicht verständlich, dafs den Ausländern, wenn auch nicht augenblicklich, so doch für die Folgezeit der hauptsächliche Vorteil aus der Judenvertreibung zukam, denn da die meisten Spanier durch nationale Vorurteile verhindert wurden, die Erbschaft der Juden anzutreten, fiel diese notwendigerweise den fremden Händlern zu. Dazu kam die prinzipielle Begünstigung, die Ferdinand und Isabella den Ausländern zu teil werden liefsen, um sie als Lehrmeister ihres in technischer Hinsicht wenig entwickelten Volkes zu benutzen. Gewährten sie doch im Jahre 1484 ausländischen Handwerkern, wenn sie sich ansässig machten, eine 10jährige Steuerfreiheit. Es ist sehr bezeichnend, dafs der Vertrag über die Ausrüstung der zweiten Expedition des Columbus mit einem Ausländer, dem Florentiner Juanotto Berardi abgeschlossen wurde, obwohl einheimische Unternehmer mit diesem in Konkurrenz eintraten. Navarrete, Col. de viajes. II. pg. 159. 169. 178. — Als nun gar Ferdinand der Katholische in zweiter Ehe eine französische Prinzessin, Germaine de Foix heimführte, da gesellte sich zu der italienischen und deutschen Handelskolonie noch eine französische, die in den letzten Lebensjahren des Königs wohl die am meisten begünstigte war. Es ist darum keineswegs unbegreiflich, dafs sich im Volke, wie gegen alle Begünstigten, eine lebhafte Abneigung gegen die Ausländer festsetzte. Schon zu Lebzeiten Isabellas hatte dies zum Erlafs eines Gesetzes geführt, welches den Ausländern verbot, das Geschäft der Wechsler auszu-

---

*) Vergl. Jastrow. J., Welthandelsstrafsen S. 38 ff.

üben, Nueva Rec. ley 6. tit. 18. Lib. V vom Jahre 1499; natürlich um deren vermuteter Edelmetallausfuhr entgegenzutreten. Ernster gestaltete sich die Opposition gegen die Fremden auf dem Reichstage von 1515. Hier verlangten und erreichten die Cortes zunächst ein Gesetz, welches die Ausländer für unfähig erklärte, Gemeindeämter auszuüben, und mit den notwendigen Bedürfnissen des täglichen Lebens, wie Mehl, Brot, Fleisch u. s. w. Handel zu treiben, ley 2. tit. 3. Lib. VII. Nueva Recop. Ferner ermächtigte ein anderes Gesetz die Behörden, von 4 zu 4 Monaten die Bücher der Bankiers, die doch immer wieder Ausländer waren, zu kontrollieren, um die Ausfuhr von Geld nicht nur in specie, sondern auch auf dem Wege des Wechselverkehrs zu hindern, ley 3. tit. 18. Lib. VI. Endlich beantragten die Cortes sogar die Wiedereinführung eines alten Gesetzes, welches den Ausländern verwerte, länger als ein Jahr lang in Spanien dem Handel obzuliegen; allein hier mußte Ferdinand erklären, daß ihrem Antrage nicht stattgegeben werden könne, da die Ausländer in diesem Gebiete nicht zu entbehren seien. Cortes IV. pet. 30. v. Jahr 1515. — Das war die Lage, die Karl V. bei seinem Regierungsantritte vorfand, und die sich während seines ersten kurzen Aufenthaltes gewiß nicht in einem den spanischen Wünschen entsprechenden Sinne änderte. Aber auch später, als Karl V. bei seinem zweiten spanischen Aufenthalte sich ernstlich und aufrichtig bemühte, allen berechtigten Wünschen seiner Unterthanen nachzukommen, konnte er ihrer Agitation gegen die Ausländer sich nicht anschließen, im Gegenteil, er sah sich genötigt, diesen Concessionen zu machen, die die Spanier um so unbedingter verurteilten, je weniger sie im stande waren, die Ursachen zu beseitigen, die Karl V. zu seiner Handlungsweise nötigten. Der lange Krieg gegen Franz I. machte es Karl V. zur Notwendigkeit, beständig große Summen nach den gerade bedrohten Teilen seiner Monarchie zu dirigieren. Nun war aber Italien das hauptsächliche Schlachtfeld, und dahin also mußten zumeist die Erträge der spanischen Bewilligungen wandern. Aber nicht in den kleinen Posten, wie sie von den Steuerzahlern in den einzelnen Jahren gezahlt wurden, auf die die Bewilligungen verteilt wurden, sondern Karl V. brauchte Geldmänner, die ihm den ganzen Betrag einer bewilligten Steuer vorauszahlten, und sich dann in einer Reihe von Jahren für ihre Vorschüsse bezahlt machten. Dazu aber waren in Spanien weder die großen Kapitalisten vorhanden, noch gab es genügend erfahrene Finanzverwalter, und so wurde Karl durch die Macht der Verhältnisse dazu gezwungen, bei den Ausländern seine Geldgeschäfte zu machen. Hier waren es nun wiederum die Genuesen, die, besonders seit die Stadt offen zu Karl V. hielt, man kann fast sagen, die Bankiers der Krone wurden. Natürlich liefsen sie sich diese Dienste nicht schlecht bezahlen. Wenn sie auch nicht, wie Campomanes Ap. IV. pg. 109 behauptet, seit 1518 Handelsfreiheit in Spanien genossen, so ist doch sicher, dafs sie seit ihrem Übertritt aufserordentlich begünstigt wurden. Nicht nur wurde das Gesetz ignoriert, welches den Ausländern die Wechslergeschäfte verbot, sondern es wurden geradezu aus ihrer Mitte Vorstände für die Börsen auf den wichtigsten spanischen Märkten ernannt. Cortes IV. pet. 48 vom Jahre 1532. — Sie erhielten nicht nur die Anweisungen auf die Erträge der meisten Steuern, sondern es wurde ihnen geradezu überlassen, selbst diese Steuern als Pächter einzutreiben. Sempere, Lujo II. pg. 50. — Neben den Genuesen waren es besonders die Augsburger Fugger, die den Spaniern mifsliebig wurden durch die Gunst, deren sie sich bei Karl V. erfreuten. Auch ihre Geldgeschäfte in Spanien nahmen in der Zeit der Kriegsbedrängnisse ihren Anfang. Um ihre Forderungen zu begleichen, verpachtete ihnen Karl V. im Jahre 1525 die Erträge der Grofsmeisterwürde der geistlichen Ritterorden, zunächst nur auf 3 Jahre, aber natürlich mufste dann ein neuer Kontrakt und immer wieder ein neuer geschlossen werden. Gallardo, Rentas VI. pg. 131. In diesem Pachte inbegriffen waren die Minen von Quecksilber in Almaden und die Silberbergwerke von Guadalcanal, die auf Ordensgebiet lagen. In deren Besitz aber machten die Fugger mit Leichtigkeit den Quecksilberhandel zu ihrem Monopol, vergl. Colmeiro, Introd. II. pg. 241, 244. Erregte schon dies viel Neid und Ingrimm, so häuften sich doch diese Empfindungen noch viel mehr gegen die Genuesen. Diese waren zwar durch keine Monopolisierungs-Verträge in ihren Handelsbestrebungen unterstützt, aber als Besitzer der Geldmacht übten sie thatsächlich eine noch viel gefährlichere Herrschaft. Schon 1528 klagen die Cortes, dafs die Genuesen auf den grofsen Märkten sich dadurch zu Herrschern des Geschäfts machen, dafs sie alles Kapital aufborgen, um es dann, natürlich nur zu einem höheren Zinsfufse, wieder cirkulieren zu lassen. Cortes IV. pet. 166 vom Jahre 1528. — Den Seifenhandel, der im Anfange des 16. Jahrhunderts in Spanien zu schneller Blüte gelangte, beherrschten die Genuesen 1532 nicht minder, als 20 Jahre später den granadinischen Seidenmarkt, den berühmtesten seiner Zeit. Cortes IV. 569. pet. 96 vom Jahre 1532 und Alberi VIII. pg. 256. Die Cortes von 1542 zählen als Artikel, in denen die Genuesen das Monopol thatsächlich ausüben, die folgenden auf: Wolle, Seide, Eisen, Stahl, Lebensmittel. Sempere. l. c. pg. 50. pet. 124 vom Jahre 1542. Diese Übelstände waren zu grofs, die Klagen darüber wurden zu laut, als dafs Karl V. sie hätte ignorieren können. Wir finden denn auch, dafs er, sobald friedlichere Zeiten ihm die Genuesen entbehrlicher machten, bemüht war, ihre Herrschaft über den spanischen Markt einzuschränken. Schon 1523 erliefs er ein Gesetz, welches die Ausländer vom Detailhandel ausschliefsen sollte. l. 1. 2. tit. 20. Lib. VII. Nueva recop. Wichtiger war die auf Antrag der Cortes von 1539 erfolgte und 1542 wiederholte Bestimmung, dafs die Steuern nicht mehr an Ausländer verpachtet werden dürften. Colmeiro Introd. II. pg. 201. — Wenn man nach dem zeitweiligen Verstummen der Cortes-Klagen urteilen darf, so war die Vorherrschaft der Fremden auf dem spanischen Markte in den letzten Jahren Karls V. nicht mehr gleich drückend wie vorher, dafs sie aber einen gewaltigen Einflufs zu üben fortfuhren, das wird uns selbst durch die Schilderungen der Handelsblüte um die Mitte des Jahrhunderts bestätigt. Actas VII. pg. 362.

Dagegen wiederholten sich in den ersten Jahren Philipps II. dieselben Übelstände, die der französische Krieg in den ersten Jahren Karls V. hervorgerufen hatte. Die Feldzüge von 1557 und 1558 und der entsprechende Mehrbedarf an baarem Gelde brachte Philipp II. wieder in die drückendste Abhängigkeit von den ausländischen Geldmännern. Die Verbote der Zulassung zu den Gemeindeämtern, zum Geldgeschäft, zur Steuerpacht, alles wurde wieder ignoriert, um nur die Möglichkeit neuer Anleihen zu erlangen. Actas I. 346. pet. 71 von 1563. II. pg. 422 pet. 10 von 1566. III. pg. 51. VIII. pg. 832 pet. 63 von 1583. — Die natürliche Folge davon war eine neue, womöglich noch energischere Agitation der Cortes gegen die Ausländer. Es war keine abstrakte Spielerei, wenn Mercado, Tratos f. 31 r. nachwies, dafs die Krone das unzweifelhafte Recht besitze, die Fremden aus dem Lande zu jagen. Das war vielmehr der Wunsch und das Ziel einer grofsen Mehrzahl in der spanischen Kaufmannschaft. Er sollte bald genug seinen Ausdruck auch da finden, wo er der Regierung am offensten entgegentreten konnte: in den Finanzverhandlungen der Cortes. Schon auf dem Reichstag von 1563 pet. 71. Actas. I. pg. 346 bitten die Cortes, den Ausländern den Handel in Spanien gänzlich, oder wenn dies unthunlich, doch den Handel mit den Bedürfnissen des Lebens zu verbieten. Schärfer gehen schon auf dem nächsten Reichstag die Abgeordneten von Cuenca vor: sie beantragen, ganz im Sinne Mercados, den Ausländern überhaupt den Aufenthalt in Spanien zu verwehren. Actas. II. pg. 149. Ein solcher Antrag schoſs natürlich über das Ziel hinaus und konnte darum nicht viel Beachtung finden. Dagegen wurde die Angelegenheit ernstlicher als je auf dem Reichstag von 1570 vorgenommen. Wiederum stand der Antrag auf der Tagesordnung, den Ausländern den Handel in Spanien zu untersagen. Eigentlich wagte es keiner der sämtlichen Abgeordneten, dem Antrag direkt entgegenzutreten, so sehr waren alle von seiner Berechtigung oder doch wenigstens von seiner unbedingten Popularität überzeugt; nur zwei Abgeordnete, einer von Burgos und einer von Toledo, machten ihre Zweifel geltend, ob in Spanien das Geldgeschäft genügend entwickelt sei, um der Krone die Ausländer entbehrlich zu machen. Actas. III. pg. 51 ff. — Endlich schien in den Verhandlungen über die Schuldentilgung im Jahre 1573 der Moment gekommen, wo das Land der Regierung die Verbannung der Ausländer abringen konnte; es schien zweifellos, daſs sich eine Mehrheit dafür finden werde, den Ausschluſs der Fremden zu einer Bedingung der Schuldenübernahme zu machen, da kam die Regierung dem Lande zuvor, mit dem Erlaſs des Dekrets, welches die Schuldtitel, die meist in den Händen der Ausländer waren, suspendierte. Actas IV. pg. 260 ff. 411. — Der Erfolg der Maſsregel bewies auf das schlagendste die Thorheit der ganzen Agitation. Es fand sich nicht nur keiner in Spanien, der die genuesischen Bankiers der Regierung hätte ersetzen können, sondern die spanische Kaufmannschaft selbst muſste sich überzeugen, daſs sie bereits von den verhaſsten Fremden abhängig war. Eine Reihe von Bankerotts, ein drückender Notstand und endlich die Entschädigung der Fremden, das war der Verlauf der Angelegenheit. Seit aber die Ausländer wuſsten, was ihnen drohte, machten sie natürlich nur noch mit viel gröſseren Gewinnansprüchen ihre Geschäfte, und da mit Ausnahme weniger genuesischer Häuser fast kein Ausländer mehr mit der spanischen Regierung zu thun haben wollte, sah sich diese genötigt, den wenigen treu Gebliebenen um so unbeschränktere Herrschaft einzuräumen. Das zweite Dekret Philipps II. änderte natürlich daran auch noch nichts, und Philipp III. war von Anbeginn seiner Regierung finanziell vollkommen vom Auslande abhängig. Es ist oben erwähnt worden, dafs diese Verhältnisse schliefslich zu den Bemühungen führten, den wirtschaftlichen Verhältnissen des Landes wieder aufzuhelfen, dafs aber diese Bestrebungen zu dem gewünschten Resultate nicht führten. So sah sich denn die Regierung genötigt, immer wieder Concessionen zu machen, und als einziges Gegenmittel galt dann, von Zeit zu Zeit mit einem neuen Dekret die alten Schulden an die Fremden zu suspendieren. Um sich eine Vorstellung zu machen, wie sehr Spanien abhängig war vom Auslande, mögen die folgenden Citate dienen. Sancho de Moncada berechnet, dafs die Ausländer jährlich für Leinen, Galanteriewaren, Fische, Marmor, Ebenholz u. a. 20 Millionen Dukaten aus dem Lande ziehen. Campomanes I. pg. 457. IV. pg. 23. Es ist bekannt, dafs die Franzosen es lohnend fanden, alljährlich eigens dazu nach Sevilla eine Anzahl Kriegsschiffe zu schicken, damit sie den Anteil der französischen Kaufleute an den amerikanischen Silberflotten sicher heimgeleiteten. Um die Mitte des 17. Jahrhunderts waren allein in Madrid über 40 000 Ausländer beschäftigt, in deren Händen beinahe sämtliche Handwerkszweige waren. Voyage d'Espagne. S. 74.

So kam es, dafs im 17. Jahrhundert die Regierung ihre Aufgabe nicht mehr darin erblickte, die Ausländer vom Handel auszuschliefsen, sondern nur noch darin, die Vorteile nicht den Feinden des Landes zufliefsen zu lassen. Diesen Sinn hatte der Zuschlagszoll von 30%, den Lerma im Jahre 1603 den Händlern aller der Nationen auferlegte, die sich nicht dazu verpflichteten, den Niederländern jeglichen Vorteil aus dem spanischen Handel zu entziehen. Weiterhin führten diese Bestrebungen geradezu zu einer Begünstigung der Ausländer, damit sie sich untereinander Konkurrenz machen sollten. Diesen Sinn haben die beiden Verträge mit der Hansa von 1607 und 1647, ferner die Handelsverträge mit Dänemark 1641 und mit Holland 1648. Prontuario de tratados I. S. 53—98. III. S. 1—38. 226—264. Das traurigste Bild von der Herabgekommenheit des spanischen Handels entwirft Uztariz, Teoria. pg. 243 für die Zeit um 1675, zieht aber aus diesen Betrachtungen als der erste und ziemlich einzige unter den spanischen national-ökonomischen Schriftstellern den verständigen Schluſs, daſs die Ausländer an dem Untergange Spaniens durchaus nicht den Anteil gehabt haben, der ihnen durch die Vorurteile der meisten Schriftsteller beigemessen wird, sondern daſs ihr Überhandnehmen nur ein Symptom dafür gewesen ist, daſs die wirtschaftliche Blüte Spaniens vorüber war.

Bibliographie.
(Verzeichnis der abgekürzt citierten Werke und Ausgaben.)

Actas de las Cortes de Castilla publ. por acuerdo del congreso de los diputados. tom. I–XI. Madrid 1861–86. fol.

Alberi. Relazioni degli ambasciatori veneti al senato. vol. I–XV. Firenze 1839–63. 8º.

Almacen de frutos literarios ineditos de los mejores autores. tom. I. II. Leon de Francia 1804. 16º.

Arias y Miranda, José, Examen critico historico del influjo que tuvo en el comercio, industria y poblacion de España su dominacion en America. Madrid 1854. 4º.

Barozzi, Nicolo e Berchet, Guglielmo, Relazioni degli stati Europei lette al senato dagli ambasciatori veneti nel secolo decimosettimo. Ser. I. Spagna. vol. I. II. Venezia 1856–60. 8º.

Beer, Adolf, Allgemeine Geschichte des Welthandels. Abt. I. II. Wien 1860–62. 8º.

Bernaldez, Andres. Historia de los reyes catolicos Don Fernando y Doña Isabel. Bei Rosell. C. Cronicas de los reyes de Castilla. tom. III. 565 ff.

Block, M., Bevölkerung Spaniens und Portugals. Gotha 1861. 8º.

Bofarull y Brocá, Ant. de, Historia critica de Cataluña. tom. I–IX. Barcelona 1876–79. fol.

Cabrera de Cordoba, Luis. Historia de Felipe II. tom. I–IV. Madrid 1876–78. fol.

— — Relaciones de las cosas sucedidas en la corte de España desde 1599 hasta 1614. Madrid 1857. 4º.

Campomanes, Pedro Rodriguez. Discurso sobre la educacion popular de los artesanos y su fomento. Apendice I–IV. Madrid 1775–77. 12º.

Canga Arguelles, José, Diccionario de hacienda con aplicacion á España. tom. I–VI. Londres 1824. 8º.

Capmany y de Montpalau, Ant. de, Memorias historicas sobre la marina, comercio y artes de la antigua ciudad de Barcelona. tom. I–IV. Madrid 1779–92. 4º.

Caro, Rodrigo, Antiguedades y principado de la il^{ma} ciudad de Sevilla. Sevilla 1634. fol.

Cespedes y Meneses, Gonzalo de, Historia de Felipe IV. p. I. Barcelona 1634. fol.
Clemencin. Diego, Elogio de la reina catolica Doña Isabel. In: Memorias de la Real academia de la historia. tom. VI. Madrid 1821.
Coleccion de cortes de los antiguos reinos de España. Catalogo. Madrid 1855. 8º.
— — de documentos ineditos para la historia de España. tom. I—LXXXVII. Madrid 1842—86. 8º.
— — de documentos ineditos relativos al descubrimiento, conquista y colonizacion de las posesiones españolas en America y Oceania. tom. I—XLII. Madrid 1864—84. 8º.
Colmeiro. Manuel, Cortes de los antiguos reinos de Leon y de Castilla Introduccion p. I. II. Madrid 1883—84. fol.
— — Historia de la economia politica en España. tom. I. II. Madrid 1863. 8º.
Colmenares. Diego de. Historia de la insigne ciudad de Segovia. Segovia 1637. fol.
Concepcion, Geronimo de la, Emporio del orbe Cadiz. Amsterdam 1690. fol.
Conrad. J.. Liebigs Ansicht von der Bodenerschöpfung und ihre geschichtliche. statistische und national-ökonomische Begründung. Jena 1864. 8º.
Contarini. Thomas. Relation d'Hespagne traduite d'italien. Montbeliard 1666. 12º.
Cortes de los antiguos reinos de Leon y de Castilla. tom. I—IV. Madrid 1861—82. fol.
Danvila y Collado. Manuel, La germania de Valencia. Madrid 1884. 4º.
— — Cortes de Castilla de 1576. Codice restaurado (tomo V adicional der Actas de las cortes de Castilla). Madrid 1885. fol.
Dormer. Diego José. Anales de Aragon desde el año 1525 hasta el de 1540. s. l. 1697. fol.
Dumont, Jean. Corps universel diplomatique. Amsterdam 1726—39. fol.
Enriquez de Guzman. Alonso. Vida de D. Alonso Enriquez de Guzman escrita por el mismo. In: Col. de doc. ined. Bd. 85. Madrid 1886.
Fernandez Duro, Cesareo, La armada invencible. tom. I. II. Madrid 1884—85. 8º.
— — Colon y la historia postuma. Madrid 1885. 8º.
— — Disquisiciones nauticas. tom. I—VI. Madrid 1876—81. 8º.
Ferrer del Rio. Antonio, Decadencia de España. Primera parte. Historia del levantamiento de las comunidades de Castilla. Madrid 1850. 8º.
Gallardo Fernandez. Francisco. Origen, progresos y estado de las rentas de la corona de España. tom. I—VII. Madrid 1805—8. 4º.
Gonzalez, Tomas, Censo de poblacion de las provincias y partidos de la corona de Castilla en el siglo XVI. Madrid 1829. fol.
Gonzalez Davila. Gil.. Historia de la vida y hechos del inclito monarca amado y santo D. Felipe Tercero (Monarquia de España tom. III). Madrid 1771. fol.
Guicciardini. Francesco, Relazione di Spagna. In: Opere inedite di Fr.

Guicciardini il. da Gius. Canestrini. vol. VI. Firenze 1864.
Herrera, Antonio de, Historia general de los hechos de los Castellanos en las islas i tierra firme del mar oceano. Dec. I—VIII. Madrid 1730. fol.
Hirsch, Theodor, Danzigs Handels- und Gewerbsgeschichte. Leipzig 1858. 8⁰.
Hoefler, C. v.. Monumenta Hispanica. II. Spanische Regesten von 1515 bis Ende 1520. In: Abhandlungen der kgl. böhm. Ges. der Wiss. VI. Folge. Bd. XI.
— — Zur Kritik und Quellenkunde der ersten Regierungsjahre K. Karls V. III. Das Jahr 1521. In: Abhandlungen der k. k. Akad. d. Wiss. Hist.-phil. Cl. Bd. XXXIII.
— — Der Aufstand der kastilianischen Städte gegen Kaiser Karl V. Prag 1876. 8⁰.
Horozco, Agustin de. Historia de la ciudad de Cadiz. Cadiz 1845. 4⁰.
Jastrow, J., Die Volkszahl deutscher Städte zu Ende des Mittelalters und zu Beginn der Neuzeit. Berlin 1886. 8⁰. (Jastrows Hist. Untersuchungen. Heft 1.)
— — Über Welthandelsstrafsen in der Geschichte des Abendlandes. Berlin 1887. 8⁰.
Laet, Joh. de. Hispania s. de regis Hispaniae regnis et opibus commentarius. Lugdun. Bat. 1629. 16⁰.
Lafuente, Modesto, Historia general de España. tom. I—XV. Madrid 1861—66. 8⁰.
Larruga, Eugenio. Memorias politicas y economicas sobre los frutos, comercio, fabricas y minas de España. tom. I—XLV. Madrid 1787 bis 1800, 4⁰.
Lexis, W., Beiträge zur Statistik der Edelmetalle. In: Jahrbücher für Nationalökonomie und Statistik. Bd. 34.
Llorente, A.. La primera crisis de hacienda en tiempo de Felipe II. In: Revista de España. tom. I. 1868.
Mariana, Juan de. Historia general de España. p. I—IX. Valencia 1783 bis 96. 4⁰.
Marineus Siculus, Lucius, De rebus Hispaniae memorabilibus libri XXII. In: Schottius' Hispania illustrata. tom. I. Francof. 1603.
Martinez Marina, Francisco. Teoria de las cortes o grandes juntas nacionales de los reinos de Leon y Castilla. p. I. II. u. Apendice. Madrid 1813. 4⁰.
Medina, Pedro de, Libro de grandezas y cosas memorables de España. Alcalá 1566. fol.
— — ed. D. Perez de Messa. Alcalá 1595. fol.
Memorial historico español. tom. I—XIX. Madrid 1851—65. 8⁰.
Mercado, Tomas de, Suma de tratos y contratos. Sevilla 1571. 4⁰.
Moncada, Sancho de, Restauracion politica de España. Madrid 1746. 4⁰.
Monetarius, Hieronymus, Itinerarium s. peregrinatio per Hispaniam. Franciam et Alemanniam. Münchener Handschrift. Clm. 431.
Montalto, duque de, Cartas á Don Pedro Ronquillo, embajador de S. M. C. en Inglaterra. In: Col. de doc. ined. Bd. 79. S. 299 ff.

Moreau de Jonnès. Alexandre, Statistique de l'Espagne. Paris 1834. 8°.
Morel Fatio, Alfred. L'Espagne au XVIe et XVIIe siècle. Heilbronn. Paris. Madrid 1878. 8°.
Morgado, Alonso, Historia de Sevilla. Sevilla 1587.
Navagero, Andrea. Il viaggio fatto in Spagna et in Francia. Vinegia 1563. 8°.
Navarrete. Martin Fernandez de, Coleccion de los viages y descubrimientos que hicieron por mar los Españoles desde fines del siglo XV. tom. I–V. Madrid 1825—37.
— — Pedro Fernandez. Conservacion de monarquios y discursos politicos sobre la gran consulta que el consejo hizo al Señor Rey Felipe III. Madrid 1626. fol.
Novoa. Matias de, Historia de Felipe III.. Rey de España. In: Col. de doc. ined. Bd. 60. 61.
— — Historia de Felipe IV.. Rey de España. In: Col. de doc. ined. Bd. 69. 77. 80. 86.
Nuñez de Castro. Alonso. Libro historico politico Solo Madrid es corte. y el cortesano en Madrid. 2. ed. Madrid 1669. 4°.
Pidal, marques de. Historia de las alteraciones de Aragon en el reinado de Felipe II. tom. I—III. Madrid 1862—63. 8°.
Prontuario de los tratados de paz. alianza. comercio etc. de España hechos con los pueblos reyes republicas y demas potencias de Europa. Reynado de D. Phelipe III. — Phelipe IV. — Carlos II. Madrid 1749 bis 52. 8°.
Pulgar. Hernando del, Cronica de los señores reyes católicos Don Fernando y Doña Isabel de Castilla y de Aragon. Bei: Rosell. C.. Cronicas de los reyes de Castilla. tom. III. S. 223 ff.
Ranke, Leopold von, Die Osmanen und die spanische Monarchie im 16. und 17. Jahrhundert. (Sämtliche Werke. Bd. 35. 36.) Leipzig 1877. 8°.
Recopilacion de las leyes de Indias. tom. I—IV. Madrid 1684. fol.
— — Nueva, de las leyes de España. tom. I—III. Madrid 1775. fol.
Reichard. Konrad, Die maritime Politik der Habsburger im siebzehnten Jahrhundert. Berlin 1867. 8°.
Relacion de la antiguedad y sitio de Medina del campo y sus ferias y de la contratacion de ellas y del estado que tienen hasta hoy 18 de octubre de 1606. In: Col. de doc. ined. Bd. 17.
— — des differents arrivez en Espagne entre D. Jean d'Austriche et le cardinal Nitard. tom. I. II. Paris 1676—77. 8°.
Rozmital. — Des böhmischen Herrn Leos von Rozmital Ritter-. Hof- und Pilger-Reise durch die Abendlande 1465—67. Stuttgart 1844. (Bibliothek des litter. Vereins Bd. 7.)
Rymer, Thomas. Foedera, conventiones. literae et cuiuscunque generis acta publica inter reges Angliae et alios quosvis imperatores aut habita aut tractata. Londin 1727. fol.
Sandoval, Prudencio de, Historia de la vida y hechos del emperador Carlos V. p. I. II. Amberes 1681. fol.
Sanz. Alvaro Gil., Situacion economica de España durante la dominacion austriaca. In: Revista de España. Bd. 9.

Sempere y Guarinos, Juan, Historia del luxo y de las leyes suntuarias de España. tom. I. II. Madrid 1788. 8⁰.

Soetbeer, Adolf, Edelmetall-Produktion und Wertverhältnis zwischen Gold und Silber seit der Entdeckung Amerikas bis zur Gegenwart. Gotha 1879. 4⁰. (Erg.-Heft No. 57 zu Petermanns Mitteilungen.)

Ulloa, Bernardo de, Retablissement des manufactures et du commerce d'Espagne. Amsterdam 1753. 8⁰.

Uztariz, Geromino de, Theorica y practica de comercio y de marina. 2. impr. Madrid 1742. fol.

Venturini da Fabriano, Gio Battista, Del viaggio fatto dal Illmo et R^{mo} Card. Alessandrino legato Aplico alli Ser^{mi} Rè di Francia, Spagna et Portogallo. Mscr. Dresd. F. 128.

Vital, Laurent, Relation du premier voyage de Charles-Quint en Espagne' In: Gachard et Piot: Collection des voyages des souverains des Pays-Bas. tom. III. Bruxelles 1881. 4⁰.

Voyage d'Espagne curieux historique et politique fait en l'année 1655. Paris 1665. 4⁰.

Watson, Robert, The history of the reign of Philip the Third, King of Spain. vol. I. II. Basil 1792. 8⁰.

Weifs, Ch., Papiers d'état du cardinal de Granvelle. tom. I—IX. Paris 1841—52. 4⁰.

Wirminghaus, Alexander, Zwei spanische Merkantilisten (Geronimo de Uztariz und Bernardo de Ulloa). Jena 1886. 8⁰.

Zevallos, Geronimo de, Arte real para el buen govierno de los reyes y principes y de sus vasallos. Toledo 1623. 4⁰.

Zuñiga, Diego Ortiz de, Annales eclesiasticos y seculares de la muy noble y muy leal ciudad de Sevilla. Madrid 1677. fol.

Zurita, Geronimo de, Historia del rey D. Hernando el catholico. De las empresas y ligas de Italia. Zaragoça 1670. fol.

Register.

Die kleinen Zahlen verweisen auf die Anmerkungen und auf den zugehörigen Text.

Acequia imperial 33[12]. 116[13].
Adel 23[1]. 45[1]. 69[31]. 86[50]. 89[52]. 149. 153—155.
Afrika 50[10]. 67[27].
Alcabala 12. 109[3]. 127[37]; von Getreide 28[7]. 38[23]; in den Kolonieen 119[19]; erste Erhöhung 65[26]; zweite Erhöhung 73[35]. 124[33]; Herabsetzung 139[57]. (Vergl. encabezamiento.)
Algesiras 44.
Algier 54[15].
Alicante 165.
Almaden 167.
Andalusien 44; Fruchtbarkeit 23[1]. 25[3]. 35[17]. 69[31]; Bevölkerung 151. 157.
Aragon 23[1]. 26[3]. 33[12]. 53[14]. 147. 151. 158; Ausfuhr nach 27[5]. 32[11]. 54[15]; Industrie 82[44]. 86[50]. 89[52]; Steuern 115[11]; Bevölkerung 147. 151. 158.
Asturien 22. 23[1]. 149. 151.
Aus- und Einfuhr 8. 19. 61. 63[24]. 86[48]. 91[55].
Ausländer 9. 47[5]. 51[11]. 71[34]. 81[42]. 84[46]. 90[54]. 164.
Auswanderung 53[12]. 152. 153. 155.
Avilés 54[14].
Ayllon, Lic. 30[10].

Baeza 88[51].
Balearen 26[1]. 147.
Barbastro 86[50].
Barcelona 44. 45[2]. 82[44]. 165.
Baskische Provinzen 147. 149. 150. 158.
Baumwolle 34[15].
Bayona 54[14].
Bettler 59[22]. 154.
Bilbao 50[9]. 54[14].
Brokatstoffe 45[2].
Brügge 46[3].
Burgos 50[9]. 69[31]. 88[51]. 157. 169.

Cadiz 34[16]. 44. 50[10]. 55[16]. 76[38]. 81[42].
Calatayud 86[50].
capitulos de reformacion 41[30]. 86[48]. 138[56]. 155.
Cartagena 44. 54[14]. 68[30]. 157.
casa de contratacion 50[10].
Chièvres, de 52.
comunidades 9. 52. 69. 92.
Cordoba 60[23]. 74[36]. 88[51]. 157.
Corregidoren 100[10]. 102[13].
Cortes von Kastilien 9. 61[24]. 69[32]. 92. 101[11]; Befugnisse 12; Agrarpolitik 32[11]. 36[21]. 42[32].
— von Aragon 83[44]. 86[50]. 103[14]. 114[11].
Coruña 44. 54[14]. 68[30].
cruzada 113[9].
Cuenca 26[1]. 60[23]. 67[27]. 74[36]. 88[51]. 157. 169.

Dänemark 170.
decreto 71[34]. 78[39]. 124[33]. 126[36]. 129[38]. 137[53]. 141[59].
deputados del reino 12. 9[8].
Deutschland, Deutsche 71[34]. 140. 165.
Dienerschaft 139[56]. 156.
diezmos de la mar. s. Zölle.

Ebrokanal s. acequia.
Edelmetalle 15. 27[5]. 35[19]. 52. 119[21]. 160.
Eisen 8. 22. 45[2]. 168.
encabezamiento 110[5]. 112. 120[21]. 127[37]. 139[57].
encomiendas 124[32].
England, Engländer 54[15]. 80[41].
escusado 122[28].

Fabrikmarken 60[23]. 67[27].
Ferdinand der Katholische und Isa-

bella 6. 14. 27. 46¹. 103. 108¹. 147. 165.
Finanzzölle 65²⁶.
Fleisch 62²⁴. 166.
Florenz. Florentiner 44. 46³.. 71³⁴. 165.
Frankreich, Franzosen 80. 165. 170.
Freihandel 11.
Fugger 167.

Galizien 22. 23¹. 151.
Geldausfuhrverbote 8. 9. 27⁵. 53¹³. 62²⁴. 166.
Genua, Genuesen 44. 71³⁴. 125³¹. 135¹⁶. 164. 167. 169.
Getreide 22¹. 25³. 27⁵. 32¹¹. 41²⁹. 62. 166.
— Taxe 29⁴⁻⁹. 36²⁰. 42³⁰.
— Zölle 11. 27⁵. 33¹³.
Granada 7. 67²⁸. 128³³; Morisken 21. 25; Verfall 39²⁸. 75³⁷. 85. 88⁵¹. 122²⁹; Industrie 46¹. 57²⁰. 67²⁸; Bevölkerung 146. 153. 155. 157.
Gratifikationen 96⁵. 125³³.
Guadalkanal 167.
Guipusera 23¹.

Händler 51¹¹. 61. 70. 75. 165.
Hansa 80. 165. 170.
Herden 24². 27⁵. 33¹⁴. 34¹⁵.
Heinrich IV. von Kastilien 49. 97⁶. 115.
Hermandad 111. 117.
Hofhalt. Kosten des 118¹⁶. 130⁴¹. 137. 139⁵⁶. 142⁶¹.

Indienflotten 56¹⁸. 69³¹. 81¹¹. 85. 135. 170.
Industrieschulen 70³².
Instruktion der Prokuradoren 93². 102¹³.
Irrigation 21.

Jaen 39²⁶. 88⁵¹.
Jerez 34¹⁶.
Juan d'Austria 89⁵².
Juden 45. 51. 136⁴⁹. 146 152. 165.
Juntas 16. 19. 40²⁹. 84¹⁷. 91⁵⁵. 138. 142. 154.
Juros 108. 115. 123. 126. 137. 141. 154.

Karl V. (I.) 4. 9. 30. 52. 92. 109. 166.
Karl II. 42. 88. 141.
Karossen 41²⁰.
Katalonien 26³. 43. 140; Steuern 115¹⁴. 135¹⁶; Bevölkerung 147. 150. 158; Handel 164.
Klerus 99². 116¹³. 122. 136⁴⁹. 149. 153—155.
Kolonieen 11. 30¹⁰. 34¹⁶. 50¹⁰. 53¹¹. 62²⁴. 75. 80⁴¹. 114¹⁰. 119¹⁹.

Konsulate 50⁹. 86¹⁵.

Laredo 51¹⁴.
La Rochelle 46³.
Leder 45. 62²⁴. 88.
Leinen 35¹³. 45. 170.
Leon 23¹.
Lerma. Herzog von 40. 78. 81¹². 84. 135. 156.
Levante 69³¹.
Lissabon 78³⁹.
London 46³.

Madrid 82⁴³. 86¹⁵. 153. 155. 157.
Märkte 68³⁶. 167.
Majorate 154. 155.
Malaga 34. 44. 54¹¹. 151.
Marine 45². 54¹¹. 56¹⁵. 69³¹. 81¹². 85.
Martinez de Mata 19.
Maulbeerbaum 30. 40. 57²⁰.
Mauren 21. 45.
media annata 141⁵⁴.
Medina Celi. Herzog von 89⁵².
Medina del Campo 2. 52. 56¹⁵. 68³⁰. 74³⁶. 88.
— —. Denkschrift von 18. 84⁴⁶.
Medina de Rioseco 69³¹.
medio general 126³⁶.
Mehlsteuer 38²³. 127³⁷.
Mercado 17.
Merkantilsystem 8. 9. 11. 13. 57.
mesta 23². 24. 40²⁸.
millones 105¹⁶. 128³⁸. 135⁴⁷. 137⁵². 139⁵⁵. 148. 151.
Moncada 19. 160.
Monopole 119²¹. 121²⁶. 141⁵⁴. 167.
moriscos 122²⁹. 136⁴⁹. 146; Betriebsamkeit 25; Vertreibung v. 1579 38²³. 71³³. 151; v. 1609 83⁴⁵. 153.
Münzwesen 7. 136⁵¹. 159.
Munizipalverfassung 61. 100¹⁰. 166.
Murcia 21. 28⁶. 39²⁶. 42. 157.

Nantes 46³.
Navarra 147. 150. 158.
Navarrete 17. 154.
Neidhardt. P. 89⁵². 142⁶¹.
Niederlande. Niederländer 10. 33¹³. 71. 79⁴⁰. 130⁴⁰. 134. 170.

Obstbau 35¹⁷. 45.
Öl 11. 21. 31. 39²⁷. 40²⁷. 45².
Olivarez. Herzog von 16. 41. 85. 138. 156.
Oropera, Graf von 90⁵⁵. 142⁶².

Papel sellado 141⁵⁸.
Perez. Ant. 103¹⁴.
Philipp II. 4. 13. 36. 64. 101. 118.
— III. 40. 78. 134.

Philipp IV. 41. 85. 138.
Portugal 77[30]. 140. 141.
Preise 15. 35[19]. 53[14]. 61. 117[15]. 160.
puertos secos s. Zölle.

Quecksilber 119[21]. 167.
quiebras 141[55].

Regalismus 7. 13.
renta de poblacion 122[29].
riberiegos 24[2].
Ritterorden 27. 113. 167.

Salamanca 26[4]. 59[22].
Salz, Salzmonopol 68[29]. 121[26]. 126. 131. 140[57].
San Sebastian 44. 54[11].
Santa Maria 44. 55[16]. 68[29].
Saragossa 4. 82[44]. 88[51].
Schiffbau 49[8].
Schiffahrt 44. 56[17].
Schmuggel 80[41]. 90[53].
Schutzzoll 14. 47[5]. 65[26]. 84[47].
Segovia 52. 128: Wein 26[4]: Industrie 59[21]. 64[25]. 67[27]. 74[36].
Seide 2. 46[4]. 57[20]. 62. 67[28]. 85. 91. 168.
Seife 39[27]. 68[29]. 167.
serranos 24.
servicio ordinario 94[3]. 103. 111[6]. 114[11].
— extraordinario 101[12]. 112[6].
— y montazgo 24. 113[8].
Sevilla 44. 81[42]: Ausfuhr 34[16]: Bevölkerung 53[12]. 153. 155: Industrie 57[20]. 87[51]: Handel 69[31]. 75[34]. 79. 164: Monopol 50[10]. 54[14]. 57[18].
sisa 99[9]. 101. 112[6].
Soria 88[51]. 128[38].

Spekulation 32[11]. 62[24].
Staatsindustrie 86[49].
Staatsschuld 108[4]. 118[17]. 122[30]. 130[41]. 133[44]. 141[59-60].
Städte 9. 99[31].
Statistik 18.
subsidio 121[25].

Tagelohn 70[33]. 75. 84.
Tajo, Schiffbarmachung des 78[39].
tierra de campos 69.
Toledo 52. 69[31]. 78[39]. 169: Industrie 57[20]. 59[22]. 66[27]. 74[36]: Bevölkerung 153.
Triana 67[29].
Tuch s. Wolle.
Tunis 54. 114[10].

Vagabunden 59[22]. 74[36]. 154.
Valencia 26[3]. 42[32]. 57[20]: Handels-Industrie 44. 165: Morisken 21. 25. 83[45]: Steuern 115[11]. 135[46]: Bevölkerung 147. 151. 158.
Valenzuela 89. 142[61].
Valladolid 52. 59[22]. 82[43]. 153.
Viehzucht 11. 22. 27[5]. 34[15]. 43[32].
Villalon 69[31].
Vollmachten der Prokuradoren 93[2]. 102[13].

Wein 8. 11. 26[4]. 31. 34[16]. 40. 45. 76[34].
Wolle 34[15]. 45[2]. 47[5]. 58[21]. 62[24]. 66[26]. 82[44]. 85. 88. 91[55]. 119[20]. 168.

Zamora 26[4]. 59[22].
Zölle 8. 11. 16. 27[5]. 49[3]. 54[15]. 65[26]. 77[38]. 79[40]. 89[53]. 113[7]. 119[20]. 121[27]. 170.

Druck von Leonhard Simion in Berlin.